日本商工会議所
全国商工会連合会 検定

新出題範囲完全対応

販売士

リテールマーケティング検定

清水敏行
佐藤浩史 ［共著］
中谷義浩
土居寛二

2級

問題集
【第4版】

税務経理協会

はじめに

　販売士試験制度は，昭和48年に創設以来40年以上経過しており，現代のさまざまな経営環境の変化に対応した内容にするために，平成18年度より試験制度が改定されました。

　販売士制度は，当初小売業を中心とした流通業界の人材の能力開発をはかることを目的としておりましたが，今ではメーカーやサービス業など各業界，販売職や営業職などの各職種，また大学などの学生の教育など，幅広く販売士の学習内容が支持されています。

　今回の試験制度の改定により，各科目体系や内容が一新され，「小売業の類型」「マーチャンダイジング」「ストアオペレーション」「マーケティング」「販売・経営管理」という5科目で，3級～1級までの科目名称が統一され，それぞれのレベルも，3級は基礎科目（販売技術力の習得），2級は応用科目（販売管理能力の習得），1級は発展科目（経営管理能力の習得）となりました。3級は平成18年度から新体系試験に移行しており，2級は平成19年度から新体系に移行されました。平成27年度から「リテールマーケティング（販売士）検定試験」という呼称・表記を使用し，2級試験は年2回（7月・2月）になります。合格者の称号は「販売士」のまま変更はありません。

　令和2年4月にハンドブックが3年ぶりに改訂され，IoTの活用やインバウンド対応など，流通・小売業界が直面している大きな環境変化について拡充した内容となっております。

　本書は今回の改訂版に対応しており，2級検定試験の合格を目指す方々のために作成された問題集です。ステップアップ学習により，合格レベルが養成される内容となっております。

　(1)　第一段階として，「販売士2級テキスト」書籍を学習し，各科目の基礎知識の内容を習得します。

(2)　第二段階として，本書のキーワード補充問題を学習し，重要キーワードや重点ポイントを把握します。

(3)　第三段階として，本書の本試験形式問題を学習し，検定試験合格レベルの実力を養成します。特に不明部分や誤答部分については，解答・解説の内容を確認し，テキストに戻って内容を理解します。

以上のような(1)～(3)までの段階的学習を繰り返すことが，検定試験合格の必須条件です。

是非多くの学習者の方々が，この問題集を活用し，販売士試験に合格され，そして販売士としてご活躍されることを願っております。

最後に，本書の刊行にあたり終始助言し支援して下さった税務経理協会の鈴木利美氏に，心より厚く御礼申し上げます。

2020年8月吉日

共　著　者

Contents

はじめに

1　小売業の類型

第1章　流通と小売業の役割 ──────────── 2
　重要キーワード補充問題／解答……………………… 2／6
　本試験形式問題／解答・解説………………………… 7／12

第2章　組織形態別小売業の運営特性 ──────── 14
　重要キーワード補充問題／解答………………………14／20
　本試験形式問題／解答・解説…………………………22／29

第3章　店舗形態別小売業の運営特性 ──────── 31
　重要キーワード補充問題／解答………………………31／38
　本試験形式問題／解答・解説…………………………40／46

2 マーチャンダイジング

第1章　マーチャンダイジングの戦略的展開 ———————— 50

　　　重要キーワード補充問題／解答··················50／52

　　　本試験形式問題／解答・解説··················53／55

第2章　商品計画の戦略的展開 ———————————— 56

　　　重要キーワード補充問題／解答··················56／62

　　　本試験形式問題／解答・解説··················64／68

第3章　販売計画の戦略的立案 ———————————— 69

　　　重要キーワード補充問題／解答··················69／75

　　　本試験形式問題／解答・解説··················77／81

第4章　仕入計画の策定と仕入活動の戦略的展開 ————— 83

　　　重要キーワード補充問題／解答··················83／89

　　　本試験形式問題／解答・解説··················91／96

第5章　販売政策の戦略的展開 ———————————— 97

　　　重要キーワード補充問題／解答 ··················97／104

　　　本試験形式問題／解答・解説··················106／111

第6章　商品管理政策の戦略的展開 ——————————— 113

　　　重要キーワード補充問題／解答··················113／118

　　　本試験形式問題／解答・解説··················120／124

第7章　物流政策の戦略的展開 ———————————— 126

　　重要キーワード補充問題／解答·················126／130

　　本試験形式問題／解答・解説·················131／134

3　ストアオペレーション

第1章　店舗運営サイクルの実践と管理 ——————— 136

　　重要キーワード補充問題／解答·················136／145

　　本試験形式問題／解答・解説·················148／157

第2章　戦略的ディスプレイの実施方法 ——————— 160

　　重要キーワード補充問題／解答·················160／166

　　本試験形式問題／解答・解説·················168／172

第3章　作業割当の基本 ——————————————— 173

　　重要キーワード補充問題／解答·················173／176

　　本試験形式問題／解答・解説·················177／180

第4章　レイバースケジューリングプログラム

　　　　（ＬＳＰ）の役割と仕組み ——————————— 181

　　重要キーワード補充問題／解答·················181／186

　　本試験形式問題／解答・解説·················188／192

第5章　人的販売の実践と管理 ——————————— 194

　　重要キーワード補充問題／解答·················194／196

　　本試験形式問題／解答・解説·················197／200

4 マーケティング

第1章　リテールマーケティング戦略の考え方 ——————— 202

　　　重要キーワード補充問題／解答……………………202／208

　　　本試験形式問題／解答・解説……………………210／214

第2章　リテールマーケティングの展開に必要な商圏分析と
**　　　　出店戦略の実践** ——————————— 216

　　　重要キーワード補充問題／解答……………………216／221

　　　本試験形式問題／解答・解説……………………222／227

第3章　マーケットリサーチ（市場調査）の方法と
**　　　　進め方** ————————————— 229

　　　重要キーワード補充問題／解答……………………229／233

　　　本試験形式問題／解答・解説……………………234／239

第4章　リージョナルプロモーションの企画と実践 ——— 241

　　　重要キーワード補充問題／解答……………………241／247

　　　本試験形式問題／解答・解説……………………249／254

第5章　顧客戦略の展開方法 ————————— 256

　　　重要キーワード補充問題／解答……………………256／261

　　　本試験形式問題／解答・解説……………………262／266

5　販売・経営管理

第1章　販売管理者の法令知識 ——————— 268
重要キーワード補充問題／解答………………268／281

本試験形式問題／解答・解説………………284／296

第2章　小売店経営における計数管理と計算実務 ——— 300
重要キーワード補充問題／解答………………300／304

本試験形式問題／解答・解説………………306／314

第3章　販売活動に求められる決算データと経営分析 ——— 317
重要キーワード補充問題／解答………………317／321

本試験形式問題／解答・解説………………323／328

第4章　小売業における組織の基本原則と従業員管理 ——— 330
重要キーワード補充問題／解答………………330／337

本試験形式問題／解答・解説………………339／345

第5章　店舗施設などの維持管理 ——————— 347
重要キーワード補充問題／解答………………347／350

本試験形式問題／解答・解説………………351／354

1

小売業の類型

第1章

流通と小売業の役割
▶重要キーワード補充問題

1 流通と小売業 （解答☞ p.6）

(1) 経済活動は，財の「生産−流通−消費」という（ ① ）で形成されており，流通は生産と消費の間の（ ② ）をすることで，両者を（ ③ ）する社会的役割を果たしている。

(2) （ ① ）の原理は，流通に卸売業が介在することで，取引数が単純化され，流通費用が節約されるものである。

(3) （ ① ）の原理は，在庫を流通業が集中的に保有することで，在庫量が減少し，流通費用が節約されることである。

(4) （ ① ）は，所有権を保有することによって生じる危険を負担する活動のことである。

(5) （ ① ）は，生産者は原材料や部品などの購買にかかわる物流であり，卸売業・小売業は商品の仕入にかかわる物流のことである。

(6) （ ① ）は，企業内における商品移動にかかわる物流のことである。

(7) （ ① ）は，企業が顧客に対して製品を納入するための物流活動のことである。

(8) （ ① ）は，川下から川上に向かって流れる物流のことである。

(9) （ ① ）は，財を異なった地点間で移動する活動であり，大口で長距離の移動手段である。（ ② ）は，顧客の注文に応じた小口で短距離の移動手段である。

⑽ （ ① ）は，財を物理的に保存することであり，大量の財を長期的に保管することを目的としたものを（ ② ）といい，一時的な保管を行う配送拠点としての倉庫を（ ③ ）という。

⑾ （ ① ）は，工場や倉庫などで財の輸送や保管活動に伴って発生する搬出入作業のことである。

⑿ （ ① ）は，取引関係のある企業を横断して，輸送や荷役の合理化・効率化のために，輸送時の荷姿・包装形態・パレットなどを標準化して，作業の機械化などが促進できるようにすることである。

⒀ （ ① ）は，船舶による海上輸送用コンテナにおいて，国際標準化機構（ＩＳＯ）規格により，標準化を推進することである。

⒁ （ ① ）では，日本産業規格（ＪＩＳ）の一貫パレチゼーションのための標準規格がある。

⒂ 包装において，（ ① ）は個々の財の包装のことであり，（ ② ）は内容物を保護するための中間包装のことであり，（ ③ ）は物流活動において取扱いやすくするための外部包装のことである。

⒃ （ ① ）は，流通過程において財の価値を高める活動のことである。

⒄ 生産と消費の間をつなぐメーカー，卸売業，小売業などの流通活動に関連して，相互伝達される情報のことを（ ① ）という。

2 小売業態変化に関する理論仮説 （解答☞ p.6）

⑴ （ ① ）の理論は，1958年にM.P.マクネアによって提唱されたもので，新しい革新的小売業態はローコスト・ローマージンで（ ② ）小売業として登場し，既存の店舗形態に対して優位的な地位を築くが，その後革新的小売業態同士の激しい（ ③ ）となる。

⑵ その後，競争者との差別化をはかるために，（ ① ）や商品品質の向上，店舗施設のグレードアップなどを行い，（ ② ）へと移行し，マージンアップをねらうようになる。これを（ ③ ）という。

(3) この結果, ハイコスト・ハイマージンの（　①　）小売業となり, また新たに価格訴求を標榜する革新者が登場する余地を生み出す。このような過程が繰り返され, サイクルが一回りすると（　②　）が出現するという理論である。

(4) （　①　）は, S.C.ホランダーが提唱したもので,（　②　）面に視点を当て, 商品構成の総合化と専門化の繰り返しという理論仮説である。アメリカにおける小売業形態の変遷から, 商品ラインが拡がったり, 縮んだりすることをアコーディオンに模して命名をした。

(5) O.ニールセンの（　①　）は, いくつかの店舗が互いに顧客を奪おうとすると, 全体として消費者選好分布は（　②　）に集中するようになり, 両端の消費者欲求を満たす小売店がいなくなり, 真空地帯が生じる。その新たな参入機会に新たな小売業が参入することになるという理論である。

(6) W.J.リーガンは, 小売業の発展を, 提供される製品と小売サービスの組み合わせで説明をしており, 単一結合型,（　①　）, 全面結合型の3段階に分けている。

(7) （　①　）は, 既存の小売業態を「正」, 革新的業態を「反」とし, これらが競争を通じて混合されて, 新しい小売業態である「合」が生み出されるというアプローチである。

(8) A.C.R.ドリースマンの（　①　）は, 小売業者は社会の特定構造, 経済成長の段階, 消費者の生活水準に適応しなければならないことを主張している。

3 世界の小売業の動向　　　　　(解答☞p.6)

(1) （　①　）は, 1963年に（　②　）に出現したカルフールの大規模なディスカウントストアを起源としている。売場面積2,500㎡以上, 食品を中心に生活に必要な商品を網羅する豊富な品ぞろえと（　③　）を持つ大型のセルフサービス形態と定義している。

(2)　(①) は, 1988年にウォルマートが開発した大型総合小売形態であり, 食料品中心のスーパーマーケットと, 非食料品中心のディスカウントストアをワンフロアに融合した (②) 商品構成で, 売場面積10,000㎡～20,000㎡の (③) を持ったセルフサービス形態である。

(3)　(①) は, 会員制で現金販売・商品持ち帰りの販売形態であるが, 会員構成は事業者だけではなく (②) も対象としている。売場面積10,000㎡程度の (③) で, 少品目の単品大量販売を基本とし, 低価格を訴求している。

(4)　(①) は, 参入国の消費者ニーズに適応して, 店舗の品ぞろえや商品の品質, 価格などを変えていくことである。

(5)　日本の消費者に対応するためには, (①) の買物行動への対応, 豊富な品ぞろえ, (②) の違いへの対応, 変化と賑わいに富んだ売場づくりが求められる。

(6)　日本の流通構造の特徴として, 中間流通の (①) があり, 卸売業が多くの部分に介在している。

(7)　日本国内では, (①) を拡大して, 大量仕入・大量販売体制を構築することが必要となる。

(8)　物流基盤の整備として, メーカーから店舗へ直接商品を納品する (①) は, 少品種少品目の品ぞろえをする業態への物流形態として適している。一方, メーカーから物流センターを経由して店舗へ配送する (②) は, 多品種多品目の品ぞろえをする業態に適している。

解答　重要キーワード補充問題

1　流通と小売業

(1)①循環システム　　②架け橋　　③結合　　(2)①取引総数単純化

(3)①集中貯蔵　　(4)①危険負担機能　　(5)①調達物流　　(6)①生産物流

(7)①販売物流　　(8)①回収物流　　(9)①輸送　　②配送　　(10)①保管

　②貯蔵倉庫　　③流通倉庫　　(11)①荷役　　(12)①ユニットロード・システム

(13)①コンテナリゼーション　　(14)①パレチゼーション　　(15)①個装　　②内装

　③外装　　(16)①流通加工　　(17)①情報流

2　小売業態変化に関する理論仮説

(1)①小売の輪　　②価格訴求型　　③価格競争

(2)①サービス　　②非価格競争　　③トレーディングアップ

(3)①非価格訴求型　　②革新的小売業態　　(4)①アコーディオン理論

　②品ぞろえ　　(5)①真空地帯理論　　②中間　　(6)①複合結合型

(7)①弁証法的仮説　　(8)①適応行動理論

3　世界の小売業の動向

(1)①ハイパーマーケット　　②フランス　　③価格訴求力

(2)①スーパーセンター　　②フルライン　　③低価格訴求力

(3)①ホールセールクラブ　　②一般消費者　　③倉庫型店舗

(4)①ローカライズ　　(5)①多頻度　　②店舗選択行動

(6)①多段階性　　(7)①店舗網　　(8)①直送　　②センター納品

第1章

流通と小売業の役割
本試験形式問題◀

第1問　次の文章は，流通の役割について述べている。文中の〔　　〕の部分
に，下記に示すア～オのそれぞれの語群から最も適当なものを選んで，
解答欄にその番号を記入しなさい。

　流通は財の生産―流通―消費という〔　ア　〕システムで形成されており，
流通はその要として，生産と商品の間の〔　イ　〕をすることにより，両者を
結合する〔　ウ　〕役割を果たしている。流通を媒介とした〔　エ　〕と貨幣
の流れをみると，財は生産から消費に向かって流れ，貨幣は消費から生産に向
かって流れる。生産者はこれによって費用を回収するとともに，利益を獲得し
て〔　オ　〕を続ける。

【語　群】
ア〔1．一元的　　2．循環　　3．情報　　4．一方向〕
イ〔1．分離　　2．仕切り　　3．架け橋　　4．卸売り〕
ウ〔1．文化的　　2．社会的　　3．総合的　　4．多角的〕
エ〔1．消費財　　2．サービス　　3．生産財　　4．中間財〕
オ〔1．消費　　2．計画　　3．投資　　4．再生産〕

1 小売業の類型

解答欄	ア	イ	ウ	エ	オ

第2問 次の文章は，流通の原理について述べている。文中の〔　〕の部分に，下記に示すア～オのそれぞれの語群から最も適当なものを選んで，解答欄にその番号を記入しなさい。

　取引総数単純化の原理は，生産者と消費者の間に〔　ア　〕が介在することで，取引数が〔　イ　〕され，〔　ウ　〕が節約されるというものである。一方，集中貯蔵の原理は，〔　エ　〕プールの原理ともいい，在庫を流通業が〔　オ　〕に保有すれば，在庫量が減少し，ウが節約されるというものである。

【語　群】
ア〔1．サービス業　　2．流通業　　3．小売業　　4．製造業〕
イ〔1．統一　　2．分散　　3．最大化　　4．単純化〕
ウ〔1．流通費用　　2．営業費用　　3．光熱費　　4．売上原価〕
エ〔1．効率化　　2．在庫　　3．確実性　　4．不確実性〕
オ〔1．一元的　　2．網羅的　　3．集中的　　4．長期間〕

解答欄	ア	イ	ウ	エ	オ

第3問　次のア～オは, 商流について述べている。正しいものには1を, 誤っているものには2を, 解答欄に記入しなさい。

ア　流通過程において, 商品のフローのことを商流という。

イ　所有権移転機能とは, 売り手が所有権を譲渡する活動と, 買い手が所有権を取得する活動という行為によって果たされる。これを販売という。

ウ　売買当事者間の意思表示が合致すれば売買契約は成立し, 法的な性格を持つ。

エ　一般的に, 買い手が受け取った商品を検査し, 売り手から引き渡されれば所有権が移転する。

オ　危険負担機能とは, 所有権を放棄することによって生じる危険を負担する活動といえる。

解答欄	ア	イ	ウ	エ	オ

第4問　次の文章は, 物流について述べている。文中の〔　〕の部分に, 下記に示すア～オのそれぞれの語群から最も適当なものを選んで, 解答欄にその番号を記入しなさい。

　物流機能は大きく分けると〔　ア　〕と〔　イ　〕がある。前者は, 生産地点から消費地点へと財を移転するための諸活動であり,〔　ウ　〕を橋渡しする。一方, 後者は生産時点から消費時点に至るまでの間, 財を保管する諸活動であり,〔　エ　〕を橋渡しする。この2つの物流活動を行う主体には,〔　オ　〕企業と物流専門企業とがある。

1 小売業の類型

【語　群】

ア　〔1．危険負担機能　　2．保管機能　　3．輸送機能　　4．移転機能〕

イ　〔1．危険負担機能　　2．保管機能　　3．輸送機能　　4．移転機能〕

ウ　〔1．時間のギャップ　　2．情報のギャップ　　3．空間のギャップ
　　　4．価格のギャップ〕

エ　〔1．時間のギャップ　　2．情報のギャップ　　3．空間のギャップ
　　　4．価格のギャップ〕

オ　〔1．保管　　2．物流センター　　3．荷受人　　4．荷主〕

解答欄	ア	イ	ウ	エ	オ

第5問　次のア～オは，小売業態変化に関する理論仮説について述べている。
正しいものには1を，誤っているものには2を，解答欄に記入しなさい。

ア　小売の輪の理論とは，商品構成の総合化と専門化の繰り返しという，品ぞ
ろえ面に視点を当てた理論仮説である。

イ　アコーディオン理論とは，低マージン・大量廉価販売から高マージン・高
サービス販売という循環を繰り返すことをいう。

ウ　弁証法的仮説では，小売業の新たな革新は，新旧小売業態間の対立の産物
であると考えられるとしている。

エ　適応行動理論は，環境の変化を重視し，変化への適応の重要性を説いてお
り，小売業態の変化の多様性を示した理論である。

オ　W．J．リーガンは，小売業の発展を，単一結合型の段階，複合結合型の段
階，全面結合型の段階の3つの段階に分けている。

解答欄	ア	イ	ウ	エ	オ

第6問 次のア～オは，世界の小売業の動向について述べている。正しいもの
には1を，誤っているものには2を，解答欄に記入しなさい。

ア　ハイパーマーケットとは，フランスの大規模総合ディスカウントストアの
ことである。

イ　スーパーセンターとは，スーパーマーケットとディスカウントストアとド
ラッグストアをワンフロアに融合したような商品構成となっている。

ウ　ホールセールクラブとは，会員制で，現金販売で持ち帰りの店舗形態で，
会員構成は事業者だけである。

エ　グローバルリテーラーにとってのローカライズとは，参入国の消費者ニー
ズに適応して，店舗の品ぞろえや商品の品質，価格などを変えていくことで
ある。

オ　日本の流通構造の大きな特徴は，中間流通の多段階性があり，中間流通の
多くの部分にメーカーが介在している。

解答欄	ア	イ	ウ	エ	オ

解答・解説	本試験形式問題

第1問

【2－3－2－1－4】

　財には，消費者に対する消費財とともに，生産者から他の製造業などの企業に対する産業財がある。流通の社会的役割に加えて，経済的役割があることを確認すること。

第2問

【2－4－1－4－3】

　流通業が生産と消費の間に介在し，流通にかかる費用が節約されることにより，流通の架け橋機能としての社会的役割と経済的役割が果たされる。代表的な取引総数単純化の原理と集中貯蔵の原理の内容について習得してほしい。

第3問

【2－2－1－1－2】

　アは，所有権のフローのことである。オは，所有権を放棄することではなく，保有することである。

第4問

【3－2－3－1－4】

　2つの主な機能と結びつく物流の内容について，確実に理解することが重要である。また，合わせて商流と情報流についても各機能の内容について習得してほしい。

第5問

【2－2－1－1－1】

　アの小売の輪の理論とイのアコーディオン理論の説明が逆である。

第6問

【1－1－2－1－2】

　ウは，会員構成は事業者だけでなく，一般消費者も対象となる。オは，メーカーではなく，多くの卸売業が介在している。

第2章

組織形態別小売業の運営特性
➤重要キーワード補充問題

1 総　論 （解答☞ p.20）

(1)　組織小売業は，複数の店舗が同じ店舗名の看板を掲げ，仕入や（　①　）面などにおいて規格化された共通の基盤を活用して経営を行う形態である。一般にチェーンストアの仕組みを持ち，組織全体として（　②　）を享受し，本部と店舗から構成される。

(2)　チェーンストアの要素は，一定の原則や基準にもとづき，店舗や商品などが整備されており，経営形態が（　①　）されている。また，多数の店舗が同じ方法で継続的に運営され，運営技術の標準化や（　②　）が行われている。

(3)　（　①　）とは，大量の（　②　）を前提とした商品計画の立案から大量販売に至る全プロセスの総称であり，保管，加工，配送，ディスプレイ，販売促進などあらゆる活動が含まれている。

(4)　チェーンストアの（　①　）を目指し，消費者の生活を画期的に変化させることを念頭に置き，産業と呼ばれるにふさわしい地位の向上を目指している。

(5)　チェーンストアによる（　①　）の余地は十分にあり，全国に散在する多数のチェーンストア志向企業は，本格的なチェーンストア産業の時代を築き上げていく（　②　）を担っている。

(6)　チェーンオペレーションは，チェーンストアの全店舗の経営活動を（　①　）し，本部による徹底した（　②　）管理運営にもとづいた多店舗展開を

可能にすることである。

(7)　チェーンオペレーションの特徴は，1)（　①　）の拡大をはかる，2)各店舗が本部によって統一的に管理・運営されているため，チェーンシステムを通じてサプライヤーに対する（　②　）が強まる，3)対象需要が同一であるため，チェーン全体は標準化されマニュアル化されている，4)本部が購買機能やスタッフ機能を集中的に果たし，各店舗は（　③　）機能だけを担っているなどがある。

(8)　業務の（　①　）によって，従業員は短時間でそのセクションの専門的知識を習得することができ，専任する担当者の（　②　）は飛躍的に向上する。

(9)　責任と権限の明確化は，従業員に（　①　）や利益確保，部下の指導・育成などの責任を持たせる一方で，業務を効率的・効果的に遂行させるために適切な（　②　）を与えることである。

(10)　管理者と従業員との良好な関係形成が必要であり，（　①　）の統一化を徹底し，従業員が共通の理解のもとで効率的な業務活動を行う必要がある。

(11)　管理・調整範囲の確定は，管理者1人当たりの従業員数を削減し，（　①　）を効果的に管理・指導することによって（　②　）を高めることを目的とする。店舗運営の方法を（　③　）しているため，従業員を管理・調整する範囲を拡大することができる。

(12)　店舗運営責任の決定は，異なる（　①　）に責任を持つ複数の管理者を養成しなければならない。経営戦略に基づき日々の業務決定と実行に責任を持っているのは，（　②　）と呼ばれている管理者である。

(13)　集中型管理組織の特徴は，1)各業務を決定する際，（　①　）のマネジャークラスの担当者がいればよいこと，2)地域に分散する各店舗を調整し（　②　）的な商品販売を行うことから，仕入面ではバイングパワーを発揮できること，3)専門の知識を持った人材を育成し，活躍させる機会がつくりやすいこと，4)各店舗で同様の商品を取扱うため，（　③　）を発揮できることなどがある。

(14)　今日の成長小売業は，ローコストオペレーションの仕組みを構築しており，

売上ではなく（　①　）を基軸とした経営へ転換する必要がある。

⒂　低い粗利益率をカバーするため，（　①　）比率を低く抑えるシステムを構築し，高い営業利益を獲得することができる。

⒃　坪当たり売上高の減少をカバーしているのは，低率のオペレーティングコストであり，高密度な面展開による（　①　）戦略を基本としている。

⒄　標準化政策の徹底は，店舗（　①　），店舗形状，品ぞろえなどの画一化，発注方法，（　②　）方法などを標準化することである。

⒅　物流システムの構築は，ローコストオペレーションの精度を高める絶対的条件であり，自社物流を構築することが望ましいが，多くの小売業が（　①　）に委ねている。

⒆　商品回転率の向上では，坪当たりの（　①　）が低下したとしても，商品回転率重視の経営を行うことが重要である。

⒇　人員計画や作業計画の適正化をベースとした従業員の（　①　）による合理的運営を推進することが大切である。

㉑　パートタイム労働者の活用では，パートタイム労働者の（　①　）を高い。

㉒　小売業はレイバースケジューリングとしての（　①　）を作成し，ワークスケジューリングとしての（　②　）を行うことが求められる。

㉓　チェーンストアにおける経営上の特色は，各店舗の仕入を本部が一括して行う（　①　）としての本部集中仕入方式ある。本部に仕入部門や商品部を設置して，仕入に関する権限と責任の遂行を（　②　）することである。

㉔　（　①　）大量仕入による仕入条件面での原価引下げにより，（　②　）を実現できる。

㉕　（　①　）化に伴う販売量の増加に対応するために，（　②　）仕入方式の確立が不可欠である。

㉖　セントラルバイング・システムのメリットには，1）専門化による（　①　）への対応ができる，2）プロモーション活動の原動力となる，3）コスト吸収の基盤となる，4）（　②　）機能の強化ができる，5）本部と店舗での仕入部門の（　③　）の解消ができる，6）販売活動の強化ができること

などがある。

(27) セントラルバイング・システムの問題点には，1）（　①　）を軽視した画一的マーチャンダイジングとなるおそれがある，2）きめ細かなマーチャンダイジングを展開しにくい，3）本部から遠く離れた店舗への（　②　）サービスが不足するなどがある。

2 レギュラーチェーン（ＲＣ）の運営特性 （解答☞ p.20）

(1) レギュラーチェーンは，単一の（　①　）のもとで同一形態の（　②　）を，一定のルールにもとづき多店舗展開する小売業の組織形態である。

(2) 店舗展開の標準的な手法となっており，本部の（　①　）機能によって多数の店舗を組織的に統合し，専門的な一元管理のもとで（　②　）を展開している。

(3) ＲＣのチェーンオペレーションは，自己責任による多店舗展開であり，出店にあたっては，（　①　）調達と事業リスクは自己責任であり，多店舗化には時間を要する。

(4) チェーンオペレーションの特徴は，（　①　）による経営であり，各店舗は，本部の指示にしたがい，設定した数値目標の達成に向けて（　②　）に専念する。

(5) （　①　）により仕入価格の引下や仕入条件面での優位性を発揮する。

(6) 物流体制の整備・確立として，自前で（　①　）を建設，もしくは第三者物流（サードパーティロジスティクス）の設営により，メーカーから直接商品を仕入れ，仕分けして各店舗に（　②　）する体制を構築する。

(7) システム化による（　①　）の追求として，ＰＯＳシステム導入やＥＤＩなどによる（　②　）をはかり，競争の優位性を実現する。

(8) 正社員の人数を抑え，（　①　）の比率を高めることで，（　②　）の低減をはかる。

(9) ＲＣの多くは，店舗運営の主要部分を本部が主導し，各店舗はそれにもと

づく販売活動に専念するという（　①　）型の店舗運営を行っている。

(10) 市場環境が激化している今日では，効率重視の店舗運営は（　①　）を妨げる要因となっており，地域特性を考慮に入れた店舗の（　②　）を発揮できず，従業員の（　③　）を低下させることにもなっている。

(11) ＲＣのチェーンオペレーションの仕組みは，1）顧客ニーズに応える（　①　）の開発と改良を行う体制が整っている，2）各業務の標準化・単純化・特殊化・集中化と，それを支える物流・情報システムを有する，3）多店舗展開やそれを支えるシステムへの投資とメンテナンスの費用をまかなえる資金調達力がある，4）店舗内外の設計・施行や内装・什器備品類などを標準化することで，（　②　）を削減している，5）（　③　）やストアブランド商品を製造する工場を指導できる企業としての取引信用力がある，6）パートタイム労働者の効率的活用のために，業務の標準化や（　④　）を推進している，7）一貫した従業員の教育と評価する制度を完備している。

3 ボランタリーチェーン（ＶＣ）の運営特性 （解答☞p.20）

(1) ボランタリーチェーンは，複数の中小小売業などが店舗経営の（　①　）を保持した状態で，部分的に小売機能を共同・（　②　）するチェーンストア形態組織である。

(2) 基本理念は，独立系小売業の結合による（　①　）の向上，チェーン本部の組織化・支援による加盟店の繁栄，地域社会や世界への貢献となっている。

(3) ＶＣの原則は，共同の原則，（　①　）の原則，調整の原則，地域社会への貢献の原則がある。

(4) ＶＣは，（　①　）を追求するためにも，加盟店の共同事業への取組み意欲をかき立てる方策を講じて，ＶＣ本部への（　②　）を高める必要がある。

(5) 加盟店の（　①　）や地域ごとの（　②　）といった情報管理は，ＶＣ本部の基本的機能である。

4 フランチャイズチェーン(FC)の運営特性 (解答☞p.21)

(1) フランチャイズチェーンは,フランチャイザーが開発した独自の(①)やノウハウと,商標,サービスマークやチェーン名などの事業を運営する方法を提供するのに対して,(②)は自己資金を投入して本部の開発した事業の方法やノウハウを使用して営業を行い,お互いに利益を得ようとする事業の共同体である。

(2) フランチャイザーとフランチャイジーが締結する(①)のもとで,フランチャイズ・パッケージとして(②)が提供され利用される。

(3) フランチャイズ契約においてトラブルが生じやすい項目は,売上予測・経費予測などと実態との相違,加盟金の返還の有無,(①)の算定方法,オープンアカウントなどの本部との債権債務の相殺勘定,(②)の設定の有無,契約解除時における解約違約金などがある。

解答　重要キーワード補充問題

1　総　論

(1)①店舗運営　　②規模のメリット　　(2)①規格化　　②単純化

(3)①マス・マーチャンダイジング　　②買付力　　(4)①産業化

(5)①市場拡大化　　②使命　　(6)①標準化　　②集中型　　(7)①市場シェア

　②交渉力　　③販売　　(8)①専門化　　②生産性　　(9)①販売目標

　②権限　　(10)①命令系統　　(11)①適正人数　　②人時生産性　　③標準化

(12)①業務領域　　②オペレーティングマネジャー　　(13)①少数　　②均質

　③規模のメリット　　(14)①コスト　　(15)①売上高販売管理費

(16)①ドミナント出店　　(17)①規模　　②ディスプレイ　　(18)①第三者物流

(19)①販売効率　　(20)①計画的配置　　(21)①採用比率

(22)①稼動計画　　②作業割当　　(23)①セントラルバイング・システム

　②委譲　　(24)①単品　　②低価格販売　　(25)①多店舗　　②本部集中

(26)①顧客ニーズ　　②商品開発　　③二重構造　　(27)①地域性　　②商品情報

2　レギュラーチェーン（ＲＣ）の運営特性

(1)①法人格　　②直営店　　(2)①一括仕入　　②チェーンオペレーション

(3)①資金　　(4)①本部主導　　②販売　　(5)①大量一括購入

(6)①物流センター　　②一括配送　　(7)①経営効率　　②業務の効率化

(8)①パートタイム労働者　　②人件費　　(9)①中央管理体制

(10)①地域顧客ニーズ　　②独自性　　③モチベーション

(11)①ストアフォーマット　　②出店コスト　　③プライベートブランド

　④マニュアル化

3　ボランタリーチェーン（ＶＣ）の運営特性

(1)①独立形態　　②協業化　　(2)①経済的地位　　(3)①利益性

(4)①スケールメリット　　②仕入集中率　　(5)①販売データ

②販売動向データ

4 フランチャイズチェーン（ＦＣ）の運営特性

(1)①システム ②フランチャイジー (2)①フランチャイズ契約

②特権 (3)①ロイヤルティ ②テリトリー権

第2章

組織形態別小売業の運営特性
本試験形式問題◀

第7問 次の文章は，組織小売業の運営特性について述べている。文中の
〔 　〕の部分に，下記に示すア〜オのそれぞれの語群から最も適当な
ものを選んで，解答欄にその番号を記入しなさい。

　組織小売業は，〔 ア 〕の店舗が同じ店舗名の看板を掲げ，仕入や〔 イ 〕
面などにおいて〔 ウ 〕された共通の基盤を活用して経営を行う形態である。
また，一般に〔 エ 〕と認識される仕組みを持ち，組織全体としての〔 オ 〕
を享受する。

【語　群】

ア 〔1．異業態　　2．異業種　　3．地域　　4．複数〕

イ 〔1．店舗運営　2．売上　　3．値入　　4．チラシ広告〕

ウ 〔1．画一化　　2．規格化　　3．多角化　　4．集約化〕

エ 〔1．大型店　　2．単独店　　3．チェーンストア　　4．多店舗〕

オ 〔1．名声　　2．規模のメリット　　3．認知度　　4．統一性〕

解答欄	ア	イ	ウ	エ	オ

第8問　次のア～オは、チェーンストアの組織づくりの原則について述べている。正しいものには1を、誤っているものには2を、解答欄に記入しなさい。

ア　業務の専門化によって従業員は短時間で部署の専門的知識を習得する。

イ　従業員に業務に関する責任を持たせる一方で、業務を効率的に遂行するための適切な権限を与える。

ウ　管理者と従業員との良好な関係を形成するために、命令系統の柔軟化を徹底する。

エ　管理者一人当たりの従業員数を制限し、適正人数を効果的に管理・指導する。

オ　異なる業務領域に責任を持つ複数の管理者を養成する。

解答欄	ア	イ	ウ	エ	オ

第9問　次の文章は、チェーンオペレーションの特徴について述べている。文中の〔　〕の部分に、下記に示すア～オのそれぞれの語群から最も適当なものを選んで、解答欄にその番号を記入しなさい。

チェーンオペレーションの特徴には、〔　ア　〕の拡大をはかること、本部によって各店舗を統一的に管理・運営するチェーンシステムによって〔　イ　〕に対する交渉力が強まること、チェーン全体の管理システムは標準化・〔　ウ　〕されていること、本部が購買機能や〔　エ　〕機能を集中的に果たし、各店舗は主に〔　オ　〕機能だけを担うことがある。

1 小売業の類型

【語　群】

ア〔1．出店地域　2．仕入高　3．取引先　4．市場シェア〕

イ〔1．サプライヤー　2．消費者　3．生産者　4．店舗〕

ウ〔1．単純化　2．簡便化　3．最大化　4．マニュアル化〕

エ〔1．出店　2．スタッフ　3．販売　4．物流〕

オ〔1．出店　2．スタッフ　3．販売　4．物流〕

解答欄	ア	イ	ウ	エ	オ

第10問　次のア～オは，ローコストオペレーション推進の方法について述べている。正しいものには1を，誤っているものには2を，解答欄に記入しなさい。

ア　主通路を広く取り，出入口を1か所にしたワンウェイコントロール方式を採用する。

イ　納品時間帯の指定，一括混載などにより検収作業の合理化・省力化を行う。

ウ　人員計画や作業計画を樹立し，無駄な人件費を省く方法を実践する。

エ　商品の高回転化を維持し，商品回転率重視の経営を行う。

オ　パートタイム労働者の採用比率を下げ，売場づくりや接客の質を低下させないようにする。

解答欄	ア	イ	ウ	エ	オ

第11問　次のア～オは，セントラルバイング・システムのメリットについて述べている。該当するものには1を，該当しないものには2を，解答欄に記入しなさい。

ア　仕入業務においては，専従者が市場の動向や変化を的確に把握し，顧客ニーズに対応した商品を仕入れることができる。

イ　カテゴリー別の重点商品を一括大量仕入することにより，有利な仕入条件を得ることができる。

ウ　地域性を重視したきめ細かなマーチャンダイジングができる。

エ　本部から遠く離れた店舗への商品情報サービスがスムースにできる。

オ　店舗の商品担当者を販売活動へ専念させることができる。

解答欄	ア	イ	ウ	エ	オ

第12問　次の文章は，レギュラーチェーンについて述べている。文中の〔　〕の部分に，下記に示すア～オのそれぞれの語群から最も適当なものを選んで，解答欄にその番号を記入しなさい。

　レギュラーチェーンとは，〔　ア　〕系列で結ばれた〔　イ　〕以上の複数店舗が，中央本部の規制のもとに〔　ウ　〕された経営原則にもとづき，商品やサービスの提供を画一的な〔　エ　〕店舗運営によって行う小売形態のことであり，〔　オ　〕ともよばれる。

【語　群】

ア　〔1．同一資本　　2．共同資本　　3．異なる資本　　4．外国資本〕

1 小売業の類型

イ 〔1．5店舗　　2．9店舗　　3．11店舗　　4．20店舗〕

ウ 〔1．規格化　　2．専門化　　3．集約化　　4．多角化〕

エ 〔1．大型　　2．直営　　3．小型　　4．独立〕

オ 〔1．サプライチェーン　　2．デマンドチェーン

　　3．ボランタリーチェーン　　4．コーポレートチェーン〕

解答欄	ア	イ	ウ	エ	オ

第13問　次の文章は，ボランタリーチェーンの定義について述べている。文中の〔　　〕の部分に，下記に示すア～オのそれぞれの語群から最も適当なものを選んで，解答欄にその番号を記入しなさい。

　ボランタリーチェーンは，複数の中小小売業などが経営の〔　ア　〕を保持した状態で集まり，部分的に小売機能を共同・〔　イ　〕するチェーンストア形態をつくりあげる組織である。主に商品の〔　ウ　〕を目的として結成し，〔　エ　〕を享受するために連携する自発的・〔　オ　〕連鎖店と呼ばれている。

【語　群】

ア 〔1．独立形態　　2．地域性　　3．理念　　4．所有〕

イ 〔1．分担　　2．協業化　　3．拡大　　4．促進〕

ウ 〔1．共同販売　　2．共同配送　　3．共同仕入　　4．共同保管〕

エ 〔1．範囲のメリット　　2．利益　　3．顧客満足
　　4．規模のメリット〕

オ 〔1．任意　　2．独立　　3．共同　　4．有志〕

解答欄	ア	イ	ウ	エ	オ

第14問 次のア～オは，フランチャイズチェーンの社会・経済的なメリットについて述べている。該当するものには1を，該当しないものには2を，解答欄に記入しなさい。

ア 比較的少額の事業資金や低いビジネスリスクで事業活動が可能となる。

イ 本部が設定した契約を加盟店が受け入れる形であるため，安心して契約をすることができる。

ウ 規模の利益や市場情報の集積などによる流通の合理化が実現できる。

エ 商品やサービスの標準化などによる消費者の利便性が向上する。

オ 新たに開発されたイノベーションの迅速な普及が可能となる。

解答欄	ア	イ	ウ	エ	オ

第15問 次のア～オは，フランチャイザーのメリットについて述べている。該当するものには1を，該当しないものには2を，解答欄に記入しなさい。

ア 統一したチェーンイメージのもとで急速に多店舗展開をすることができる。

イ 本部と加盟店はそれぞれ独立した対等の事業者であり，緊張関係が保持されることで，RCなどに比べて経営上の効率性が発揮されやすい。

1 小売業の類型

ウ　店舗オペレーションの標準化や各種支援により，経験の乏しい者でも比較的容易に開業することができる。

エ　人気のある商品イメージや規模の経済による商品コスト低減の恩恵を享受できる。

オ　経営意欲に満ちた有能な人材を幅広い領域から活用することができる。

解答欄	ア	イ	ウ	エ	オ

| 解答・解説 | 本試験形式問題 |

第7問

【4－1－2－3－2】

　組織小売業の定義や仕組みについて確実に理解することが必要である。また，合わせて組織小売業の分類や主要小売業態の動向に関しても内容を把握してほしい。

第8問

【1－1－2－1－1】

　ウは，命令系統の統一化が正しい。アは専門化（スペシャライゼーション），イは責任と権限の明確化，エは管理・調整範囲の確定，オは店舗運営責任の決定のことである。

第9問

【4－1－4－2－3】

　チェーンストアの全店舗の経営活動を標準化し，本部による集中型管理運営にもとづいた多店舗展開を可能にすることである。設問の4つの特徴をしっかりと覚えてほしい。

第10問

【1－1－1－1－2】

　アは標準化政策の徹底，イは物流システムの構築，ウは従業員の計画的配置，エは商品回転率の向上，オはパートタイマーの活用の具体的内容である。オは，パートタイム労働者中心の店舗運営を行うためにその採用比率を上げ，継続的な教育訓練を行い，勤続表彰やボーナス制度などを導入しモチベーションを高める施策を実施することが大切である。

1 小売業の類型

第11問

【1－1－2－2－1】

　ウは，画一的なマーチャンダイジングとなるおそれがある。エは，商品情報サービスが不足する。

第12問

【1－3－1－2－4】

　レギュラーチェーンは，スーパーマーケットをはじめとして，あらゆる業種・業態の店舗展開の標準的な手法となっている。チェーンオペレーションの各特徴についても合わせて理解してほしい。

第13問

【1－2－3－4－1】

　フランチャイズチェーンやレギュラーチェーンとの違いを表すキーワードは，必ず押えることが重要である。また，本部と加盟店の関係についても把握してほしい。

第14問

【1－2－1－1－1】

　フランチャイズ・システムの定義とその仕組みも合わせて理解するとともに，近年のフランチャイズビジネスの動向についても把握してほしい。イは，加盟者が適切な情報を得たうえで内容を理解する必要があるため，フランチャイズ・システムのデメリットといえる。

第15問

【1－1－2－2－1】

　ウとエは，フランチャイジーのメリットである。設問は，各メリットの内容であるが，合わせて各デメリットの内容についても整理して覚えてほしい。

第3章
店舗形態別小売業の運営特性
▶重要キーワード補充問題

1 専門店の運営特性　　　　　　　　(解答☞p.38)

(1)　専門店は,（　①　）を明確にし,専門領域に特化した（　②　）と,販売やサービスの機能提供に,高水準の専門性を発揮する店舗のことである。

(2)　（　①　）専門化は,取扱商品の品種を限定して,商品を深く品ぞろえをする。

(3)　用途別専門化は,ギフト,旅行,アウトドアなどの（　①　）に合わせた品ぞろえをする。

(4)　顧客層別専門化は,年代層別の（　①　）やニーズに合わせた品ぞろえをする。

(5)　専門店の販売員は取扱商品に関する豊富な（　①　）を有し,顧客に対して（　②　）ができる高水準のサービス提供が必要である。

(6)　ビジュアルマーチャンダイジングは,洗練された店舗内外装や,魅力的な商品の（　①　）を行い,（　②　）に店舗や商品を訴求する。

(7)　最寄品の購買行動に対しては,（　①　）,かつ,（　②　）のショッピング機能を提供することが重視される。

(8)　買回品の購買行動では,顧客の嗜好に合った複数の小売店で,数多くの商品を（　①　）しながら購買決定するという特徴がある。

(9)　専門品の購買行動では,（　①　）が高く,あらかじめ購入店舗または購入商品を決めて来店するケースが多い。

(10)　ＳＰＡ（製造小売業）は，川上から川下までの機能を（　①　）した専門小売業態として急成長している。

(11)　ライフスタイル・アソートメント型は，商品の種類を限定せず，対象とする顧客層の（　①　）特性に合わせて商品構成をする。用途面での購買選択性を増し，顧客一人ひとりの（　②　）が実現できる。

(12)　リミテッド＆デプス型は，商品の種類を（　①　）し，品種ごとの品目数を拡大して，奥の深い（　②　）で豊富な品ぞろえを実現するものである。

2 百貨店の運営特性　　（解答☞ p.38）

(1)　百貨店は，同一資本の運営管理の下で，衣食住健美遊分野を中心に商品を総合的に取り扱い，（　①　）をベースとした売場を店舗内に展開している。対面販売方式による（　②　）と各種サービスの提供によって，（　③　）を追求する大規模小売店舗である。

(2)　百貨店は，新たな顧客層の開拓のため，著名なファッション専門店チェーンなどの個性的な店舗を（　①　）として誘致するなどの改革に踏み切った。

(3)　仕入政策面においては，従来，店舗ごとに行ってきた仕入の一部を地域ごとに仕入窓口となる（　①　）を設けて，（　②　）する手法に着手した。

(4)　大都市の中心繁華街や大都市の（　①　）を中心に立地し，地方ではその中心市街地に立地，また郊外型立地も出現した。

(5)　百貨店の売場は，仕入形態により，1)（　①　）仕入の売場は，商品を完全に仕入先から買取り基本的に返品しない，2) 消化仕入の売場は，商品が店頭で売れてから仕入を立て，（　②　）がメーカーから来て販売するケースが多い。

(6)　百貨店の（　①　）は，商品を計画的に買い取り販売することである。顧客との接客や売場の自主管理を通じて，顧客ニーズに沿った品ぞろえや適正な在庫量の維持をはかり，運営を効率化していくため，（　②　）売場への取組みが行われている。

3　総合品ぞろえスーパー（Super Store）の運営特性　(解答☞p.38)

(1)　総合品ぞろえスーパーは，日用の実用的な商品を幅広く総合的に取りそろえて（　①　）の機能を提供し，（　②　）方式を採用した小売形態である。

(2)　運営は，標準化された大型店を（　①　）し，本部が集中管理する（　②　）によって効率化がはかられている。本部で集中仕入される商品を各店に納品する機能として（　③　）を設置し，サプライヤーから店舗までロジスティクスの効率化をはかっている。

(3)　総合品ぞろえスーパーは，（　①　）として地域経済の向上に貢献するとともに，消費者ニーズを満たすために店舗を大型化している。

(4)　郊外では，ショッピングセンターの（　①　）として直営売場を運営し，専門店が囲むように配置される共同出店が本格化し，（　②　）役も果たした。

(5)　利益部門を強化し，不採算部門は（　①　）への賃貸借契約に切り替え，運営効率化による（　②　）をはかっている。

(6)　商圏内における自店の顧客シェアの拡大を目指して（　①　）の仕組みを効率化させる総合品ぞろえスーパーが増えており，注文を受けた商品を店舗で集荷して自宅へ配送するタイプと，専用の（　②　）から配送するタイプがある。

4　スーパーマーケット(SM)の運営特性　(解答☞p.38)

(1)　商品構成は，生鮮三品と，即食性の高い惣菜や日配品を強化する店舗が多い。加工食品と併せて（　①　）促進をすれば，買上げ点数の増加による（　②　）増進も期待できる。

(2)　家庭で調理する機会や時間が減少する傾向にあり，（　①　）つまり食事に関する問題解決として，即食性の高い惣菜や日配品に対するニーズが高まっている。

(3) 価格競争への打開策として，（ ① ）を強化している。低価格で販売し，かつ（ ② ）の獲得ができる。

(4) 食の安全のため，（ ① ）の導入や，衛生管理の徹底を行っている。（ ② ）として，近隣農家で栽培される農産物などをコーナー展開している。

(5) 今日，スーパーマーケット業界は，セルフサービスによる低価格政策や大量販売政策に加えて，サービスおよび機能の複合化による（ ① ）の形成期へとシフトしている。

(6) 今後のライフスタイルの変化に伴うマーチャンダイジングの方向を考えた場合，スーパーマーケットは，さらなる「利便性」と「（ ① ）」を追求することが重要になる。

5 ホームセンター(ＨＣ)の運営特性 （解答☞ p.38）

(1) 回転率の低い商品の値入率は高めに設定して（ ① ）を高める一方，人件費や地代家賃の比率などの（ ② ）を低く抑えるために，（ ③ ）が不可欠となっている。

(2) ＤＩＹ型ホームセンターは，扱いアイテム数が多く，（ ① ）の低いものが多いため，基本的には本部の商品部を通じて（ ② ）を行う。販売面では，対面販売とセルフサービス販売の中間的な（ ③ ）方式が必要とされる。

(3) バラエティ型ホームセンターは，購買頻度の高い消耗品などの（ ① ）を拡充し，マス・マーチャンダイジングや店舗と（ ② ）などによるチェーンオペレーションを行い，運営効率化を追求している。

(4) ホームセンターの立地は基本的に（ ① ）であり，ロードサイドビジネスを代表する店舗形態の1つである。大きな（ ② ）を設置することが不可欠となる。

(5) 店舗施設についても建設費用を抑えるために，（ ① ）な店づくりを行う。ホームセンターでは，（ ② ）の店舗が多い。

(6)　バラエティ型ホームセンターでは，粗利益率の高いＤＩＹ素材や園芸用品を（　①　）で効率的に調達するために，有力な卸売業のバックアップ，（　②　）の整備が不可欠となる。

6 ドラッグストア(DgS)の運営特性　(解答☞ p.39)

(1)　ドラッグストアは，医薬品や化粧品を中心に健康と美容の（　①　）に関する商品や，日用雑貨や加工食品などを（　②　）方式で販売する形態である。

(2)　（　①　）では，（　②　）を副作用などのリスクに応じて，第１類医薬品，第２類医薬品，第３類医薬品の３つに分類している。

(3)　第２類と第３類の医薬品については，薬剤師でなくても（　①　）であれば販売することができるように規制緩和された。

(4)　調剤部門は，店舗において（　①　）から出される処方箋を患者から受け取り，（　②　）による医療用医薬品の調合や情報提供を行う。

(5)　学術部門は，（　①　）からの医薬品情報収集，薬事行政の動向把握，薬剤師の調剤および（　②　）教育などを行う。

(6)　（　①　）を中心に展開するチェーン企業は，小型の店舗で多店舗展開することが多く，Ｈ＆ＢＣカテゴリー商品を主体にすることで，専門店としての特徴を高めている。

(7)　（　①　）で展開するチェーン企業は，広いエリアからの集客をはかるために，Ｈ＆ＢＣカテゴリーに加えて，日用雑貨や食料品など幅広く品ぞろえしている。

7 コンビニエンスストア(CVS)の運営特性　(解答☞ p.39)

(1)　コンビニエンスストアは，（　①　）を導入し，本部の経営ノウハウをパッケージ化し，店舗・商品構成・サービス・オペレーションなどの（　②　）

に成功した。当初から，売場面積30坪，約3,000アイテムという基本基準を崩していない。

(2)　フランチャイザーである（　①　）が店舗開発，サプライヤー開発，商品開発，商品構成，販売促進，人材教育などのチェーン運営のノウハウを提供し，フランチャイジーである（　②　）はそのノウハウに対して（　③　）という形で対価を支払う契約を結ぶものである。

(3)　POSシステムを早くから導入し，（　①　）や販売予測などに活用した。

(4)　（　①　）を導入し，発注業務での作業の合理化や効率化など，店舗のシステム化を推進した。

(5)　ロジスティクス面でも，（　①　）納品や時間帯指定納品などの体制を構築した。

(6)　比較的少ない経営資源の投入で，毎年大量に出店する（　①　）を可能にし，小規模フォーマットの運営を標準化し，店舗構造を画一化してきた。

(7)　商品政策は，基本的に約（　①　）アイテムという限定された品ぞろえのなかで，POSシステムを駆使して（　②　）を徹底的に追及し，単品管理手法を採用している。

(8)　商品構成は，（　①　）を中心にしたグローサリーと，即食性の高い（　②　）が主力カテゴリーである。（　③　）の取扱いが増大傾向にあり，差別化の実現や粗利益の確保に貢献している。

(9)　さまざまな（　①　）を商品化することによって，顧客に対し便利さという（　②　）を提供している。

(10)　（　①　）を導入することにより，家庭の主婦（主夫）や（　②　）層の集客に結びつけ，主要顧客層を広げている。

8 スーパーセンター(SuC)の運営特性 （解答☞p.39）

(1)　スーパーセンターという店舗形態は，アメリカの（　①　）が開発した。

(2)　大規模駐車場を備え，ディスカウントストア（非食品）とスーパーマーケッ

ト（食品）を融合して，（　①　）商品構成された大型小売形態で，（　②　）
（Everyday Low Price）という価格政策に特徴がある。

(3)　オペレーションは，仕入原価や販売費の徹底低減をはかる（　①　）（Eve
ryday Low Cost）を前提とし，（　②　）の常態化によって集客力を高める
手法である。

(4)　スーパーセンターが（　①　）立地を選択する理由は，1）競争店が少な
く，低価格を訴求することで，当該エリアにおける圧倒的（　②　）の獲得
が期待できること，2）地価が安く，大規模な駐車場や店舗施設を（　③　）
で整備できることがある。

(5)　店舗施設は（　①　）構造で，陳列什器にはローコスト什器が用いられて
おり，内外装の装飾などを最低限に抑えた（　②　）型店舗となっている。

(6)　商品政策の基本は，単品大量仕入でバイングパワーを生かして（　①　）
の低減をはかり，単品大量販売によって（　②　）を実現することである。

9 生協（消費生活協同組合）の運営特性 （解答☞ p.39）

(1)　生協は，原則として（　①　）自身が「出資・利用・運営」のすべてを行う。

(2)　生協への加入と（　①　）はまったくの自由である。加入のときには（
②　）が必要であり，また脱退するときには出資金は全額返却される。

(3)　生協の事業の種類は，物資の（　①　）事業，利用事業，生活文化事業，
（　②　）事業，教育事業，医療・福祉に関する事業，前各事業に付帯する事
業と規定されている。

(4)　共同購入事業は，組合員同士が班をつくり，（　①　）をする仕組みである。
しかし近年では，暮らしの変化とともに，（　②　）事業が牽引している。

(5)　地域生協が1つになって新しいネットワークを構築しており，会員生協は
各々の機能を（　①　）に統合して規模のメリットを生み出し，生協事業の
発展強化を目指している。

解答 重要キーワード補充問題

1 専門店の運営特性

(1)①ターゲット顧客　②品ぞろえ　(2)①品種別　(3)①利用シーン

(4)①消費特性　(5)①商品知識　②コンサルティングセールス

(6)①プレゼンテーション　②視覚的　(7)①ワンストップ

　②ショートタイム　(8)①比較検討　(9)①目的購買性　(10)①垂直統合

(11)①ライフスタイル　②トータルコーディネート　(12)①限定　②専門的

2 百貨店の運営特性

(1)①部門別組織　②ホスピタリティ　③顧客ベネフィット

(2)①テナント　(3)①基幹店舗　②一括仕入　(4)①ターミナル駅

(5)①買取　②派遣社員　(6)①自主マーチャンダイジング　②自主編集

3 総合品ぞろえスーパー（Super Store）の運営特性

(1)①ワンストップショッピング　②セルフサービス販売

(2)①多店舗展開　②チェーンオペレーション　③物流センター

(3)①マス・マーチャンダイザー　(4)①核店舗　②ディベロッパー

(5)①テナント　②コストダウン　(6)①ネットスーパー

　②集荷センター

4 スーパーマーケット（SM）の運営特性

(1)①関連購買　②客単価　(2)①ミールソリューション

(3)①ＰＢ商品　②高粗利益率　(4)①トレーサビリティ　②地産地消

(5)①ストアロイヤルティ　(6)①品質性

5 ホームセンターの運営特性

(1)①粗利益率　②販売費及び一般管理費　③ローコストオペレーション

(2)①商品回転率　　②集中仕入　　③セミ・セルフサービス販売

(3)①コモディティ商品　　②売場の標準化　　(4)①郊外　　②駐車場

(5)①ローコスト　　②平屋建て　　(6)①小ロット多品目　　②物流センター

6　ドラッグストア（DgS）の運営特性

(1)①H＆BC　　②セルフサービス販売　　(2)①医薬品医療機器等法

　②一般用医薬品　　(3)①登録販売者　　(4)①医療機関　　②薬剤師

(5)①製薬メーカー　　②カウンセリング　　(6)①都市部　　(7)①郊外

7　コンビニエンスストア（CVS）の運営特性

(1)①フランチャイズシステム　　②標準化　　(2)①本部　　②加盟店

　③ロイヤルティ　　(3)①単品管理　　(4)①EOS　　(5)①多頻度小口

(6)①多店舗展開　　(7)①3,000　　②売れ筋商品　　(8)①加工食品

　②ファストフード　　③PB商品　　(9)①サービス　　②ベネフィット

(10)①生鮮三品　　②高齢者

8　スーパーセンター（SuC）の運営特性

(1)①ウォルマート・ストアーズ　　(2)①フルライン　　②EDLP

(3)①EDLC　　②低価格　　(4)①ルーラル　　②顧客シェア

　③ローコスト　　(5)①ワンフロア　　②ノンフリル　　(6)①仕入原価

　②低価格

9　生協（消費生活協同組合）の運営特性

(1)①組合員　　(2)①脱退　　②出資金　　(3)①購買　　②共済

(4)①まとめ買い　　②個人宅配　　(5)①コープネット

第3章

店舗形態別小売業の運営特性
本試験形式問題◀

第16問 次の文章は，専門店の品ぞろえについて述べている。文中の〔　　〕の部分に，下記に示すア～オのそれぞれの語群から最も適当なものを選んで，解答欄にその番号を記入しなさい。

　専門店とは，〔　ア　〕顧客を明確にし，特定の専門領域に特化した〔　イ　〕を基軸に，販売やサービスの機能提供において〔　ウ　〕の専門性を発揮する店舗のことをいう。取扱商品の種類を限定した〔　エ　〕専門化，利用シーンに合わせた〔　オ　〕専門化，年代層別の消費特性やニーズに合わせた顧客層専門化などがある。

【語　群】

ア〔1．ロイヤル　　2．ターゲット　　3．女性　　4．高齢者〕

イ〔1．店舗設計　　2．商品開発　　3．品ぞろえ　　4．業態〕

ウ〔1．独自　　2．標準　　3．広範囲　　4．高水準〕

エ〔1．品種別　　2．品目別　　3．アイテム別　　4．単品別〕

オ〔1．用途別　　2．メニュー別　　3．機能別　　4．目的別〕

解答欄	ア	イ	ウ	エ	オ

第17問　次の文章は，百貨店の商品政策について述べている。文中の〔　　〕
　　　　の部分に，下記に示すア～オのそれぞれの語群から最も適当なものを選
　　　　んで，解答欄にその番号を記入しなさい。

　百貨店の仕入形態には，消化仕入がある。これは〔　ア　〕とも呼ばれる独
自の商習慣で，販売された時点で仕入勘定を立てる，つまり〔　イ　〕が移転
する取引である。消化仕入は，百貨店側にとっては商品保管ミスや売れ残りに
よる〔　ウ　〕リスクはないが，消化率が〔　エ　〕に影響するという特性が
ある。また，商品はサプライヤーからの〔　オ　〕を通じて販売される場合が
多く，自社の人件費負担の軽減になっている。

【語　群】
ア〔1．委託仕入　　2．買取仕入　　3．共同仕入　　4．売上仕入〕
イ〔1．所有権　　2．商標権　　3．使用権　　4．知的所有権〕
ウ〔1．バーゲン　　2．欠品　　3．在庫　　4．回収〕
エ〔1．売上原価　　2．仕入　　3．販売促進　　4．マージン〕
オ〔1．正社員　　2．派遣店員　　3．広告宣伝　　4．システム〕

解答欄	ア	イ	ウ	エ	オ

第18問　次のア～オは，総合品ぞろえスーパーについて述べている。正しい
　　　　ものには1を，誤っているものには2を，解答欄に記入しなさい。

ア　集中仕入を行う本部の商品部には，専任の仕入担当者としてバイヤーが商
　品カテゴリー別に配置されている。

1 小売業の類型

イ　法的規制としては，従来の百貨店法に代わって大規模小売店舗法が制定・施行されている。

ウ　アメリカのGMSは，実用的な商品を幅広く取り揃えているが，非食料品は取り扱っていない。

エ　ショッピングセンターの核店舗として直営売場を運営し，それに専門店を配置する共同出店が行われている。

オ　サービス面で，ネットスーパーの仕組みを効率化させる総合品ぞろえスーパーが増えている。

解答欄	ア	イ	ウ	エ	オ

第19問　次のア～オは，スーパーマーケットの商品政策について述べている。正しいものには1を，誤っているものには2を，解答欄に記入しなさい。

ア　スーパーマーケットは，毎日の食事の調理素材として欠かせない生鮮三品と，即食性の高い惣菜や日販品を強化する傾向にある。

イ　新鮮な生鮮三品が豊富であると，加工食品などのワンストップショッピングにつながる。

ウ　ミールソリューションとして，即食性の高い惣菜や日配品に対するニーズに対応する動きが強まっている。

エ　NB商品よりも総じて高価格で販売でき，かつ，高い粗利益率を維持できるPB商品が拡充・強化されている。

オ　店舗の営業エリアの近隣農家で栽培される農産物などを，スーパーマーケットでコーナー展開する地産地消の動きが高まっている。

解答欄	ア	イ	ウ	エ	オ

第20問 次の文章は，ホームセンターの運営の特徴について述べている。文中の〔　〕の部分に，下記に示すア〜オのそれぞれの語群から最も適当なものを選んで，解答欄にその番号を記入しなさい。

ホームセンターの運営の特徴として，ＤＩＹ型ホームセンターでは，扱いアイテム数が多く，〔　ア　〕の低い金物類が多いため，売場での〔　イ　〕が複雑である。そのため，基本的には本部の商品部を通じて〔　ウ　〕を行うことが多い。一方，バラエティ型ホームセンターでは，購買頻度の高い消耗品などの〔　エ　〕商品を拡充し，顧客の〔　オ　〕を高め，運営効率化を追求している。

【語　群】

ア〔1．価格　　2．耐久性　　3．マージン　　4．商品回転率〕

イ〔1．在庫管理　　2．接客管理　　3．単品管理　　4．陳列管理〕

ウ〔1．消化仕入　　2．集中仕入　　3．大量仕入　　4．分散仕入〕

エ〔1．専門　　2．生鮮　　3．コモディティ　　4．加工〕

オ〔1．来店頻度　　2．客単価　　3．ストアロイヤルティ
　　4．ブランドロイヤルティ〕

解答欄	ア	イ	ウ	エ	オ

1 小売業の類型

第21問 次のア〜オは，ドラッグストアの運営について述べている。正しいものには1を，誤っているものには2を，解答欄に記入しなさい。

ア　第1類医薬品と第2類医薬品は，薬剤師でなくても登録販売者であれば販売することができる。

イ　平均的な商品分野別の売上構成比は，H＆BC関連商品で5割以上を占めている。

ウ　組織的特徴として，店舗に調剤部門，チェーン本部に学術部門を設けることがある。

エ　郊外で展開するチェーンは，H＆BCカテゴリーに加えて日用雑貨や食料品などの生活必需品を幅広く品ぞろえをしている。

オ　医薬品医療機器等法では，一般用医薬品に関してはリスクに応じて，第1類・第2類・第3類医薬品の3つに分類している。

解答欄	ア	イ	ウ	エ	オ

第22問 次の文章は，コンビニエンスストアについて述べている。文中の〔　〕の部分に，下記に示すア〜オのそれぞれの語群から最も適当なものを選んで，解答欄にその番号を記入しなさい。

コンビニエンスストアは，〔　ア　〕システムを導入し，本部の経営ノウハウをパッケージ化し，店舗，商品構成，サービス，〔　イ　〕などの〔　ウ　〕に成功した。当初からの売場面積〔　エ　〕坪と約〔　オ　〕アイテムという基本基準を今でも崩していない稀有な業態確立のモデルである。

【語　群】

ア 〔1．レギュラー　　2．ボランタリー　　3．セントラル

　　4．フランチャイズ〕

イ 〔1．立地　　2．オペレーション　　3．ATM　　4．宅配〕

ウ 〔1．単純化　　2．一元化　　3．標準化　　4．多元化〕

エ 〔1．30　　2．60　　3．100　　4．150〕

オ 〔1．1,000　　2．3,000　　3．10,000　　4．100,000〕

解答欄	ア	イ	ウ	エ	オ

解答・解説 本試験形式問題

第16問

【2－3－4－1－1】

　その他の特性としては，販売方式とサービス提供，ビジュアルマーチャンダイジングがある。店舗・立地特性，商品政策の基本と新たな動向についても，併せて内容を理解してほしい。

第17問

【4－1－3－4－2】

　主な仕入形態には，もう一つ買取仕入がある。百貨店は今後，自主マーチャンダイジングを展開し，自らが商品を売場で自主編成することが求められている。また，ＰＢ商品の開発による品ぞろえの差別化も必要となっていることを理解してほしい。

第18問

【1－2－2－1－1】

　イは，現在では大規模小売店舗立地法が施行されている。ウは，日本のように食料品は取り扱っていない。量販型専門店との競合から，今後の商品政策についても内容を確認してほしい。

第19問

【1－1－1－2－1】

　エは，ＰＢ商品はＮＢ商品よりも総じて低価格で販売される。

第20問

【4－1－2－3－1】

　ＤＩＹ型ホームセンターとバラエティ型ホームセンターの問題である。商品

政策のなかの商品分野別売上高構成比は，前者はＤＩＹ素材・用品の割合が高く，後者は家庭日用品の割合が高い。それぞれの特徴の違いについて把握してほしい。

第21問

【２－１－１－１－１】

　アは，第２類と第３類の医薬品の場合は登録販売者でも販売できる，が正しい。その他，商品政策として，高齢化の進展や生活習慣病予防のためのセルフメディケーションの推進などの要因も把握してほしい。

第22問

【４－２－３－１－２】

　市場規模は増加傾向にあり，海外展開も積極的である。併せて，店舗・立地特性や商品特性の今日的状況についても把握してほしい。身近な店舗を観察して具体的に理解すること。

2

マーチャンダイジング

第1章

マーチャンダイジングの戦略的展開

➤重要キーワード補充問題

1 変革するマーチャンダイジングの概念 (解答☞p.52)

(1) マーチャンダイジングは，（　①　）の欲求や欲望する商品を，適切な（　②　）で，適切な（　③　）で，適切な（　④　）で提供するための諸活動を意味している。

(2) マーチャンダイジングは，（　①　）や（　②　）などとも呼ばれる。

(3) メーカーの製造段階では‘（　①　）（（　②　））’と呼ばれても，小売業で扱う段階では‘商品（マーチャンダイズ）’と呼ばれる。

(4) 2008年，ＡＭＡはマーチャンダイジングの定義を「（　①　）・ディスプレイを展開する（　②　）の販促活動，および小売業における（　③　）と（　④　）の明確化」と改定した。

2 マーチャンダイジング・サイクルにおける構成要素と経営管理 (解答☞p.52)

2－1　チェーンストア本部の業務

(1) 商品計画では，商品を「フロアゾーニング＜品群構成＞→フロアレイアウト＜品種構成＞→（　①　）＜品目構成＞→（　②　）＜単品構成＞」と細分化する。

(2)　販売計画では，1年を（　①　）週に分け，週間単位の販売計画を立てる。

(3)　仕入業務では，目標達成奨励金<（　①　）>，販売促進費<（　②　）>などの取引条件の交渉を行う。

(4)　棚割の企画では，その巧拙が（　①　）を左右するため，極めて重要なスペースマネジメントであることから，（　②　）の提案や（　③　）の創出などを目的として企画する。

(5)　販売促進の企画では，従来のような国民行事的なイベントは（　①　）してきているため，これからは地域に潜在する（　②　）を掘り起こすことが重要である。

2－2　店舗の業務

(1)　荷受と検品では，（　①　）がかかるため，効率的（　②　）を導入していく必要性が高まっている。

(2)　また，仕入先企業との間に（　①　）を構築することで，（　②　），ノンストップという検収（検品と保管）体制を確立することも求められている。

(3)　保管と値付では，入荷後すぐに売り場に出して（　①　）することが望まれる。

(4)　一時的に保管する商品にも（　①　）<金利や保管費>がかかっていること，（　②　）作業にもコストが生じることを忘れてはいけない。

(5)　売価変更では，鮮度劣化の早い（　①　）などは，（　②　）によって効率的な販売を実現するようにする。

(6)　商品管理では，在庫量や（　①　）は販売計画に影響を受け，他方，それらの結果を計画立案プロセスに（　②　）することが肝心である。

(7)　補充発注では，（　①　）や時期などの（　②　）を立て，実践しながらズレを修正していく。

解　答　重要キーワード補充問題

1　変革するマーチャンダイジングの概念

(1)①顧客　②数量　③価格　④タイミング（②〜④は，順不同）

(2)①商品計画　②商品化政策（①と②は順不同）　(3)①製品

　②プロダクト　(4)①インストア　②メーカー　③商品アイテム

　④商品ライン（③と④は順不同）

2　マーチャンダイジング・サイクルにおける構成要素と経営管理

2－1　チェーンストア本部の業務

(1)①シェルフマネジメント　②フェイシング　(2)①52

(3)①リベート　②アローワンス　(4)①売上　②旬　③地域需要

(5)①同質化　②購買需要

2－2　店舗の業務

(1)①作業コスト　②物流システム　(2)①自動補充発注システム

　②ノー検品　(3)①ディスプレイ　(4)①在庫コスト　②値付け

(5)①生鮮食品　②値下げ　(6)①回転率　②フィードバック

(7)①発注量　②仮説

第1章

マーチャンダイジング戦略的展開
本試験形式問題◀

第1問　次の文章は，変革するマーチャンダイジングの概念について述べて
　　　　いる。文中の〔　　〕の部分に，下記に示すア〜オの語群から最も適当
　　　　なものを選んで，解答欄にその番号を記入しなさい。

　全米マーケティング協会（AMA）は，〔　ア　〕年にマーチャンダイジン
グの定義を「〔　イ　〕・ディスプレイを展開する〔　ウ　〕の販促活動，およ
び〔　エ　〕における商品アイテムと商品〔　オ　〕の明確化」と改定した。
つまり，今日のマーチャンダイジングは，〔　エ　〕のみを対象とするのでは
なく，〔　ウ　〕と共同して行う活動であるという方向性を示唆している。

【語　群】
ア〔1．2010　　2．2008　　3．1995　　4．1960〕
イ〔1．コーディネート　　2．インストア　　3．ショーウィンドウ
　　4．棚割〕
ウ〔1．流通業　　2．卸売業　　3．メーカー　　4．小売業〕
エ〔1．流通業　　2．卸売業　　3．メーカー　　4．小売業〕
オ〔1．ライン　　2．ゾーニング　　3．ＳＫＵ　　4．コンセプト〕

2 マーチャンダイジング

解答欄	ア	イ	ウ	エ	オ

第2問 次のア～オは，マーチャンダイジング・サイクルにおける構成要素と経営管理について述べている。正しいものには1を，誤っているものには2を，解答欄にその番号を記入しなさい。

ア　商品計画では，商品を「フロアゾーニング→シェルフマネジメント→フロアレイアウト→フェイシング」と細分化する。

イ　販売計画では，1年を56週に分け，週間単位の販売計画を立てる。

ウ　棚割の巧拙は売上を左右するため，極めて重要なスペースマネジメントとなる。

エ　一時的に保管する商品についても金利や保管費などの値付けコストが生じる。

オ　商品管理においては，販売価格や回転率は仕入計画に影響を受ける。

解答欄	ア	イ	ウ	エ	オ

解答・解説 本試験形式問題

第1問

【2-2-3-4-1】

AMAの定義は，一定の理解をしておかなければならない。特に，2008年の改定では，小売業のみの活動ではなく，メーカーと共同して行う活動という認識を明らかにした点は特徴的である。

第2問

【2-2-1-2-2】

アは，シェルフマネジメントとフロアレイアウトが逆である。イは，1年は52週である。エは，金利や保管費は在庫コストである。オは，商品回転率は仕入計画に影響を受けるが，販売価格は直接的な影響を受けることはない。

第2章

商品計画の戦略的立案
➤重要キーワード補充問題

---

1 カテゴリー別商品計画の立案　（解答☞ p.62）

1－1　業績，活動などの分析ならびに評価

(1)　過去にさかのぼって，計画に対する実績を（　①　）・評価し，（　②　）に生かすことが商品計画の基本的業務となる。

(2)　その内容は，過去数年間の販売計画および（　①　），目標達成度はどの程度伸縮しているか，（　②　）と比較して自社の実績はどの程度伸縮しているか，自社の（　③　）はどの程度伸縮しているか，過去数年間の趨勢として商品への顧客の反応はどう変化しているか，単価，店舗当たり営業利益率，一人当たり販売効率などはどう変化しているか，ＰＬＣ（プロダクト・ライフサイクル）と（　④　）の変化はどうなっているか，などである。

(3)　また，（　①　）を巡る環境変化に影響される動向を分析し，適切にデータを加工して商品計画に組み入れることが重要となる。

(4)　そのような動向には，（　①　）情勢はどう変化していくか，小売業を取り巻く（　②　）はどう変わっていくか，（　③　）の期待はどのようなもので，どのような購買行動をとるだろうか，（　④　）はどのような新製品を発売するか，（　⑤　）はどのような戦略を打ち出してくるか，などがある。

1－2 商品計画作成における重点的目標の設定

(1) 商品計画作成では，過去の実績や評価を行い，今期の改善事項を抽出し，（ ① ）目標を設定する。

(2) その事項には，品種構成の（ ① ）および品目構成の（ ② ）による売上高の増加，品種構成の（ ③ ）および品目構成の（ ④ ）による（ ⑤ ）の増加，などがある。

(3) 先に述べた事項に対しては，（ ① ）増加のためには商品計画のどの箇所をどう改善するか，（ ② ）を向上させるためには商品計画のどの箇所をどう改善するか，（ ③ ）の向上を重点的目標とする場合に品揃えはどう改善するか，付加価値を高めるための（ ④ ）活動はどう行うべきか，（ ⑤ ）の能力（推奨能力や商品知識）をどうやって引き上げるか，異業態に対する競争にどう取り組むか，（ ⑥ ）システムをどう活用するか，というような視点で取り組むことになる。

1－3 商品計画の作成

(1) カテゴリー別の商品計画では，次のような方針を明記することが肝心であり，第一に品ぞろえの（ ① ）＜品種＞と（ ② ）＜品目＞の均衡であり，両者のバランスが重要となる。

(2) 第二は，（ ① ）商品と（ ② ）商品との均衡であり，一般的な小売店では，（ ③ ）商品の構成比率が高く，顧客に継続的に購入してもらえるような仕組みが構築されているが，流行商品など（ ④ ）商品は（ ⑤ ）の危険性があるため，より専門的な販売方法が求められる。

(3) 第三は，商品カテゴリー別販売方法の明記であり，継続的に売り続けるために，（ ① ）の適合度を常に把握しておく必要がある。

(4) 第四は，（ ① ）の向上であり，核心的な目標である利益確保のためにも，（ ② ）計画の記載は欠かせない。マーチャンダイジングの成否は（ ③ ）＜当期純利益÷総投資額＞により，部門別やカテゴリー別に計算して判

定することが望ましい。

(5) 　第五は，カテゴリーにおける役割の（　①　）であり，（　②　）な販売に
寄与させるための役割を持たせるようにする。

1－4　商品計画を実行に移す各手段の決定

(1) 　カテゴリー別の商品配置では，（　①　）地には成長期にあり利益面に大き
く貢献するカテゴリーを，（　②　）地には利益にあまり貢献しないカテゴ
リーを，ライバルとの競争で優位性を得られるカテゴリーは（　③　）スペー
スに，見せ筋商品など補完的なカテゴリーは（　④　）スペースに配置する。

(2) 　売場づくりでは，（　①　）＜VMD＞の概要を決定する。

1－5　商品計画にもとづく仕入計画や販売計画の策定および 販売

(1) 　カテゴリーごとに作成した商品計画にもとづき，（　①　）にしたがって販
売計画や仕入計画などを整備し，実際に販売する。

1－6　結果の分析と調整

(1) 　商品計画を実行に移した結果を次年度の計画づくりに反映させるため，営
業数値の分析，（　①　）の分析，売場づくりと（　②　）の分析，その他の
分析を行う。

1－7　商品計画の作成

(1) 　商品カテゴリーごとに商品を分類する場合，一般用医薬品などという（
①　）カテゴリーではなく，風邪薬，胃薬，頭痛薬というような（　②　）
で分けて実績を把握するようにする。

(2) 　（　①　）で分けたカテゴリーごとに売上高や粗利益高の目標を設定し，そ
れから（　②　）で分けた商品ごとに目標を設定する。

(3) 　過去の実績から見て販売数量の伸び率が大きい商品で売上高を稼ごうとす

る場合には，（　①　）量は確保できるか，（　②　）はどうするか，プロモーションはどうするかというようなことを検討する。

(4) 販売数量伸び率が期待できない場合でも，粗利益の拡大策に取り組むなどが必要であり，（　①　）との交渉によって（　②　）を下げてもらうなどの策が必要である。

2 商品構成の原理原則 （解答☞ p.63）

2－1 商品構成の原則

(1) 顧客のライフスタイルに基づいて（　①　）方針を決定し，テーマにもとづいた商品分類（商品構成）を行い，売場を編成していくことをライフスタイル（　②　）と呼ぶ。

(2) 商品構成計画では，商品構成を（　①　）で検討することが必要であり，計画数量を割り当てた後，最後に（　②　）を記載するようにする。

2－2 商品分類の概念

(1) グループとは，最も大きく分類した単位であり，衣・（　①　）・住の3分類などが該当する。

(2) デパートメントとは，グループを細分化した単位で，（　①　）の設計段階での区分であり，（　②　）担当者が通常使う単位としては適切ではない。

(3) ラインとは，デパートメントを（　①　）別などの基準で細分化した単位である。

(4) クラスとは，ラインを（　①　）が選別できるような基準で細分化した単位である。

(5) サブクラスとは，クラスを（　①　）の品種として細分化した単位であり，フォーマルのブラウスであれば素材別や色別という区分になる。

(6) （ ① ）とは，サブクラスを明確に区別できるように細分化した単位であり，フォーマルでブルーのブラウスでも，例えば価格帯によって複数設定することになる。

(7) （ ① ）とは，これ以上細分化できない1品1品を指しており，顧客が（ ② ）する単位となる。

(8) 商品の（ ① ）では，大，中，小分類へと細分化した上で，棚に陳列することになり，加工食品を例にすると以下のようになる。

(9) 部門スペースの決定：地域の需要を検討し，加工食品部門に対する（ ① ）の数を決定する。

(10) ラインスペースの決定：決定した部門スペースの中で，例えば調味料という（ ① ）のスペースを決定する。

(11) クラススペースの決定：ラインの中に設定するクラス（商品群）を決める。ここでいうクラス単位が，（ ① ）における設定カテゴリーとなる。

(12) （ ① ）の分類決定：例えばソースであれば，ウスターソース，中濃ソース，濃厚ソースなどという基準によって決定する。

(13) （ ① ）の決定：(12)の分類から決める。

(14) 単品の決定：アイテムの中から，売れ筋の予測等を考慮して，内容量，サイズ，カラーなどによって（ ① ）を決定する。

2－3　商品構成における商品分類の方法

(1) 生産（ブランド）体系型商品分類は，メーカー別に分ける大分類，そのメーカーの（ ① ）別に分ける中分類，その中における商品の（ ② ）別で分ける小分類というような分類方法である。

(2) この場合は，同じ機能や用途を持つ商品でも，（ ① ）が違えば売場も違うことになる。

(3) 生活（シーン）体系型商品分類は，全て商品を（ ① ）別に分類していく方法であり，売り手側の立場ではなく，「（ ② ）しやすく，選びやすい」という（ ③ ）の視点をベースにした商品分類となる。

2－4 商品分類の変革方向

⑴　商品分類の方法は，（　①　）などによって小売業ごとに異なるが，最近ではクラスをさらに大・中・小に分類する考え方が主流になりつつある。

⑵　この商品分類の考え方は，メーカー側の工程管理の分類基準ではなく，消費者側に立った捉え方であり，（　①　）という切り口によるカテゴリー，つまり（　②　）となる。

⑶　この商品分類の段階は，概ね（　①　）となる。つまり，このくくり方によって（　②　）は変化することになる。

⑷　このように，メーカー側の視点ではなく，消費者の（　①　）シーンに基づく商品分類が重要であり，そのための経営手法が，「（　②　）」となる。

| 解 答 | 重要キーワード補充問題 |

1 カテゴリー別商品計画の立案

1−1 業績，活動などの分析ならびに評価

(1)①分析　②次期　(2)①販売実績　②業界　③市場シェア
④商品構成比率　(3)①商品販売　(4)①社会・経済　②経営環境
③顧客　④メーカー　⑤ライバル店

1−2 商品計画作成における重点的目標の設定

(1)①重点的　(2)①拡大　②縮小　③縮小　④拡大　⑤粗利益率
(3)①売上高　②粗利益率　③商品回転率　④販売促進　⑤販売員
⑥顧客管理

1−3 商品計画の作成

(1)①幅　②深さ　(2)①定番　②提案型　③定番　④提案型
⑤売れ残り　(3)①需要と供給　(4)①収益性　②財務　③ＲＯＩ
(5)①明確化　②効率的

1−4 商品計画を実行に移す各手段の決定

(1)①一等　②三等　③最大　④最小
(2)①ビジュアルマーチャンダイジング

1−5 商品計画にもとづく仕入計画や販売計画の策定および販売

(1)①マーチャンダイジング・サイクル

1−6 結果の分析と調整

(1)①　品ぞろえ　②　プロモーション

1−7 商品計画の作成

(1)①広い　②中分類　(2)①中分類　②小分類　(3)①仕入
②ディスプレイ　(4)①仕入先企業　②仕入価格

2　商品構成の原理原則

2－1　商品構成の原則

(1)①仕入　　②アソートメント　　(2)①パーセンテージ　　②金額

2－2　商品分類の概念

(1)①食　　(2)①売場　　②仕入　　(3)①機能　　(4)①顧客　　(5)①共通

(6)①アイテム　　(7)①ＳＫＵ（Stock Keeping Unit：単品）　　②購入

(8)①ディスプレイ　　(9)①ゴンドラ什器　　(10)①ライン

(11)①カテゴリーマネジメント　　(12)①サブクラス　　(13)①アイテム

(14)①ＳＫＵ

2－3　商品構成における商品分類の方法

(1)①ブランド　　②用途　　(2)①メーカー　　(3)①用途　　②比較

　③消費者側

2－4　商品分類の変革方向

(1)①経営方針　　(2)①需要　　②需要カテゴリー

(3)①サブクラス　　②売場のイメージ　　(4)①生活

　②カテゴリーマネジメント

第2章

商品計画の戦略的立案

本試験形式問題◀

第3問 次の文章は，商品計画の作成について述べている。文中の〔 〕の部分に，下記に示すア～オの語群から最も適当なものを選んで，解答欄にその番号を記入しなさい。

　カテゴリー別の〔 ア 〕において，品ぞろえの〔 イ 〕とは品種の範囲を，品目の〔 ウ 〕とはアイテム数の多さを意味する。〔 ア 〕の策定では，この品種と品目のバランスが基本となる。また，品種構成は，品ぞろえの幅の〔 エ 〕化であり，〔 オ 〕は，そのような品種ごとのアイテム数をどこまで増やすかということになる。

【語　群】

ア〔1．商品計画　2．価格構成　3．品種構成　4．品目構成〕
イ〔1．幅　2．最適化　3．深さ　4．巧拙〕
ウ〔1．幅　2．最適化　3．深さ　4．巧拙〕
エ〔1．最適　2．水平　3．カテゴリー　4．垂直〕
オ〔1．商品計画　2．価格構成　3．品種構成　4．品目構成〕

解答欄	ア	イ	ウ	エ	オ

第4問　次の文章は，商品構成の原理原則について述べている。文中の
〔　〕の部分に，下記に示すア～オの語群から最も適当なものを選ん
で，解答欄にその番号を記入しなさい。

　小売業が顧客〔　ア　〕に応えるためには，顧客の〔　イ　〕にもとづいて
〔　ウ　〕方針を決定し，テーマにもとづいた〔　エ　〕を行い，売場を編成
していくことが必要である。これら一連の流れをライフスタイル〔　オ　〕と
呼ぶ。

【語　群】

ア〔1．質問　　2．クレーム　　3．支払　　4．ニーズ〕

イ〔1．予算　　2．ライフステージ　　3．ライフスタイル　　4．不満〕

ウ〔1．対応　　2．仕入　　3．販売価格　　4．応対〕

エ〔1．VMD　　2．商品開発　　3．取捨選択　　4．商品分類〕

オ〔1．アソートメント　　2．対応　　3．バリュー　　4．プライス〕

解答欄	ア	イ	ウ	エ	オ

第5問　次のア～オは，商品分類の概念について述べている。正しいものに
は1を，誤っているものには2を，解答欄に記入しなさい。

ア　デパートメントとは，グループを細分化した単位であり，衣料品なら紳士・
婦人用品などが該当する。

イ　SKUとは，これ以上細分化できない単位であり，顧客が購入する単位で
ある。

2 マーチャンダイジング

ウ　アイテムとは，サブクラスを明確に区別できるように細分化した単位である。

エ　グループとは，最も大きく分類した単位であり，衣食住の3分類などが該当する。

オ　ラインとは，クラスを共通の品種として細分化した単位である。

解答欄	ア	イ	ウ	エ	オ

第6問　次の文章は，商品構成における商品分類の方法について述べている。文中の〔　〕の部分に，下記に示すア～オの語群から最も適当なものを選んで，解答欄にその番号を記入しなさい。

〔　ア　〕体系型商品分類とは，メーカー別の大分類，そのメーカーのブランド別の中分類，そのブランド内の商品の用途別による小分類というような分類方法である。この場合には，同じ機能や用途を持つ商品でも，メーカーが違えば〔　イ　〕も違うということになる。これに対し，〔　ウ　〕体系型商品分類とは，商品の用途別に分類していく方法である。これは，「〔　エ　〕やすく，選びやすい」という〔　オ　〕の視点をベースにした商品分類である。

【語　群】

ア〔1．生活　　2．生産　　3．流通　　4．流行〕

イ〔1．価格　　2．売場　　3．品質　　4．消費者〕

ウ〔1．生活　　2．生産　　3．流通　　4．流行〕

エ〔1．比較し　　2．陳列し　　3．買い　　4．管理し〕

オ〔1．小売店舗側　　2．生産者側　　3．消費者側

4．流通チャネル側〕

解答欄	ア	イ	ウ	エ	オ

2 マーチャンダイジング

| 解答・解説 | **本試験形式問題** |

第3問

【1－1－3－2－4】

問題の内容以外にも，定番商品と提案型商品の違い，および両者の均衡のさ
せ方についても理解を深めておきたい。

第4問

【4－3－2－4－1】

小売店は，顧客のライフスタイルに適合させ，顧客ニーズをきちんと把握し
た商品構成が必要である。アソートメントは，重要なキーワードであり，商品
の組み合わせや編集を意味する。この巧拙によって，小売店の成否が決まると
いっても過言ではない。

第5問

【1－1－1－1－2】

細かな分類であり，覚えられないかもしれないが，重要性は高い。特徴を押
さえつつ，着実に理解しておいてほしい。オは，サブクラスを説明したもので
あり，ラインはデパートメントを機能別などの基準で細分化した単位である。

第6問

【2－2－1－1－3】

生産体系型商品分類と生活体系型商品分類では，売場の様相ががらりと変わ
る。消費者目線での売場づくりが広がっていることから，よく把握しておきた
い。

第3章

販売計画の戦略的立案
➤重要キーワード補充問題

1 販売計画の立案から販売管理までの概要と作業体系（フロー）　(解答☞ p.75)

⑴　販売実績の分析では，（　①　）データや売上管理諸表をもとに，（　②　）分析などの方法で，店舗別や（　③　）別の販売動向，営業活動の成果などを分析し，問題を見出す。

⑵　業界動向の分析では，（　①　）を取り巻く環境要因等について実態を明らかにする。

⑶　販売予測では，（　①　）＜特定市場＞ごとに市場（　②　）の変化を予測し，自己の（　③　）内の購買需要の比率を算出しつつ，店舗単位や売場単位の実績から今後の予測を行う。

⑷　販売計画の作成では，以上の内容に，（　①　）面の検証を加えて全体の販売目標を決定し，（　②　）ごとの販売目標と管理・統制する基準までを明確に決定する。

⑸　販売計画の戦略的展開において，販売計画は（　①　）計画に準じて（　②　）単位での計画とする。

⑹　（　①　）単位での販売活動の主たる業務には，（　②　）アイテムの発見と適正商品の販売，祝日や地域行事への対応，（　③　）の変更，（　④　）アイテムの追加発注などがある。

⑺　また，各担当者・商品別・（　①　）方法別の視点で（　②　）販売計画を

69

実行するが，重視すべきポイントは，（　③　）客数，販売（　④　），単価，売上高，顧客（　⑤　），（　⑥　）額・率，週間目標数値，その達成率，投入総労働時間，（　⑦　）当たりの売上高や粗利益高などとなる。

(8)　販売活動の指揮と統制では，（　①　）の方法などを用い，最も望ましい具体策（5W1H）を決定する。管理者は，（　②　）が適切な行動をとるよう監督・指導する。

(9)　販売業績の管理では，（　①　）システムによる単品レベルでの商品情報把握が必要である。留意すべき点は，金額ではなく（　②　）による（　③　）管理を行うこと，（　④　）の情報を活用すること，品種やカテゴリー，クラスなどのくくりで販売情報を活用すること，商品（　⑤　）情報を（　⑥　）で分析すること，時間帯別・（　⑦　）帯別の販売情報に注目し，活用することなどとなる。

2 カテゴリー別販売管理方法 （解答☞ p.75）

(1)　カテゴリーマネジメントは，「（　①　）に価値を提供しながら，（　②　）を高めるためにカテゴリーをひとつの（　③　）的事業単位と捉え，小売業が（　④　）などの協力を得ながら当該カテゴリーの最適化を求めて販売および（　⑤　）していくプロセス」と定義づけられている。

(2)　ここでは，戦略的（　①　）プランに基づいた運営がなされるべきであること，カテゴリーマネジメントはプロセスであり（　②　）ではないこと，（　③　）レベルで実行されて実績が上がること，（　④　）三層が協力し合うことで相乗効果が発揮されることが明示されている。

(3)　カテゴリーマネジメントとは，（　①　）を汲み取った商品カテゴリー（クラス単位）ごとの戦略を構築して実行する手法である。

(4)　例えば，胃薬というくくり方だけでなく，「モタレ解消」，「胸焼け対策」，「消化不良改善」というようなグルーピングを（　①　）として設定して，忘年会シーズンなどや休日明けなど時期という切り口などで，適切な（　②

）を実施することになる。

(5)　この事例の切り口の前提は，（　①　）の属性となり，それが若年層か高齢層（慢性的要因が多め）かによって，（　②　）のくくり方は変わってくる。

(6)　カテゴリーマネジメントの取り組み方の手順は，まず，（　①　）の設定であり，自店の顧客としてふさわしいターゲットを（　②　）にすることである。

(7)　次は，カテゴリーの定義と役割の設定であり，（　①　）に合致したカテゴリーを設定することになる。

(8)　続いて，（　①　）企画の作成であり，カテゴリーごとに，いかなる施策を実施するか，年間の（　②　）をどれだけ確保するかを検討する。

(9)　そして，サプライヤーとのパートナリングとして，カテゴリー（　①　）を設定し，一緒になってカテゴリープランや（　②　）などを検討する。

(10)　最後に，業績の（　①　）と分析を行い，売上と（　②　）の拡大に貢献させることになる。

3 予算編成および利益計画の概要 （解答☞p.75）

3－1　予算の概要

(1)　予算には，売上予算や販売経費予算があり，抽象論や希望的観測ではなく，（　①　）を得るための実行計画として有機的に（　②　）と関連付ける必要がある。

(2)　予算編成とは，当該期間における目標利益達成のための（　①　）的指針であり，（　②　）管理のための技法である。

(3)　予算の（　①　）とは，ある部門において，環境の好転等で販売額が大きくなった場合は，次期の予算拡大を懸念して，販売努力を（　②　）するというような傾向を意味する。

(4)　予算編成の強化による組織の硬直化とは，（　①　）が増加傾向になったり，

新規事業や新規の（　②　）に経営資源が配分されなくなったりする現象である。

3－2　予算編成と予算統制

(1)　経常予算とは，（　①　）繰り返される経営活動についての予算であり，損益予算と資金予算に区別される。

(2)　損益予算は，収益と費用の予算であり，（　①　）書の項目に関連し，資金予算は運転資金や現金勘定の予算であり，短期の（　②　）予算となる。

(3)　（　①　）予算は，全社的視点による（　②　）経営計画に基づく予算であり，具体的には研究開発予算，設備投資に関する予算などとなる。

(4)　見積（　①　）は，売上高，仕入原価，販売費，一般管理費，営業外損益などの見積りを基に作成され，見積（　②　）は，長期・短期の財務予算を反映させて作成される。

(5)　予算編成の（　①　）方式とは，経営トップ層の設定した目標を，各部門の活動を査定しながら一方的に強制する方式である。各部門では，予算達成の（　②　）が高まりづらいというデメリットがある。

(6)　予算編成の（　①　）方式とは，各部門が自主的に算出した予算を統合して予算を編成する方式である。企業としての（　②　）が表れづらく，また（　③　）の傾向が強くなり，総じてバランスを欠いた予算になりやすいというデメリットがある。

(7)　予算編成の（　①　）方式とは，（　②　）の総合的な方針の提示と，これにもとづいた各部門の自主的な作成予算を合わせ，（　③　）な調整を加えて予算を確定させる方式である。経営層の意向と各部門の（　④　）が両立しやすい方法といえる。

(8)　最近の傾向としては，（　①　）の意思を予算を通じて現場に伝え，それを遂行することが重要視されることから，（　②　）方式ではあるものの，（　③　）方式にウェイトをおいた方法が増加している。

(9)　売上高予算の編成方法は，販売分析，市場分析，経済予測を経て，（　①

）を把握した上で，販売（　②　）を行うという流れになる。

(10)　売上高予算をもとに，（　①　），営業費予算，（　②　）予算を作成する。

(11)　（　①　）予算では，まず売上高予算と期末に残すべき在庫数を鑑みて商品（　②　）を決定し，次に標準的な仕入単価を乗じて当期の（　③　）を算出する。

(12)　営業費予算の編成では，過去の営業費予算を変動費と（　①　）に分解する。次に（　②　）を求め，今期の変化を考慮した上で，売上高予算に（　③　）ことで営業費中の変動費予算とする。（　④　）は，物価の上昇や経営方針に基づく要因を加減して決定する。

(13)　（　①　）の編成では，売上について現金売上，掛売上，手形売上に区分し，（　②　）日数から月別の（　③　）予算を求める。（　④　）予算は仕入予算や営業費予算から月別に求め，これらに営業外収支，投資，借入・返済という各予算を合計することで（　⑤　）を設定する。

(14)　予算と実績の差異を把握する技法に（　①　）分析がある。

(15)　販売価格差異は，「((　①　）販売価格－(　②　）販売価格)×実際販売（　③　）」で求められる。

(16)　販売価格差異の原因には，（　①　）競争の激化，品質低下による（　②　）販売，流通（　③　）選定のミス，割引政策の不適切さなどがある。

(17)　販売数量差異は，「(　①　）販売価格×((　②　）販売数量－(　③　）販売数量)」で求められる。

(18)　販売数量差異の原因には，（　①　）の低迷，ライフサイクルが（　②　）に入った，広告宣伝など（　③　）の不適切さ，（　④　）能力の不足などがあげられる。

3－3　利益計画の概要

(1)　（　①　）の算出が，予算編成では最も重要である。企業は，適正な利益を継続的に確保しなくては経営の（　②　）が危ぶまれるのである。

(2)　損益がゼロとなる売上高を（　①　）と呼ぶ。つまり「売上高＝（　②　）」

となるような売上高のことである。

⑶　なお，費用は固定費と変動費に区分されるため，「（　①　）＝固定費＋変動費」となる。

⑷　（　①　）は，売上高（数量）の増減にかかわらず発生する費用であり，（　②　）は売上（数量）の増減に伴って増減する費用である。

⑸　売上高から（　①　）を差し引いた収益を限界利益と呼ぶ。

⑹　限界利益率（％）は，「¦1－((　①　)÷売上高)¦×100％」で求められる。

⑺　＠¥60で仕入れて＠¥100で売るというケースでは，変動費率は（　①　）％となり，固定費総額が800万円であるとすると，損益分岐点となる売上高は，（　②　）万円となる。

⑻　この事例において，実際の売上高が2,500万円であったなら，損益分岐点比率は（　①　）％となる。

解答 重要キーワード補充問題

1 販売計画の立案から販売管理までの概要と作業体系（フロー）

(1)①ＰＯＳ　②時系列（または変動）　③商品カテゴリー

(2)①小売業の販売活動　(3)①カテゴリー　②需要　③商圏

(4)①財務　②カテゴリー　(5)①マーチャンダイジング　②週

(6)①週　②死に筋　③陳列　④売れ筋　(7)①販売　②週間

　③来店　④数量　⑤単価　⑥粗利益　⑦１時間

(8)①目標管理　②販売員　(9)①ＰＯＳ　②数量　③単品

　④リアルタイム　⑤ロス　⑥時系列　⑦価格

2 カテゴリー別販売管理方法

(1)①消費者　②経営効率　③戦略　④メーカー　⑤管理

(2)①ビジネス　②プロジェクト　③店舗　④製配販　(3)①顧客ニーズ

(4)①サブカテゴリー　②プロモーション　(5)①標的顧客

　②サブカテゴリー　(6)①メインターゲット（または標的顧客）

　②明確　(7)①顧客ニーズ　(8)①購買促進　②利益

(9)①キャプテン　②棚割　(10)①評価　②利益

3 予算編成および利益計画の概要

3−1 予算の概要

(1)①目標利益　②経営管理活動　(2)①貨幣　②利益　(3)①逆機能

　②抑制　(4)①費用　②設備投資

3−2 予算編成と予算統制

(1)①毎期（または毎年）　(2)①損益計算　②財務　(3)①資本

　②中長期　(4)①損益計算書　②貸借対照表　(5)①トップダウン

　②動機付け　(6)①ボトムアップ（積上）　②目的志向　③現状維持

(7)①折衷　②トップ　③全社的　④動機付け　(8)①トップ

2　マーチャンダイジング

②折衷　　③トップダウン　　(9)①収益性　　②割当　　(10)①仕入予算

②資金　　(11)①仕入　　②仕入数量　　③仕入予算

(12)①固定費　　②変動費率　　③乗じる　　④固定費　　(13)①資金予算

②平均滞留（平均回収でも可）　　③入金　　④出金　　⑤資金予算

(14)①予算差異　　(15)①実際　　②予算　　③数量

(16)①価格　　②値引　　③チャネル　　(17)①予算　　②実際　　③予算

(18)①需要　　②衰退期　　③販売促進　　④販売

3－3　利益計画の概要

(1)①目標利益　　②存続　　(2)①損益分岐点　　②費用

(3)①損益分岐点売上高　　(4)①固定費　　②変動費　　(5)①変動費

(6)①変動費　　(7)①60（％）　　②2,000（万円）　　(8)①80.0（％）

第3章

販売計画の戦略的立案
本試験形式問題◀

第7問　次のア〜オは，販売計画の立案から販売管理までの概要と作業体系
（フロー）について述べている。正しいものには1を，誤っているもの
には2を，解答欄に記入しなさい。

ア　販売計画立案時における，販売実績の分析では，小売業を取り巻く環境要
因等について実態を明らかにすることになる。

イ　業界動向の分析では，POSデータや売上管理諸表などをもとにして分析
を行う。

ウ　販売予測は，カテゴリーごとに需要変化を予測し，商圏内の購買需要の比
率をもとに設定する。

エ　販売計画では，カテゴリー別にどの程度の売上高と利益が確保できるかを，
財務面などから総合的に判断し，全体の販売目標を決定することになる。

オ　販売業績の管理では，POSシステムによる単品レベルでの商品情報把握
が必要である。

解答欄	ア	イ	ウ	エ	オ

2 マーチャンダイジング

第8問 次の文章は，商品構成における商品分類の方法について述べている。
文中の〔 　〕の部分に，下記に示すア～オの語群から最も適当なもの
を選んで，解答欄にその番号を記入しなさい。

　カテゴリーマネジメントとは，「〔 ア 〕に価値を提供しながら，〔 イ 〕
効率を高めるためにカテゴリーをひとつの戦略的事業単位と捉え，小売業が
〔 ウ 〕などの協力を得ながら当該カテゴリーの〔 エ 〕化を求めて販売
および管理していく〔 オ 〕である。」と定義されている。

【語　群】

ア 〔1．店舗　　2．小売業　　3．メーカー　　4．消費者〕

イ 〔1．販売　　2．利益　　3．経営　　4．資本〕

ウ 〔1．メーカー　　2．消費者　　3．他業種　　4．全社員〕

エ 〔1．効率　　2．最適　　3．最大　　4．高回転〕

オ 〔1．結果　　2．プロジェクト　　3．プロセス　　4．顧客管理〕

解答欄	ア	イ	ウ	エ	オ

第9問 次のア～オは，予算の概要について述べている。正しいものには1を，
誤っているものには2を，解答欄に記入しなさい。

ア　予算とは，経営計画を細分化した諸機能の諸計画について，財務計画とし
　て集約化されたものを貨幣的に表示したものである。

イ　予算は，目標利益を達成するための具体的な実行計画であり，経営管理活
　動と有機的に関連付けることが必要である。

ウ　予算の調整機能とは，予算と実績の差異分析を行い，改善措置に貢献するものである。

エ　予算の逆機能とは，次期の予算拡大を懸念し，当期の販売努力を抑制する傾向を指す。

オ　予算編成の強化による組織の硬直化とは，予算管理が行き過ぎると，費用が増加傾向になったり，長期的な施策への取組みが弱まったりする傾向を意味する。

解答欄	ア	イ	ウ	エ	オ

第10問　次の文章は，予算統制と差異分析ついて述べている。文中の〔　　〕の部分に，下記に示すア～オの語群から最も適当なものを選んで，解答欄にその番号を記入しなさい。

　販売価格差異は，【(〔　ア　〕－予算販売価格)×〔　イ　〕】で求められる。販売価格差異が生じる原因の1つに「商品の〔　ウ　〕の低下」などがある。
　販売数量差異は，【〔　エ　〕×(〔　オ　〕－予算販売数量)】で求められる。

【語　群】
ア〔1．予算販売数量　　2．実際販売数量　　3．実際販売価格
　　4．予算価格〕
イ〔1．予算販売数量　　2．実際販売数量　　3．実際販売価格
　　4．予算価格〕
ウ〔1．需要　　2．販売能力　　3．競争レベル　　4．品質レベル〕
エ〔1．予算数量　　2．実際販売数量　　3．実際販売価格

 4．予算価格〕

オ 〔1．予算数量　　2．実際販売数量　　3．実際販売価格

 4．予算価格〕

解答欄	ア	イ	ウ	エ	オ

第11問　次のア〜オは，利益計画の概要について述べている。正しいものには
1を，誤っているものには2を，解答欄に記入しなさい。

ア　固定費とは，売上の増減に関わらず発生する費用であり，給料などが該当
する。

イ　変動費とは，売上の増減に伴って増減する費用であり，店舗の賃借料など
が該当する。

ウ　限界利益とは，売上高から固定費を控除することで求められる。

エ　販売価格が@100円で，変動費が@80円という場合の変動費率は，80.0%
である。

オ　変動費率が30.0%，固定費490万円，売上高1,000万円という場合の損益分
岐点比率は，75.0%である。

解答欄	ア	イ	ウ	エ	オ

解答・解説　本試験形式問題

第7問

【2－2－2－1－1】

　アの「販売実績の分析」の説明と，イの「業界動向の予測」の説明が逆である。ウは，販売予測は，説明文の内容に加え，店舗や売場単位の実績も加味した上で設定することになる。

第8問

【4－3－1－2－3】

　カテゴリーマネジメントは，経営効率を高めるためのものであり，プロジェクトではなくプロセスとされている点は重要である。

第9問

【1－1－2－1－1】

　ウは，予算の調整機能の説明ではなく，予算の統制機能の説明となっている。

第10問

【3－2－4－4－2】

　販売価格差異は，販売価格の予算と実際の差を求め，それに実際に販売した数量を乗じることで求める。販売数量差異は，販売数量の予算と実際の差を求め，それに予算価格を乗じることで求める。総差異は，両者を加算したものである。よく理解しておいてほしい。

第11問

【1－2－2－1－2】

　イは，店舗の賃借料は変動費ではなく固定費といえる。ウは，固定費を控除するのではなく，売上高－変動費＝限界利益である。オは，損益分岐点売上高

＝490万円÷（1－0.3）＝700万円，そして現状の売上高が1,000万円であるので，損益分岐点比率は，700万円÷1,000万円＝70.0％となる。

第4章

仕入計画の策定と仕入活動の戦略的展開
➤重要キーワード補充問題

1 仕入計画の策定　　　　　　　　　　(解答☞p.89)

1－1　仕入計画策定上の要素

⑴　小売業の仕入活動は，消費者の（　①　）のために行われる。

⑵　そのため，「適正な（　①　）を，適正な場所で，適正な時期に，適正な数量を，適正な（　②　）で，適正な方法で」（　③　）することが前提となる。

⑶　仕入れるべき商品の品揃えでは，従来の（　①　）実績を分析して，売れ筋商品や（　②　）貢献度の高い商品を把握しておくことが重要である。

⑷　商品の（　①　）を増やせば多くの顧客ニーズに対応できるが，商品（　②　）が低くなる可能性がある。

⑸　逆に（　①　）商品だけの品ぞろえでは，顧客の多様な（　②　）を充足し切れない。

⑹　仕入数量決定では，年間・月間の（　①　）計画にもとづき，いつ，どこから，どれだけの数量をどのような（　②　）で仕入れるべきかを決定する。

⑺　仕入時期選定では，特に季節商品は（　①　）期に先駆けて仕入れることが必要となる。

⑻　流行商品は，その商品の（　①　）に適応した仕入を行うことが肝心である。

⑼　仕入価格は，数量，時期，（　①　）などと関連し，販売時の（　②　）と

プライスラインも考慮する必要がある。

(10) 取引条件によっては，引取（　①　），荷役費，手数料，保険料などの仕入諸掛が仕入価格に加わる。

1－2　仕入計画の策定に必要な各種調査

(1) 市場調査において商圏内の主たる顧客層の（　①　）調査のうち，トラフィックカウンツは（　②　）調査であり，仕入・販売の（　③　）に役立つ。

(2) ファッションカウンツは（　①　）調査であり，やはり（　②　）に反映させられる。

(3) コンシューマパネルは（　①　）調査であり，多数の（　②　）から情報を得られる。

(4) （　①　）企業の調査では，業界団体に紹介を依頼したり，展示会や見本市に参加したり，（　②　）などで探索する。

(5) 価格調査では，仕入原価が（　①　）ものの品質が（　②　）ブランドと，仕入原価は（　③　）だが（　④　）なブランドを比較した場合，後者を選択したほうが望ましい。

2 仕入活動の戦略的展開　（解答☞ p.89）

2－1　主要な仕入形態と商慣習の実際

(1) 委託仕入とは，小売業がメーカーや卸売業から商品を（　①　），販売が実現した段階で（　②　）を受け取るものである。

(2) 委託仕入では，販売するまでそれらの商品の（　①　）はメーカーや卸売業が保有するが，（　②　）責任は小売業が負うことになる。

(3) 消化仕入とは，（　①　）仕入とも呼ばれ，小売業がメーカーや卸売業から

商品を（　②　），販売が実現した段階で（　③　）計上する形式である。

(4)　消化仕入では，販売するまでは商品の（　①　）はメーカーや卸売業が保有し，販売した段階で小売業に移転すると同時に消費者に移転することになる。なお，小売業は商品の保管責任を（　②　）。

(5)　当用仕入は（　①　）仕入とも呼ばれ，今日では小売業の一般的な仕入方法として定着している。

(6)　当用仕入における小売業のメリットは，（　①　）の新鮮さを維持できる，保管場所をとらない，（　②　）率が高まる，仕入資金が少額で済む，（　③　）リスクの回避，（　④　）の固定化の回避，金利負担の軽減などである。

(7)　逆にデメリットは，（　①　）が下がらない，（　②　）リスクを抱える，品揃えが貧弱になると顧客から敬遠される可能性などである。

(8)　集中仕入とは，チェーン組織を持つ小売業が，一括集中して（　①　）で大量に仕入れる方法である。

(9)　集中仕入では，（　①　）を引き下げることが可能となるが，（　②　）や在庫コストがかさむことになる。

(10)　集中仕入は，仕入機能と販売機能が（　①　）され，仕入業務が（　②　）されていることが前提である。

2－2　仕入業務に関わる発注システムの実際

(1)　ＥＤＩ（Electronic Data Interchange：電子データ交換）の導入により，（　①　）化などの恩恵を享受でき，（　②　）にかかわる事務処理作業を効率化，合理化できる。

(2)　企業間の電子データ交換では，（　①　）の商品コードであるＧＴＩＮ（ジーティン：Global Trade Item Number）が使用されている。

(3)　ＰＯＳシステムでは，（　①　）にＧＴＩＮが貼付され，ＰＯＳシステムでＪＡＮシンボルを読み取る。

(4)　発注システムでは，店内の（　①　）に貼付されたＧＴＩＮを読み取って発注するシステムが普及している。

(5) 入荷・検品業務では，ＪＡＮシンボルや（　①　）を読み取りって行うことが可能である。

(6) 棚卸業務では，ＪＡＮシンボルや（　①　）の読み取りで，正確性と迅速性が増す。

(7) ＧＴＩＮとは，国際的流通標準化機関である（　①　）が推奨する商品識別コードである。

3 消費財の分類別再発注のポイント　(解答☞p.89)

3－1　発注の視点

(1) 単品管理が可能となるＰＯＳシステムを導入する主たる狙いは，品切れによる（　①　）のロスを防ぐために発注の精度を高める，（　②　）の適正化を図るため単品ごとの最高在庫と最低在庫（発注点）を把握する，売場変更や方針決定のために単品販売データから（　③　）管理面のデータを取ることなどである。

(2) 売れ筋商品は，店舗内の（　①　）データから把握することになり，特筆すべき商品については，（　②　）・いつ・何の目的で購入したかを確認する。

(3) 流行商品は，総じてライフサイクルが（　①　）である。

(4) 特定商品が急に売れ始めた場合は，小売業からの発注が（　①　）に集中し，在庫は品薄になる。

(5) 急いで（　①　）体制をとったとしても，市場に提供される頃には既に流行は終焉を迎えており，一転して（　②　）商品，（　③　）在庫になるということが散見される

(6) 特にテレビ番組で紹介されたような場合は，導入期からいきなり（　①　）に入り，さらに一気に（　②　）に入ってしまうことをも少なくない。

(7) 定番商品は，流行商品に比べ，ライフサイクルは比較的（　①　）となり，売場に初めて投入してから徐々に（　②　）に向かい，一定期間安定した売

れ行きを示す。

⑻　死に筋商品が発生するパターンは，まず仕入段階での（　①　）ミスがある。チェーンストアの商品部が「売れる」という判断で導入したものの，売場では「売れない・売りづらい」などという（　②　）のデメリットとして生じる。

⑼　また，初回（　①　）数量の過剰さや（　②　）の発注数量の多さも要因となる。

⑽　チェーンストア等では，死に筋商品の選定と処理に関して，（　①　）データと（　②　）データの両面からの分析が欠かせない。

⑾　ある店舗で死に筋の基準に乗った商品が他店で売れているというような現象の原因は，（　①　）がない，品薄である，（　②　）が目に付きづらいなどが想定される。

3－2　消費財の分類と仕入業務

⑴　最寄品は，コンビニエンスグッズともいわれ，多くの（　①　）が該当する。

⑵　その特性は，購入頻度が（　①　），客単価は（　②　），消費者は購入努力（労力，時間，費用）を（　③　）にしようとする傾向が強い，などである。

⑶　このことから，消費者の買い物は（　①　）で済ませることが多くなり，小売店間の競争性が（　②　）なる傾向があり，粗利益率は相対的に（　③　）になる。

⑷　買回品は，ショッピンググッズともいわれ，最寄品に比較すると購買頻度は（　①　），客単価は（　②　），粗利益率は（　③　）となる。

⑸　専門品はスペシャルティグッズともいわれ，（　①　）の中でも高額な商品などが該当する。

⑹　専門品の購買頻度は極めて（　①　），客単価は相当（　②　），商品回転率はかなり（　③　），粗利益率はかなり（　④　）となる。

３－３　最寄品の特性を考慮した仕入政策実施上の留意点

(1)　最寄品は，（　①　）の商品が多いので，仕入原価をできるだけ低く抑え，計画的に（　②　）を増加させていく。

(2)　（　①　）が生じない安定的な仕入数量を仕入れることができる（　②　）を確保する。

(3)　（　①　）商品に集中した仕入政策を行い，商品（　②　）を高めて販売数量を増加させる。

(4)　保管コストや（　①　）コストが高まるような政策は抑える。

３－４　買回品の特性を考慮した仕入政策実施上の留意点

(1)　商品計画の策定期間を（　①　）にすることで，主要顧客の購買（　②　）の変化にきめ細かく応じていく。

(2)　同一商品カテゴリー内でも，仕入予算の範囲内で，できるだけ幅広い（　①　）構成を整える必要がある。

(3)　商品カテゴリーごとに，高・中・低価格帯などの（　①　）を決めて，その中に（　②　）をいくつか設定する。

(4)　継続して（　①　）すべき商品や，発注を見直すべき商品などに分類し，適宜，取扱（　②　）の一覧表を修正する。

(5)　季節性や流行性に富む商品は，日々の販売（　①　）をきめ細かく追跡する。

(6)　（　①　）の伸びが鈍化してきた商品は，早め早めに（　②　）やディスカウントなどによって，（　③　）を迅速に行う。

解　答　重要キーワード補充問題

1　仕入計画の策定

1－1　仕入計画策定上の要素

(1)①購買　(2)①商品　②価格　③販売　(3)①販売　②利益

(4)①種類　②回転率　(5)①高回転　②ニーズ　(6)①販売　②方法

(7)①需要　(8)①ライフサイクル　(9)①取引条件　②プライスゾーン

(10)①運賃

1－2　仕入計画の策定に必要な各種調査

(1)①需要動向　②通行量　③数量調整　(2)①流行性　②数量調整

(3)①消費者　②消費者　(4)①新仕入先　②インターネット

(5)①低い　②劣る　③高め　④良質

2　仕入活動の戦略的展開

2－1　主要な仕入形態と商慣習の実際

(1)①預り　②手数料　(2)①所有権　②保管　(3)①売上　②預り

　③仕入　(4)①所有権　②負わない　(5)①小口　(6)①商品

　②商品回転　③売れ残り　④資金　(7)①仕入価格　②欠品

(8)①ロット単位　(9)①仕入コスト　②保管コスト　(10)①分離

　②集権化

2－2　仕入業務に関わる発注システムの実際

(1)①ペーパーレス　②マーチャンダイジング　(2)①国際標準

(3)①商品　(4)①商品　(5)①ＩＴＦシンボル　(6)①ＩＴＦシンボル

(7)①ＧＳ１

3　消費財の分類別再発注のポイント

3－1　発注の視点

(1)①販売機会　②在庫　③利益　(2)①販売　②誰が　(3)①短命

2　マーチャンダイジング

(4)①卸売業やメーカー　(5)①増産（または追加生産）　②死に筋

　③不良　(6)①成長期　②衰退期　(7)①長め　②成長期

(8)①選定　②分業　(9)①仕入　②1回当たり　⑽①個店

　②全店（①と②は順不同）

⑾①ＰＯＰ　②陳列場所

3－2　消費財の分類と仕入業務

(1)①生活必需品　(2)①高く　②低く　③最小限　(3)①近隣・近場

　②価格競争　③低め　(4)①低く　②高め　③高め　(5)①買回品

(6)①低く　②高く　③低く　④高め

3－3　最寄品の特性を考慮した仕入政策実施上の留意点

(1)①低価格　②販売数量　(2)①欠品　②仕入先企業　(3)①売れ筋

　②回転率　(4)①在庫

3－4　買回品の特性を考慮した仕入政策実施上の留意点

(1)①短期　②需要　(2)①品目　(3)①価格帯（プライスゾーン）

　②価格線（プライスライン）　(4)①再発注　②商品　(5)①動向

(6)①売上高　②マークダウン（値下げ）　③在庫処分

第4章

仕入計画の策定と仕入活動の戦略的展開
本試験形式問題◀

第12問　次の文章は，仕入計画策定上の要素について述べている。文中の
〔　〕の部分に，下記に示すア～オの語群から最も適当なものを選ん
で，解答欄にその番号を記入しなさい。

　仕入れるべき商品の品ぞろえでは，従来の〔　ア　〕実績を分析して，売れ
筋商品や〔　イ　〕貢献度の高い商品を把握しておくことが重要である。また，
商圏内の顧客の〔　ウ　〕を把握しつつ，顕在的な欲求だけでなく潜在的な欲
求も知っておくべきである。なお，商品の種類を増やせば多くの顧客ニーズに
対応できるが，〔　エ　〕が低くなる恐れがある。逆に〔　オ　〕商品だけの
品ぞろえでは，顧客の多様なニーズを充足し切れなくなる。

【語　群】
ア〔1．販売　　2．粗利益　　3．仕入　　4．欠品〕
イ〔1．利益　　2．売上　　3．仕入　　4．顧客〕
ウ〔1．所得　　2．家族構成　　3．趣味　　4．生活実態〕
エ〔1．利益率　　2．商品回転率　　3．売上高　　4．店格〕
オ〔1．単一カテゴリー　　2．流行　　3．高回転　　4．低回転〕

2 マーチャンダイジング

解答欄	ア	イ	ウ	エ	オ

第13問 次の文章は，主要な仕入形態と商習慣の実際について述べている。文中の〔 〕の部分に，下記に示すア～オの語群から最も適当なものを選んで，解答欄にその番号を記入しなさい。

〔 ア 〕とは，チェーン組織を持つ小売業が，本部など中央機構によって，〔 イ 〕で大量に仕入れる方法である。そのメリットは，〔 ウ 〕を有利にできる，仕入計画を中央機構が集中的に実施するため各種〔 エ 〕が削減できる，取扱商品の価格・品質・〔 オ 〕を統一できる，各店舗に在庫が不要になる，ことなどである。

【語　群】

ア 〔1．当用仕入　　2．大量仕入　　3．集中仕入　　4．消化仕入〕

イ 〔1．一括　　2．現金払い　　3．多品種　　4．委託の形〕

ウ 〔1．投資効率　　2．店舗効率　　3．仕入条件　　4．販売条件〕

エ 〔1．作業コスト　　2．販売管理費　　3．原価　　4．商品選定〕

オ 〔1．納期　　2．仕様　　3．イメージ　　4．機能〕

解答欄	ア	イ	ウ	エ	オ

第14問 次のア〜オは，主要な仕入形態について述べている。正しいものには
1を，誤っているものには2を，解答欄に記入しなさい。

ア 委託仕入とは，小売業が商品を預り，販売した段階で手数料を受け取る形
式である。

イ 委託仕入では，小売業は商品の保管責任を負わない。

ウ 消化仕入とは，小売業が商品を預り，販売が実現した段階で仕入計上する
形式である。

エ 消化仕入では，小売業は販売するまで商品の所有権は有さないが，保管責
任は負う。

オ 当用仕入では，欠品リスクが伴うことがデメリットとしてあげられる。

解答欄	ア	イ	ウ	エ	オ

第15問 次の文章は，死に筋商品の発生パターンについて述べている。文中
の〔 〕の部分に，下記に示すア〜オの語群から最も適当なものを選
んで，解答欄にその番号を記入しなさい。

死に筋商品の発生パターンには，第一に，〔 ア 〕での選定ミスによるも
のがある。これは，チェーンストアの〔 イ 〕と，店舗の売場担当者との認
識ギャップが生じたものである。第二に，初回仕入数量の〔 ウ 〕によるも
の，第三に，1回当たりの〔 エ 〕の多さによるもの，第四に，〔 オ 〕か
ら衰退期にある商品の発注によるものがある。

2 マーチャンダイジング

【語　群】

ア 〔1．商品部　　2．店舗の売場　　3．仕入段階　　4．仕入企業〕

イ 〔1．POSシステム　　2．プラノグラム　　3．商品部

　　　4．購買部〕

ウ 〔1．未設定　　2．発注ミス　　3．過剰　　4．過小〕

エ 〔1．発注数量　　2．販売単価　　3．品種　　4．フェイス数〕

オ 〔1．開発期　　2．導入期　　3．成長期　　4．成熟期〕

解答欄	ア	イ	ウ	エ	オ

第16問　次の文章は，消費財の分類と仕入業務について述べている。文中の
　　　〔　　〕の部分に，下記に示すア～オの語群から最も適当なものを選ん
　　　で，解答欄にその番号を記入しなさい。

　最寄品は，〔　ア　〕グッズともいわれ，粗利益率は相対的に〔　イ　〕で
ある。買回品は，〔　ウ　〕グッズともいわれ，販売には接客サービスや〔
エ　〕・セールスが求められる。専門品は，〔　オ　〕ロイヤルティやストアロ
イヤルティの度合いが消費者の購入決定に強い影響を与える。

【語　群】

ア 〔1．コモディティ　　2．ショッピング　　3．スペシャリティ

　　4．コンビニエンス〕

イ 〔1．高め　　2．高額　　3．低め　　4．低額〕

ウ 〔1．コモディティ　　2．ショッピング　　3．スペシャリティ

　　4．コンビニエンス〕

エ 〔1．コンサルティング　　2．セルフ　　3．ルート　　4．ハンディ〕

オ 〔1．ライフサイクル　　2．プライス　　3．マージン

　　4．ブランド〕

解答欄	ア	イ	ウ	エ	オ

| 解答・解説 | 本試験形式問題 |

第12問

【1－1－4－2－3】

　仕入のためには，過去の販売実績を考慮すべきであり，利益貢献度も把握しておかなければならない。また，商品の種類を増やすこと，つまり少量多品種の品ぞろえは，商品回転率を下げる可能性が高い。

第13問

【3－1－3－1－3】

　チェーン小売業が行う大量一括仕入れは，大量仕入ではなく集中仕入となる。集中仕入の最大のメリットは，仕入コスト低減や支払のサイトなど，仕入条件を有利にできる点である。

第14問

【1－2－1－2－1】

　委託仕入と消化仕入の違いは，やや紛らわしい。イメージしながら脳裏に焼き付けるしかない。イは，小売業は商品の保管責任を負い，ウでは負わない。

第15問

【3－3－3－1－4】

　死に筋商品の発生パターンには，さまざまな要因がある。仕入段階や発注時点における発生原因として，問題文の内容について理解を深めておきたい。

第16問

【4－3－2－1－4】

　最寄品，買回品，専門品の特徴については，それぞれ明確に把握しておきたい。

第5章

販売政策の戦略的展開
➤重要キーワード補充問題

1 販売政策において実施する価格政策の概要

(解答☞ p.104)

1－1 カテゴリー別価格政策の種類と概要

(1) （ ① ）とは，商品カテゴリーごとに設定する価格の上限と下限の幅を意味する。

(2) （ ① ）とは，商品カテゴリーごとに選定した品目に設定した1つひとつの価格を意味する。

(3) （ ① ）とは，商品カテゴリーの中で，陳列数量が最も多く，最も売れている品目に付けた価格をいう。

1－2 プライスゾーンとプライスラインの設定方法

(1) プライスゾーンは，一般的に高・中・低価格帯という3つに分けられる。宝石や高級ブランド品では，（ ① ）として見せる商品（呈示商品）としての価格帯を設けることがある。

(2) （ ① ）は，プライスゾーンの中にいくつか設定される。

(3) プライスゾーンやプライスラインを設定することは，小売業の（ ① ）面と顧客の（ ② ）面の両方にメリットがある。

(4) 小売業側では，商品構成と価格面の（ ① ）が保たれ，（ ② ）の削減

にもつながりやすい。

(5) 顧客側からでは,（　①　）品ぞろえになる。

(6) プライスゾーンについては,その店舗の価格政策面からの「（　①　）」が決まることになる。

(7) 他店より一段上にゾーンを設定すれば,地域内では「（　①　）」として認知され,一段下にすれば「（　②　）」のレッテルが貼られることになる。

1－3　プライスライン政策の戦略的展開

(1) プライスライン政策の内容は,顧客の（　①　）を容易にするために,（　②　）ごとの品目について,（　③　）に適合するいくつかの価格に区分して売価を設定するものである。

(2) プライスライン政策のポイントは,第一に,（　①　）やプライスラインを明確にすることである。

(3) 第二に,プライスラインでの（　①　）が容易になるように（　②　）する。

(4) 第三に,価格帯ごとに（　①　）に適合する価格線を設定する。

(5) そして第四に,売上高の予測から,目標とする（　①　）が確保できるように（　②　）を決定する。

(6) 基本的に,プライスライン政策は（　①　）に適している。

(7) プライスライン政策のメリットとして,小売業側にとって,（　①　）在庫の維持と（　②　）の単純化が図れ,また売れない場合には,（　③　）プライスラインに移動させるなど,（　④　）業務が単純化できる。

1－4　値入額の戦略的設定

(1) 小売業は,値入額と（　①　）を明確に把握した上で,適正な（　②　）を確保していくことが必要である。

(2) 値入額には,販売に関する全ての（　①　）（店舗賃借料や人件費など）,（　②　）遂行上の損失（値下,盗難,破損など）,（　③　）（営業活動の結

果の利益）を含有しておく必要がある。

(3)　仕入原価が60円という商品の売価を100円とした場合の値入額は，（　①　）となる。

(4)　この時の値入率は，（　①　）基準では40.0％（値入額÷売価＝40円÷100円），（　②　）基準では66.7％（値入額÷原価＝40円÷60円）となるが，一般的には前者で管理する小売業が多い。

(5)　仕入原価が1,200円で，値入率が40％という場合の設定売価は，（　①　）となる。

(6)　売価が150円で，値入率が40％という場合の原価は，（　①　）である。

(7)　値入額が120円で，値入率が40％という場合の売価は（　①　）であり，原価は（　②　）である。

2 価格政策の実際

（解答☞ p.104）

2－1　価格弾力性の考慮

(1)　価格弾力性は，〔（　①　）の変化率÷価格の変化率〕の（　②　）で算出される。

(2)　（　①　）の変化に消費者が敏感に反応するか否かを見定める指標であり，（　②　）アップやマークダウンなど，（　③　）政策に活用する。

(3)　一般的に，価格弾力性の値が「1」より大きければ（　①　），小さければ（　②　）といわれる。

(4)　価格弾力性が高い商品は，ブランド力が（　①　）生活必需品などであり，売価を下げれば売れるようになるため（　②　）志向になりやすい。

(5)　逆に価格弾力性が低い商品は，嗜好品やぜいたく品，ブランド力が（　①　），（　②　）品がないというような商品であり，顧客にその（　③　）を認められているといえる。

2 マーチャンダイジング

2－2 値入に関する基本的な事項

⑴ マークアップとは，「（ ① ）」ともいわれる。

⑵ また，仕入原価に加える（ ① ）を指す場合などにも使われる。

⑶ マークアップした後に販売価格を下げることを（ ① ）という。

⑷ リベートとは，一定期間の（ ① ）に応じて，卸売業や小売業に対して
メーカーが支払う（ ② ）金である。一定期間の終了後に，遡って（ ③
）を行うようなイメージとなる。

⑸ リベートの意義は，特に中小規模の（ ① ）にとって，販売戦略の武器
と捉えられている。継続的な（ ② ）のために行われる（ ③ ）による
利益の分配という位置づけである。

⑹ リベートの目的は，（ ① ）を目的とするもの，（ ② ）金として支給
するもの，メーカーが卸・小売業を（ ③ ）しようとして支給するものと
いう三つに集約される。

⑺ アローワンスとは，メーカーが卸・小売業に提供する（ ① ）金の意味
である。

⑻ アローワンスには，（ ① ）アローワンス（アドバタイジング），（ ②
）アローワンス（スロッティング），（ ③ ）アローワンス（プロモーショ
ナル）の三つがある。

⑼ リベートとアローワンスの違いは，リベートは一定期間の実績を基にし，
基本的に両者の間で（ ① ）で行われるが，アローワンスは積極販売して
もらう代償としての（ ② ）補填であり，（ ③ ）に行われる。

⑽ マージンとは，販売価格から仕入原価を差し引いた（ ① ）である。

⑾ 以前はメーカーが（ ① ）制にもとづき小売業のマージンを定めていた
が，現在では小売業が販売価格を決定する（ ② ）制が一般的になってい
る。

⑿ コミッションとは，（ ① ）であり，仲立ち商や代理商などの（ ② ）が，
メーカーの商品を小売業に販売すると，販売価格の一定比率をメーカーから

受け取るような場合に利用される。

2－3　その他の商慣行

⑴　（　①　）な返品は，売り手側（メーカーなど）の製造や配送上のミスによるものであり，（　②　）な返品は，買い手側（小売業など）の販売上のミスによるものと捉えられる。

⑵　我が国では，（　①　）業界や百貨店業界において，返品が当然のように行われているが，欧米では「（　②　）＜一旦購入したら買い手が商品のリスクを負うべき＞」の原則が働いている。

⑶　百貨店業界などでは，ほとんどが（　①　）仕入であり，売れ残ったら当然のごとく仕入先に返品している。

⑷　このような安易な商品政策は小売業自身の（　①　）体質を弱体化させ，さらには返品リスクが上乗せされた（　②　）化によって，（　③　）離れを招きかねない。

⑸　返品制度は，企業が成長するための（　①　）として有効であったことも否めないが，今後は労働や（　②　）の有効活用の観点から，削減に取り組むべきテーマといえる。

⑹　（　①　）とは，小売業がメーカーなど取引先企業に対して創業祭などイベントの費用や開店・改装費用などを要求する場合の総称である。

⑺　単に（　①　）的な地位の乱用という場合もあり，金額の算出根拠やその理由が曖昧なものは，（　②　）の取り締まり対象となる。

▌**3**　棚割システムの戦略的活用方法（解答☞ p.105）

⑴　（　①　）データを活用した（　②　）商品のカットや新商品の導入などにおいては，特に（　③　）の役割が高まってきている。

⑵　メーカーの自社商品の（　①　），および小売業の（　②　）獲得，ともに（　③　）戦略の巧拙によって決まる。

(3) 棚割の定義は,「棚割とは,一定の（　①　）スペースで,顧客が買いやすいように,商品を（　②　）や機能別などテーマ設定によって分類・（　③　）し,より多くの（　④　）を獲得するための小売（　⑤　）手法」である。

(4) 棚割の一般的実施フローでは,最初にストコンセプトに基づく（　①　）およびフロアレイアウトの決定を行う。

(5) 続いて,ストアコンセプトに合致するディスプレイパターンを（　①　）単位で決定する。

(6) そして,戦略的な（　①　）を決定する。

(7) スペースマネジメントの展開においては,近年,コンピューターを活用した（　①　）システム,具体的には（　②　）・プラノグラムの導入が広がってきている。

(8) このプラノグラムは,カテゴリーごとの購買需要を（　①　）し,当該カテゴリーに適合する単品を選定し,一定スペースに最適に（　②　）および入れ替えをすることで（　③　）の向上を図る（　④　）型棚割システムである。

(9) 要するに,このプラノグラムは,コンピュータを使って,特定（　①　）における棚割のさまざまな組換えパターンを容易に作成できるという利点があることから,売上と利益の（　②　）を追求する棚割システムとして普及している。

(10) 組換えパターンの要素には,商品（　①　）力,商品の形状,包装の形態,色,サイズなどがあるが,最近はコンピュータ・グラフィックの発達によって,（　②　）が容易に作成できるようになってきている。

(11) プラノグラムは,一般的には（　①　）よりも（　②　）の活用水準が高い。

(12) メーカーは,自社商品を中心に（　①　）を確保し,周辺に（　②　）の商品を取り揃える棚割を提案することで,自社ブランドの（　③　）を拡大しようと試みている。

(13)　単品の（　①　）で重要となるのが，ＳＫＵの考え方である。

(14)　ＳＫＵとは，（　①　）上の必要性から生まれた概念で，物理的な（　②　）単位であると同時に（　③　）の際における単位でもある。

(15)　売れ筋商品は流動的であり，ＰＯＳの（　①　）データなどを参考に，絶えずフェイシングの（　②　）を図る必要がある。

(16)　適正な（　①　）数は，（　②　）増加率が低下し始める直前ポイントとなる。

(17)　棚替の理由には，（　①　）商品の入替，新商品の導入，（　②　）商品の排除，新しい（　③　）による棚割変更，（　④　）のリニューアルなどがある。

(18)　小売業が商品の（　①　）を行うようになってきた背景には，（　②　）システムの普及があり，最近では，死に筋商品を排除するために新たな（　③　）作りに取り組み始めるようになってきている。

解　答　重要キーワード補充問題

1　販売政策において実施する価格政策の概要

1－1　カテゴリー別価格政策の種類と概要

(1)①プライスゾーン　　(2)①プライスライン　　(3)①　プライスポイント

1－2　プライスゾーンとプライスラインの設定方法

(1)①特別価格帯　　(2)①プライスライン　　(3)①商品管理　　②商品選択

(4)①バランス　　②在庫　　(5)①魅力的な　　(6)①位置づけ

(7)①高級店　　②大衆店

1－3　プライスライン政策の戦略的展開

(1)①商品選択　　②カテゴリー　　③顧客ニーズ　　(2)①プライスゾーン

(3)①商品比較　　②分割　　(4)①顧客のニーズ　　(5)①粗利益額

　②品目（アイテム）　　(6)①買回品　　(7)①均衡　　②仕入　　③他の

　④値下げ

1－4　値入額の戦略的設定

(1)①値入率　　②利益　　(2)①費用　　②販売　　③営業利益　　(3)①40円

(4)①売価　　②原価　　(5)①2,000円　　(6)①90円　　(7)①300円　　②180円

2　価格政策の実際

2－1　価格弾力性の考慮

(1)①需要　　②絶対値　　(2)①価格　　②マーク

　③価格（売価，販売価格でも可）　　(3)①　（価格弾力性が）高い

　②（価格弾力性が）低い　　(4)①強くない（弱い）　　②　低価格

(5)①強い　　②代替（品）　　③価値

2－2　値入に関する基本的な事項

(1)①値入　　(2)①マージンの額（＝利益額）　　(3)①マークダウン

(4)①取引高　　②割戻（金）　　③利益の補てん（値引きでも可）

(5)①メーカー　　②販売促進　　③メーカー　　(6)①販売促進　　②報奨

③管理　　(7)①販売奨励　　(8)①広告　　②陳列　　③販売促進

(9)①秘密裡　　②実費　　③公開的　　(10)①売買差益（＝粗利益）

(11)①建値　　②オープン価格　　(12)①手数料　　②卸売業

2－3　その他の商慣行

(1)①正当　　②不当　　(2)①出版

②ケイビエット・エンプター（Caveat Emptor）　　(3)①委託　　(4)①経営

　②高価格　　③消費者　　(5)①戦略　　②資源　　(6)①協賛金

(7)①優越　　②公正取引委員会

3　棚割システムの戦略的活用方法

(1)①ＰＯＳ　　②死に筋　　③棚割　　(2)①売れ行き　　②利益　　③棚卸

(3)①ゴンドラ　　②用途　　③整理　　④利益　　⑤マネジメント

(4)①ゾーニング　　(5)①品種　　(6)①陳列方法　　(7)①棚割

　②スケマティック　　(8)①予測　　②配置　　③収益性

　④購買需要予測（型）　　(9)①カテゴリー　　②最大化　　(10)①ブランド

　②図形処理　　(11)①小売業　　②メーカー　　(12)①売場スペース

　②ライバルメーカー　　③インストアシェア　　(13)①フェイシング

(14)①商品管理　　②最小　　③発注　　(15)①販売管理　　②見直し

(16)①フェイス　　②売上　　(17)①季節　　②死に筋　　③コンセプト

　④店舗　　(18)①絞込み　　②ＰＯＳ　　③評価基準

第5章

販売政策の戦略的展開

本試験形式問題◀

第17問　次のア～オは，販売政策において実施する価格政策の概要について述べている。正しいものには1を，誤っているものには2を，解答欄にその番号を記入しなさい。

ア　プライスゾーンとは，商品カテゴリーごとに小売業が設定する価格の上限と下限の幅を意味する。

イ　1つの品種の中で，少ない品目を陳列すれば，顧客にとって商品選択は容易になる。

ウ　ある商品カテゴリーの中で，陳列数量が最も多く，最も売れている品目につける価格がプライスラインである。

エ　特別価格帯は，呈示商品としての役割が強い。

オ　100円ショップの100円という均一価格は，プライスラインである。

解答欄	ア	イ	ウ	エ	オ

第18問　次の文章は，プライスゾーンとプライスラインの設定方法について述べている。文中の〔　　〕の部分に，下記に示すア～オの語群から最も

適当なものを選んで，解答欄にその番号を記入しなさい。

　プライス〔　ア　〕については，その店舗の〔　イ　〕政策面からの「位置づけ」が決まる。他店より一段上に設定すれば，地域内では「〔　ウ　〕」として認知され，一段下にすれば「〔　エ　〕」のレッテルが貼られることになる。つまり，プライス〔　ア　〕の設定は，店舗側から〔　オ　〕への提案として捉えられるのである。

【語　群】

ア〔1．ライン　　2．ポイント　　3．バリュー　　4．ゾーン〕

イ〔1．価格　　2．仕入　　3．商品　　4．販売〕

ウ〔1．最寄品店　　2．大衆店　　3．高級店　　4．専門品店〕

エ〔1．最寄品店　　2．大衆店　　3．高級店　　4．専門品店〕

オ〔1．仕入先　　2．顧客　　3．製造元　　4．経営層〕

解答欄	ア	イ	ウ	エ	オ

第19問　次のア〜オは，値入額の戦略的設定について述べている。正しいものには１を，誤っているものには２を，解答欄に記入しなさい。

ア　原価60円の商品の売価を100円とした場合の売価基準の値入率は，40.0％である。

イ　値入率が20.0％で，原価が80円の商品の売価は，100円となる。

ウ　売価が200円で，原価が160円のときの売価基準の値入率は，25.0％である。

エ　売価が800円で，売価基準の値入率が30.0％の場合の仕入原価は，560円で

2 マーチャンダイジング

ある。

オ 値入額が60円で，売価基準の値入率が30.0％の場合には，売価は210円で，原価は150円である。

解答欄	ア	イ	ウ	エ	オ

第20問 次のア〜オは，値入に関する基本的事項について述べている。正しいものには1を，誤っているものには2を，解答欄に記入しなさい。

ア マークアップとは，販売価格を決定する行為や利益額そのものを指す。

イ リベートとは，チラシで有利に扱ってもらうためにメーカーが支払う奨励金などを指す。

ウ アローワンスとは，メーカーが，取引高に応じて小売業等に対して支払う割戻金を指す。

エ マージンとは，仲立ち商など卸売業が，メーカーから受け取る手数料を指す。

オ コミッションとは，販売価格から仕入原価を差し引いた売買差益のことを指す。

解答欄	ア	イ	ウ	エ	オ

第21問 次のア～オは，その他の商慣行について述べている。正しいものには1を，誤っているものには2を，解答欄に記入しなさい。

ア　正当な返品とは，買い手側の販売上のミスなどによるものといえる。

イ　返品制度は，我が国の商慣行として定着しており，企業の成長を阻害してきた。

ウ　協賛金は，メーカーによる優越的な地位の乱用とみなされる場合がある。

エ　欧米では，商品の買い手がその商品のリスクを負うべきであるという，「ケイビット・エンプター」の原則が基本原理として働いている。

オ　協賛金には算出根拠が不明確な要求もあることから，公正取引委員会では景表法の適用を打ち出し，取り締まり体制を強化している。

解答欄	ア	イ	ウ	エ	オ

第22問 次の文章は，棚割の方法について述べている。文中の〔　〕の部分に，下記に示すア～オの語群から最も適当なものを選んで，解答欄にその番号を記入しなさい。

　スケマティック・プラノグラムとは，カテゴリーごとの〔　ア　〕を予測し，当該カテゴリーに適合する〔　イ　〕を選定し，それらを一定の〔　ウ　〕に最適に配置・入れ替えを行うことで〔　エ　〕の向上を図るという，〔　オ　〕棚割システムである。

【語　群】

ア　〔1．購買需要　　2．商品回転率　　3．利益率

2 マーチャンダイジング

　　4．キャッシュフロー〕

イ〔1．ゴンドラ　　2．売場　　3．販売価格　　4．単品〕

ウ〔1．スペース　　2．仕入計画　　3．取引条件　　4．価格帯〕

エ〔1．販売量　　2．販売機会ロス　　3．欠品防止　　4．収益性〕

オ〔1．購買需要予測型　　2．クロスドック型　　3．全自動

　　4．仕入供給予測型〕

解	ア	イ	ウ	エ	オ
答					
欄					

解答・解説　本試験形式問題

第17問

【1－1－2－1－2】

　プライスゾーンとプライスラインの意味と設定方法，プライスポイントの意味について，理解しておきたい。イは，プライスラインを少なくすることで顧客の選択が容易になるという意味であり，正しい文章である。ウは，プライスポイントの説明になっている。オは，「最低価格＝最高価格」ということであり，プライスゾーンとして認識される。

第18問

【4－1－3－2－2】

　プライスゾーンの設定は，いわゆる「店格」を表すことになる。高級店と認識されている店が価格を下げると，当初は来店客が増えるが，やがて減少し，再度価格を戻すことが困難になるという傾向もある。

第19問

【1－1－2－1－2】

　売価基準の値入率は，粗利益率と同様の考え方である。ウは，売価200円で原価160円ならば，値入額は40円となり，この40円は売価の20.0％となることから，値入率は20.0％となる。オは，値入額が60円で値入率が30.0％ならば，売価は200円，原価は140円となる。この分野の出題可能性は高いので，よく理解しておくこと。

第20問

【1－2－2－2－2】

　それぞれ日常的に触れることが多く，特に独占禁止法に触れる可能性のあるテーマでもあることから，注意して理解しておきたい。イとウおよびエとオは，

2 マーチャンダイジング

それぞれ説明内容が逆になっている。

第21問

【2－2－2－1－2】

　アは，不当な返品を説明した文章である。イは，企業の成長戦略として有効であったことが否めない。ウは，メーカーではなく，小売側による優越的地位の乱用の可能性がある。オは，景表法ではなく，独占禁止法であれば正しい。

第22問

【1－4－1－4－1】

　スケマティック・プラノグラムに関する説明である。プラノグラムは，ゴンドラへの各商品の配置をコンピューター上で変化させて，過去の実績等をもとにして，それらが生み出す売上高や利益を算出するという科学的なシステムである。

第6章

商品管理政策の戦略的展開
➤重要キーワード補充問題

1 商品管理の意義と方法　　　　（解答☞ p.118）

1－1　単品管理の必要性

(1) 単品管理とは，カテゴリー別に全ての商品を（　①　）に分類し，なぜ売れたのか，売れなかったのかというような点を分析して，店舗業績向上につなげる手法である。

(2) 労働生産性や単位面積当たりの（　①　）を上げることで，販売計画を実現することが目的となる。

(3) 単品管理の取組み方法では，まず（　①　）のデータ収集であり，過去の販売実績について単品ごとに数量を把握することになる。

(4) 次に，（　①　）であり，これは売れている理由について仮説を設定することになる。

(5) そして実践であり，仮説に基づいて，棚割，フェイシング，POP広告，接客トークなど，多面的な観点から単品ごとの（　①　）を行う。

(6) 最後の（　①　）では，販売計画と実績を比較分析し，売れた理由や売れなかった理由を探求し，次の単品販売計画に反映させることになる。

1－2　死に筋商品の取扱い

(1) チェーンストアでは，死に筋商品を発見する役割は，本部（商品部）と

（　①　）の両者となる。

⑵　さらに，商品部においては，死に筋商品が全般的に生じているのか，（　①　）で生じているのかを判別する必要がある。

⑶　加えて，死に筋商品が発生する原因については，（　①　）のミスなのか，店舗における（　②　）のミスなのかに分類して対応する必要がある。

⑷　死に筋商品の処理方法としては，商品部のバイヤーは，（　①　）との契約時に，死に筋となった場合の対処方法にまで取決めを行っておくことが望ましい。

⑸　また，死に筋商品の客観的な（　①　）を作り，組織的に判別・処理するようにする。

⑹　全店舗で同様の死に筋が生じた場合には（　①　）が，個店特有の死に筋は（　②　）が，それぞれの判断で処分する。

1－3　過剰在庫の取扱概念

⑴　過剰在庫の問題点には，（　①　）の増大，無駄なスペースの増加，商品（　②　）の増加，商品の整理整頓ができないなどがある。

⑵　チェーンストアの本部担当者は，個店別の（　①　）対応について否定的見解を持っているが，全店で統一された品ぞろえは，（　②　）に連動した個店単位の業績向上につながりづらくなっている。

⑶　在庫の削減方法には，（　①　）を一定にすることや，商品ごとに最小・最大（　②　）を決定することなどが効果的である。

⑷　なお，商品量を一律に減らすことも一手ではあるが，（　①　）の品切れ，死に筋が残る点，商品の（　②　）が曖昧になる点などのデメリットが生じやすく，適正な方法とはいえない。

1－4　商品回転率

⑴　年間の商品回転率が（　①　）回という場合，手持在庫が2か月に1回入れ替わったことを意味する。

(2)　商品回転率の求め方は，（　①　）ベースで経営的観点や部門業績を見るものと，（　②　）ベースでカテゴリー別や仕入先別という販売速度を見るものの二つがある。

(3)　商品回転率は，売上高÷（　①　）で求められるが，分子を売上原価とする場合には，在庫高は（　②　）ベースとするのが妥当である。

(4)　一般的な平均在庫高の求め方は，（期首棚卸高＋（　①　））÷2である。

(5)　商品回転率を高める方法としては，在庫高を（　①　）させること，商品（　②　）を整理・縮小すること，（　③　）商品の在庫を縮小すること，売上高を（　④　）させること，販売活動を（　㉑　）すること，などがある。

(6)　低価格戦略によっても商品回転率を上げられる可能性が広がるが，（　①　）の低下を招くことに注意が必要である。

2　商品ロスの基本的原因　（解答☞p.118）

2－1　商品ロスとは

(1)　商品ロスとは，帳簿在庫よりも（　①　）棚卸による在庫のほうが（　②　）場合，その差をさす。

(2)　在庫は，一般的に金額と数量という2つの方法で把握するが，商品ロスについては，通常は（　①　）で把握する方法をとる。

2－2　商品ロスの種類と発生原因

(1)　値引き販売を行った場合，これは（　①　）ロスとなる。

(2)　（　①　）ロスは，仕入原価全額が損失になってしまうため，小売店の損失は大きい。

(3)　万引や盗難は，（　①　）ロスとなる。

3 POSシステムの戦略的活用方法 (解答☞ p.118)

3−1 POSシステムによる戦略的商品管理

(1) POSシステムの活用には大きく3段階があり，第1段階は（ ① ）としての活用レベル，第2段階は売れ筋や死に筋という（ ② ）への活用レベル，第3段階は（ ③ ）レベルであり，時間帯別・価格帯別販売データの活用，バスケット分析や利益管理面への活用に展開していく段階となる。

(2) POSデータは，決して（ ① ）商品を生み出す玉手箱ではなく，あくまで（ ② ）の販売実績を示すものであることを忘れてはならない。

(3) 今後のPOS活用では，（ ① ）データを加工し，（ ② ）頻度の向上や1回当たり（ ③ ）金額の改善という（ ④ ）へ生かすことが大事である。

(4) 大手コンビニエンスチェーンでは，購買顧客の（ ① ）に合わせ，レシートに「○○ソフト予約受付中」，「新しい化粧品の紹介」などという（ ② ）情報が印字されるようになっている。

(5) 小売店の戦力である（ ① ），資金，施設などは，効果が上がると判断される（ ② ）に対し重点的に戦力を投入する，つまり（ ③ ）が必要である。

(6) （ ① ）は，重点管理部門を見出すための代表的分析手法であり，パレート分析，パレート図などとも呼ばれる。

(7) パレート分析では，要素数の（ ① ）割で総売上の（ ② ）割を占めるという傾向が見出せる。

3−2 POSシステムのハードメリットとソフトメリット

(1) POSシステムのハード面でのメリットには，（ ① ）の向上，レジでの（ ② ）の合理化，（ ③ ）作業の省力化などがあげられる。

(2) ソフト面でのメリットには，（ ① ）による経営判断から正確な各種情報

にもとづく判断への転換，（　②　）商品の把握，欠品と（　③　）の防止，
商品販売動向の評価，（　④　）の向上などがあげられ，その他チェッカー別
の（　⑤　）状況の把握により効率的な指導や教育を行えるようになる。

3－3　商品コードの種類と概要

⑴　国内における標準方式のPOSシステムでは，JANコードのほか，12桁
　の（　①　）の読み取りが可能である。

⑵　JANシンボルにおけるバーシンボルは，（　①　）で読み取られるが，そ
　のとき太バーと細バーの幅，そして光の反射量を電気信号に置き換えて，（
　②　）と（　③　）の組み合わせで数字が判読される。

⑶　パレットなど集合包装に設定された商品識別コードは，（　①　）商品コー
　ドであり，国際標準では（　②　）と呼ばれる。この商品コードは，（　③
　　）間の取引において設定されたものである。

解　答　重要キーワード補充問題

1　商品管理の意義と方法

1－1　単品管理の必要性

(1)①ＳＫＵ単位　　(2)①生産性　　(3)①販売実績　　(4)①仮説設定

(5)①購買促進　　(6)①検証

1－2　死に筋商品の取扱い

(1)①各店舗　　(2)①特定店舗　　(3)①仕入　　②販売

(4)①仕入先企業　　(5)①基準　　(6)①本部（商品部）　　②その個店

1－3　過剰在庫の取扱概念

(1)①在庫金利　　②ロス　　(2)①仕入　　②地域　　(3)①商品回転率

　　②在庫量　　(4)①売れ筋　　②性格

1－4　商品回転率

(1)①６　　(2)①金額　　②数量　　(3)①平均在庫高　　②原価

(4)①期末棚卸高　　(5)①減少　　②ライン　　③単一　　④増加　　⑤強化

(6)①粗利益率

2　商品ロスの基本的原因

2－1　商品ロスとは

(1)①実地　　②少ない　　(2)①金額

2－2　商品ロスの種類と発生原因

(1)①値下　　(2)①商品廃棄　　(3)①棚卸

3　ＰＯＳシステムの戦略的活用方法

3－1　ＰＯＳシステムによる戦略的商品管理

(1)①レジ機能　　②商品管理　　③応用　　(2)①売れ筋　　②過去

(3)①顧客情報　　②来店　　③購買　　④プロモーション　　(4)①年齢層

　　②プロモーション　　(5)①人材　　②商品カテゴリー　　③重点管理

(6)①ＡＢＣ分析　　(7)①２〜３　　②７〜８

３−２　ＰＯＳシステムのハードメリットとソフトメリット

(1)①顧客サービス　　②人的作業　　③値付　　(2)①経験　　②死に筋

　　③過剰在庫　　④品ぞろえ　　⑤稼働

３−３　商品コードの種類と概要

(1)①ＵＰＣ（Universal Product Code）　　(2)①バーコードスキャナ　　②０

　　③１（②と③は順不同）　　(3)①集合包装用（商品コード）

　　②ＧＴＩＮ−14　　③企業間

第6章

商品管理政策の戦略的展開

本試験形式問題◀

第23問　次の文章は，単品管理について述べている。文中の〔　〕の部分に，下記に示すア～オの語群から最も適当なものを選んで，解答欄にその番号を記入しなさい。

　単品管理とは，カテゴリー別にすべての商品を〔　ア　〕単位に分類し，なぜそのデザインが売れたのか，そのサイズが売れなかったのかというような点を分析して，〔　イ　〕向上につなげる手法である。〔　ア　〕単位での改善により，〔　ウ　〕生産性や単位面積当たりの生産性を上げることで，〔　エ　〕を実現することが目的となる。品切れ防止や〔　オ　〕防止のための最重要マネジメント手法と位置づけられている。

【語　群】

ア〔1．機能別　　2．用途別　　3．グループ　　4．ＳＫＵ〕

イ〔1．レジ効率　　2．店舗業績　　3．ＰＯＳ活用度　　4．仕入管理〕

ウ〔1．資本　　2．労働　　3．単品　　4．ゴンドラ〕

エ〔1．来店頻度向上　　2．購買金額増大　　3．販売計画　　4．適正仕入額〕

オ〔1．過剰在庫　　2．過少在庫　　3．火災　　4．万引〕

解答欄	ア	イ	ウ	エ	オ

第24問　次のア～オは，死に筋商品の取扱いについて述べている。正しいものには1を，誤っているものには2を，解答欄に記入しなさい。

ア　商品部のバイヤーは，死に筋が生じたらすぐに，仕入先企業と対処方法を検討する。

イ　死に筋商品と判断する基準を客観的な観点から決定し，組織的に対応できるようにすることが必要である。

ウ　全店舗で同様の死に筋が生じた場合には当該店舗が，個店特有の死に筋については商品部が，それぞれの判断で処分する。

エ　死に筋商品ごとに適切な処理を行えるよう，処理方法を変えられるようにしておく。

オ　死筋の処理後，再び発生する場合には，仕組みから根本的に改善する。

解答欄	ア	イ	ウ	エ	オ

第25問　次のア～オは，商品回転率について述べている。正しいものには1を，誤っているものには2を，解答欄に記入しなさい

ア　商品回転率が12回という場合は，平均在庫高が売上高の12分の1というこ

とになる。

イ　金額ベースの商品回転率は，経営的観点からの部門業績を判断するときに用いる。

ウ　数量ベースの商品回転率は，カテゴリー別の販売速度を判別するときに用いる。

エ　平均在庫高は，（期首棚卸高＋期中棚卸高）÷3で算出するのが一般的である。

オ　一般的に低価格戦略は，粗利益を低下させ，商品回転率も低下させることになる。

解答欄	ア	イ	ウ	エ	オ

第26問　次のア〜オは，商品回転率について述べている。正しいものには1を，誤っているものには2を，解答欄にその番号を記入しなさい。

ア　商品ロスとは，帳簿上の在庫より，実際の在庫のほうが多い場合のことをいう。

イ　値下ロスには，発注ミスによる商品の売れ残りなどが該当する。

ウ　商品廃棄ロスには，死に筋商品の発生などが該当する。

エ　レジの打ち間違いは，値下ロスに該当する。

オ　万引や盗難は，棚卸ロスの内的要因に該当する。

解答欄	ア	イ	ウ	エ	オ

第27問 次のア～オは，POSシステムのハードメリットとソフトメリットについて述べている。ハードメリットに該当するものは1を，ソフトメリットに該当するものは2を，解答欄に記入しなさい。

ア　品種ごとに顧客の平均買上点数を分析し，対策を講じることが可能となる。

イ　値付け作業が省力できる。

ウ　レジ操作習熟時間の削減，レジ業務の速度アップなどという効果が期待できる。

エ　チェッカー別の稼働状況を把握でき，効率的な指導や教育を行えるようになる。

オ　売れ筋商品の欠品や品薄状態を防止できるようになる。

解答欄	ア	イ	ウ	エ	オ

| 解答・解説 | 本試験形式問題 |

第23問

【4－2－2－3－1】

すべての商品をＳＫＵ単位にまで分類してから各種分析を行うことになる。問題文にもあるように，小売業にとっての最重要マネジメント手法であり，十分な理解が求められる。

第24問

【2－1－2－1－1】

アは，死筋が生じてからでは遅く，仕入先企業との契約時に決めておく必要がある。ウは，前者は商品部が，後者は当該店舗が処理するべきであり，逆に記載されている。

第25問

【1－1－1－2－2】

商品回転率の公式とその意味合いについては，しっかり理解しておきたい。エは，÷3であれば（ ）内にさらに期末棚卸高を加算することが必要である。仮に÷2なら，（ ）内は期首棚卸高＋期末棚卸高となる。オは，一般的に低価格戦略では商品回転率が高まる傾向にある。

第26問

【2－1－1－2－2】

商品ロスは，小売店の損失になるので，安易に生じさせないためにも理解を深めておきたい。アは，あるはずの在庫（帳簿棚卸）より，実際の在庫（実地棚卸）のほうが少ない場合である。エは，棚卸ロスの内的要因に該当する。オは，棚卸ロスの外的要因に該当する。

第27問

【2－1－1－2－2】

　すでに一般的になってきたPOSシステムであるが，その仕組みや本問のような特徴については，確実に理解しておいてほしい。

第7章

物流政策の戦略的展開

➤重要キーワード補充問題

1 小売業における物流システムへの取組視点 (解答☞ p.130)

⑴ 大手メーカーが主導してきた物流から, (①) を起点とした, 小売主導の「(②) 対応型物流」の展開が必要となってきている。

⑵ 小売業には,「必要な商品を, 必要な (①) だけ, 必要な時期に, 必要な場所へ」合理的に配送するシステム化が求められているため, 小売業主導の (②) チェーン・マネジメント (一括統合納品や共同配送システム) を進める必要がある。

⑶ (①) とは, 生産者から売場までの販売をトータルマネジメントすることで, 顧客に安全かつ安心な商品を低コストで供給していくことを実現することである。

⑷ 小売業には, (①) を回避して全体最適を実現するために, (②) を抜本的に改革する役割が求められている。

⑸ 百貨店に代表される「総合的品ぞろえ&(①)中心」という物流は, 最先端の季節商品や高級 (②) 品を素早く導入する「(③) 型小口物流」システムが基本となる。

⑹ GMSに代表される「総合的品ぞろえ&(①)中心」という物流は, (②) 少量商品を欠品させることなく安定供給する「(③)トランスファーセンター物流」が基本となり, 重要ポイントは (④) の短縮であ

る。

(7)　「限定的品ぞろえ＆（　①　）中心」という物流は，コンビニエンスストア
　　が代表格であり，きめ細かな発注による「1日複数回（　②　）指定の混載
　　型納品」が基本システムとなる。

(8)　専門店に代表される「限定的品揃え＆（　①　）中心」という物流は，（
　　②　）かつ小口発注の「（　③　）型納品」システムが基本となるが，店舗規
　　模が大型化すると「（　④　）納品」システムへ移行することが必要になって
　　くる。

2　店舗形態別にみる物流システムへの取組状況

（解答☞ p.130）

(1)　百貨店業界は，従来からの（　①　）仕入方式を改め，（　②　）マーチャ
　　ンダイジングの強化に注力している。

(2)　物流面では，コストの削減や（　①　）の削減のために，同業者との共同
　　配送化や（　②　）への取組みが必要となってきている。

(3)　百貨店業界の物流面における課題は，物流の合理化が重要課題と捉えられ
　　るが，優先すべきは（　①　）への取組みによる（　②　）を含めた業界構
　　造の改革といえる。

(4)　GMSは，EDLPを実現するために（　①　）への体質転換を推進して
　　おり，商品調達面では，店舗別の各サプライヤーの納品を一括して行う「（
　　②　）物流システム」という方式が定着化している。

(5)　GMSの物流センター運営方式は3つあり，TC（トランスファーセン
　　ター）は（　①　）型センターであり在庫を持たない形式，DC（ディスト
　　リビューションセンター）は（　②　）型センターで在庫を持つ形式，PC
　　（プロセスセンター）は生鮮食品など（　③　）の加工・調理・プリパッケー
　　ジ化を行うセンターである。

(6)　なお，需要予測にもとづいた（　①　）＜商品自動補充システム＞を導入

し，日本型（　②　）を進めているGMSの事例がある。

(7)　コンビニ業界は，自社で配送センターを持っているところはなく，全社が共同配送会社を介した「3PL（　①　）」を利用している。

(8)　サプライヤー各社が（　①　）して設立した共同配送会社では，サプライヤーがその配送センターに納品し，店別に仕分けした上で共同配送会社が（　②　）店舗納品を行っている。

(9)　コンビニは主として（　①　）出店を行っており，地区別に（　②　）システムを活用している。

(10)　専門店業界の多くは，物流面さえも（　①　）に依存しているなど，総じて経営手法が脆弱といえる。

(11)　専門店の多くは（　①　）に位置しており，納品時の（　②　）駐車などの問題に直面している。

3 総合型物流システムの展開 （解答☞p.130）

3－1　需要予測・自動補充システム

(1)　CRPとは，小売店舗や物流センターの在庫管理を（　①　）が管理するものであり，（　②　）の一方式である。

(2)　CPFRとは，小売業と仕入先企業が共同で（　①　）を行うもので，（　②　）とも呼ばれる。

3－2　DCMの動向

(1)　供給連鎖と訳されるサプライチェーンに対して，（　①　）を起点として（　②　）がイニシアティブを取って流通合理化をはかる需要連鎖は（　③　）と呼ばれる。

(2)　ディマンドチェーンの効率化は，（　①　）変動への対応力を高め，（　②　）の合理化をはかりつつ，（　③　）を圧縮しながら，さらに（　④　）を

減少させるということである。

⑶　DCMを進めるにあたって必要となる流通情報には，受発注情報や代金決
済情報などの（　①　）情報，出入荷・在庫・輸配送指示情報などの物流情
報，需要情報や競争情報などの（　②　）情報，小売業の販売促進情報とい
う四つがあげられる。

3－3　流通情報化とインフラとしてのEDI

⑴　EDI推進協議会によるEDIの定義は，「（　①　）企業間で，（　②　）
のためのメッセージを，通信回線を介して標準的な規約を用いて，（　③　）間
で交換すること」とされている。

⑵　（　①　）EDIの小売業からの発注業務では，売場発注担当者が（　②
　）端末に（　③　）ごとの発注数量を入力し，オンラインでチェーンスト
ア本部に発注データを送信することになる。

⑶　物流EDIでは，単品集合包装単位には（　①　）コードが印字され，異
なる単品を混載するオリコンなどには（　②　）ラベルが貼付される。

⑷　また，出荷予定データはあらかじめチェーンストア本部に送信されること
になるが，このデータを（　①　）という。

⑸　チェーンストアと仕入先企業との間に発生する請求データと支払データの
交換については，（　①　）EDIが活用されつつある。

2 マーチャンダイジング

解答　重要キーワード補充問題

1 小売業における物流システムへの取組視点

(1)①売場　　②顧客ニーズ　　(2)①数量　　②ディマンド

(3)①新総合物流戦略（新総合物流体制も可）　　(4)①部分最適

　②業務プロセス　　(5)①買回品　　②ブランド　　③時期集中

(6)①最寄品　　②多品種　　③クロスドック型　　④リードタイム

(7)①最寄品　　②時間帯　　(8)①買回品　　②低頻度　　③不定期

　④高頻度

2 店舗形態別にみる物流システムへの取組状況

(1)①委託　　②自主　　(2)①商品在庫　　②QR　　(3)①QR　　②商慣行

(4)①EDLC　　②統合型　　(5)①通過　　②在庫　　③食材

(6)①CRP　　②ECR　　(7)①第三者物流　　(8)①共同出資　　②一括

(9)①ドミナント　　②共同配送　　(10)①卸売業（問屋でも可）

(11)①商店街　　②路上

3 総合型物流システムの展開

3−1 需要予測・自動補充システム

(1)①　仕入先企業　　②VMI　　(2)①需要予測　　②JMI

3−2 DCMの動向

(1)①消費者　　②小売業　　③ディマンドチェーン　　(2)①需要

　②受発注　　③在庫　　④欠品　　(3)①取引　　②市場

3−3 流通情報化とインフラとしてのEDI

(1)①異なる　　②商取引　　③コンピュータ　　(2)①受発注　　②EOS

　③単品　　(3)①ITF　　②SCM　　(4)①ASN　　(5)①決済

第7章

物流政策の戦略的展開
本試験形式問題◀

第28問 次のア～オは，物流システムへの取組視点について述べている。正しいものには1を，誤っているものには2を，解答欄に記入しなさい。

ア　小売業が主導し，売場基準のディマンドチェーン・マネジメントを進める必要がある。

イ　小売業は，生産者から店頭での販売までをトータルマネジメントする必要がある。

ウ　小売業には，全体最適を回避して部分最適を実現するために，業務プロセスを抜本的に改革する役割が求められている。

エ　企業の社会的責任を果たすため，品質マネジメントシステムの導入が求められている。

オ　顧客志向の物流システムは，大手メーカーが主導して進めることが求められている。

解答欄	ア	イ	ウ	エ	オ

2　マーチャンダイジング

第29問　次の文章は，店舗形態別にみる物流システムへの取組状況について述べている。文中の〔　〕の部分に，下記に示すア～オの語群から最も適当なものを選んで，解答欄にその番号を記入しなさい。

〔　ア　〕業界は，エブリディ・ロープライス（EDLP）を支える〔　イ　〕への体質転換を進めており，仕入原価を下げるために「〔　ウ　〕からの直接仕入」，「自社ブランドの拡販」，「直接取引の推進」などに取り組んでいる。商品調達では，店舗別納品を一括する〔　エ　〕システムを採用しており，ほとんどの**ア**は〔　オ　〕を自社で保有している。

【語　群】

ア〔1．百貨店　　2．GMS　　3．CVS　　4．専門店〕

イ〔1．FC　　2．EDLC　　3．シャトル配送

　　4．自主マーチャンダイジング〕

ウ〔1．海外　　2．メーカー　　3．卸売業　　4．地方の産地〕

エ〔1．統合型物流　　2．トランスファー

　　3．ディストリビューション　　4．プロセスセンター〕

オ〔1．製造ライン　　2．フランチャイジー　　3．店舗の敷地

　　4．物流センター〕

解答欄	ア	イ	ウ	エ	オ

第30問 次の文章は，需要予測・自動補充システムについて述べている。文中の〔　〕の部分に，下記に示すア～オの語群から最も適当なものを選んで，解答欄にその番号を記入しなさい。

　ＣＲＰでは，小売店の販売データや在庫データをもとにした発注データが〔　ア　〕に送られ，発注データにもとづいて〔　イ　〕が行われる。そして**ア**内の在庫の変動をもとに〔　ウ　〕が需要予測を行うことになる。これに対して〔　エ　〕では，小売業のＰＯＳデータや販売計画，在庫データ，販促情報なども含めて〔　オ　〕と仕入先企業が共有し，その上で需要予測を行うことになる。

【語　群】

ア〔1．製造メーカー　　2．物流センター　　3．チェーンストア本部
　　4．仕入先企業〕

イ〔1．仕入先との交渉　　2．再発注　　3．在庫管理　　4．製造作業〕

ウ〔1．各店舗　　2．チェーンストア本部　　3．小売業
　　4．仕入先企業〕

エ〔1．ＣＰＦＲ　　2．ＥＯＳ　　3．ＤＣＭ　　4．ＥＤＩ〕

オ〔1．メーカー　　2．小売業　　3．広告代理店　　4．地域の顧客〕

解答欄	ア	イ	ウ	エ	オ

| 解答・解説 | 本試験形式問題 |

第28問

【1−1−2−2−2】

　ウは，部分最適と全体最適が逆である。エは，品質マネジメントシステムではなく，環境マネジメントシステムである。オは，大手メーカーではなく，店頭を起点とした小売主導による展開が必要である。

第29問

【2−2−1−1−4】

　EDLPや一括納品というキーワードから，総合品ぞろえスーパー，つまりGMSを判別したい。アにあげた4業態については，物流面の課題や取組み状況について理解を深めておきたい。

第30問

【2−3−4−1−2】

　CRPとCPFRについては，確実に理解しておくことが必要である。CPFRは，将来計画も含めた情報をもとに需要予測を行うわけであり，CRPよりも一層精度の高い在庫管理を狙いとしている。

3

ストアオペレーション

第1章

店舗運営サイクルの実践と管理
▶重要キーワード補充問題

1 売上と利益向上のためのストアオペレーション

(解答☞p.145)

(1)　売上高向上は，客数または（　①　）を高めることであり，小売業が本業で稼ぎだす儲けの営業利益の向上は，（　②　）を高めるか，（　③　）を抑えることである。

(2)　客単価＝（　①　）×（　②　）であるから，客単価の向上には多くの商品点数を購入してもらうこと，また，より高い商品を購入してもらう方策が必要となる。

(3)　粗利益率を下げずに買上点数の向上をはかるには，（　①　）やコーディネート陳列などの手法があるが，基本的には，（　②　）ロスの発生を防止することである。

(4)　クロスマーチャンダイジングは，主商品と副商品を（　①　）にして一つの売場に並べて，（　②　）の確率を高めるディスプレイ技術である。

(5)　販売機会ロスを防止するには，（　①　）の発生防止，不的確な（　②　）の修正，新商品や売れ筋商品に関する（　③　）などを行うことである。

(6)　売上総利益の向上は，売上高または（　①　）を高めることである。

(7)　粗利益率を向上させる方法は，（　①　）を引き下げる，（　②　）商品を販売する，（　③　）の高い商品を推奨販売する，値下や（　④　）を減らす，（　⑤　）を減らす，などである。

⑻　仕入価格を引き下げるには，低価格を提示した（　①　）から調達したり，産地の開拓によって，継続的，かつ，安定的な（　②　）をする必要がある。

⑼　プライベートブランド（ＰＢ）商品は，ナショナルブランド（ＮＢ）商品よりも低い（　①　）をつけて販売するが，（　②　）はＮＢ商品よりも高い傾向にある。

⑽　値入率を高く設定できる商品には，製造や加工にコストや手間をかけた（　①　）商品，高級商品，高品質商品，（　②　）商品，多機能商品，独自性を持った（　③　）商品，などがある。

⑾　季節商品や流行商品の値下や値引を最小限に抑えるには，早期に（　①　）のピークをつくり，シーズンの末期まで（　②　）を持ち越さないことである。

⑿　減耗には，売れない商品の廃棄，商品の（　①　），汚損，腐敗などによる廃棄，万引・盗難，（　②　）などがある。

⒀　売上総利益は，売上高から（　①　）とロス（品減り）額を減算して算出するので，売上原価が低いほうが，高くなる。

⒁　売上原価は，期首商品棚卸高と（　①　）を加算したものから（　②　）を減算して算出するので，期末商品棚卸高が高いほうが売上原価を低くすることができる。

⒂　減耗は，商品が品減りするので，結果として（　①　）の低下を招くことになる。

⒃　減耗を減らすには，破損や汚損を防止する（　①　）や陳列の工夫，生鮮食料品など（　②　）の短い商品では（　③　）の徹底，万引や盗難を防ぐ対策などが必要である。

⒄　期限を過ぎたら食べないほうがよいのは，（　①　）である。美味しく食べることができるのは，（　②　）である。

⒅　販売費及び一般管理費を低減するための一連のストアオペレーションを一般に（　①　）という。

⒆　労働分配率は人件費÷（　①　）×100で求め，この数値が大きければ人件

費の負担が（　②　），小さければ負担が（　③　）ことを表している。

⒇　労働分配率を適切な数値に抑えるには，適切な（　①　）や店内作業の（　②　）などをはかり，従業員1人当たりの売上高や粗利益高，人時生産性などの（　③　）を高めることである。

(21)　小売業では，人件費と並んで（　①　）が大きなコスト負担となっている。

(22)　チェーンストアが物件を借りての新規出店の際の判断基準としては，（　①　）や（　②　）などがある。

(23)　小売業の来店促進活動のうち（　①　）やダイレクトメール，インターネットによる販売促進は，来店前にすでに購入する商品を決める顧客への対応であり，（　②　）は，来店してから購入する商品を決める顧客への対応といえる。

(24)　インストアプロモーションは，（　①　）での販売促進活動のことで，特売，催事，（　②　）などがある。

(25)　店舗の省エネ化は，店舗の（　①　）という観点だけでなく，（　②　）負荷の低減という社会的観点からも重要である。

2　発注システムの運用と管理　（解答☞p.145）

⑴　補充発注とは，規格化された（　①　）のなかで売れた（　②　）を補充するために，日々，売場から発注することである。

⑵　補充発注を効率的に実施する方法に，（　①　）（自動補充発注システム）がある。

⑶　EOSは，売場の発注担当者が発注台帳に起案した商品と（　①　）を（　②　）に入力し，店舗の（　③　）を通じて（　④　）へ発注を行うことである。

⑷　陳列数量が，一定以下になったとき，販売数量が急速に減少する場合がある。この一定数量のことを（　①　）という。また，（　②　）とは，商品が什器からすべてなくなったときの状態というよりも，最低陳列数量を下回っ

た状態と考えるほうが重要である。

(5)　ある商品の初日開店時の在庫数量を20個と仮定し，売上数量が初日は4個，2日目は3個，3日目は2個，4日目は1個とした場合，5日目の開店時の在庫数量は（　①　）である。

(6)　在庫数量は，（　①　）になった時点で，そのことを発見したのでは（　②　）を防止できない。それは，発注してからその商品が入荷するまでの（　③　）の期間に欠品を起こすからである。

(7)　欠品を起こさないためには，（　①　）を考慮に入れて（　②　）を実施しなければならない。

3　商品の前出し作業および補充作業 （解答☞ p.145）

(1)　前出し作業とは，商品を（　①　）する業務の一環として行う（　②　）であり，整理・整頓・清掃という観点から売場の（　③　）と位置づけられる。

(2)　前出しは，乱れた売場の商品を整え，棚の（　①　）に残った商品を顧客が取りやすいように棚の（　②　）に引き出して（　③　）をそろえることである。

(3)　商品前出し作業の実施上の留意点は，棚番ごとに，ゴンドラの最上段から下段に向かって（　①　）から（　②　）の流れに沿って行う。品目ごとに，ゴンドラの奥に向かって最低でも（　③　）以上の陳列数量になるように整える。詰替え用などの斜めに重ねて並べるような商品は，（　④　）からよく見えるようにディスプレイする。前出しは，時間をかけて行う作業ではなく，（　⑤　），かつ，迅速に行う必要がある。などである。

(4)　補充は，商品カテゴリー別の売場における（　①　），または（　②　）状態を予測して，常に（　③　）の商品数量を整えるための作業であり，スーパーマーケット業界などでは通常（　④　）と呼んでいる。

(5)　補充を行う場合は，商品が（　①　）したとき。商品が（　②　）なったと

き（品薄時）。決められた（　③　）のとき（夜間，早朝など）。である。

(6)　欠品には，陳列棚に（　①　）がまったくない状態の（　②　）欠品，商品の（　③　）を割った状態の（　④　）欠品の２つがある。

(7)　補充商品の選定は，原則として決められた（　①　）に，決められた（　②　）ですべての売場を対象として行う。

(8)　各売場を巡回し，（　①　）や（　②　）にある商品を見つけ出す。

(9)　補充する商品の名称や（　①　）をメモ書きするか，もしくは，（　②　）などに入力する。

(10)　補充商品の取出しは，（　①　）の保管用在庫ストック棚から補充用商品リストに基づき，入荷日付の（　②　）商品から先に必要数量を選び出す。

(11)　商品のダンボールに印字されている商品名や（　①　）などを確認し，（　②　）と照合する。

(12)　（　①　）であっても，売場と同様に商品をきちんと分類・整理しておく。汚れて数字が見えない（　②　）は使わない。

(13)　カートラックへの積載については，商品の（　①　）に合った（　②　）を使う。

(14)　（　①　）以上に，商品を積みすぎない。

(15)　カートや台車から商品がはみ出さないように，（　①　）順序にしたがい積む。

(16)　カートへ商品を載せるときは，荷下ろしを楽にするため，（　①　）商品や大きい商品を先に載せて，壊れやすい商品や（　②　）商品は後から載せる。

(17)　（　①　）別に，商品を積み込む。

(18)　カートラックで運搬するときは，同じ（　①　）を何回も回らにように，通路と順序（作業動線）を決めておく。

(19)　危険のないように，（　①　）をよく見ながらカートを押していく。

(20)　カートの運搬には，「速く，楽に，安全に」という点を目標として，（　①　）しか曲がらず，短く，（　②　）しないことを原則とする。

(21)　陳列するときには，商品の陳列棚（ゴンドラ）の（　①　）から商品を入

れる（先入先出法）。

⑵ 補充したとき，（ ① ）と売場在庫の数量が適正かを確認する。

⒀ 商品と（ ① ）が一致しているかを確認する。

⒁ 商品が横にずれないように，（ ① ）を利用する。

⒂ 陳列は，売場づくりの（ ① ）である。

⒃ 補充（品出し）によって空きになったダンボールは，（ ① ）の中身を確認してからつぶす。（ ② ）に捨てる。

⒄ 商品の高さにばらつきがない，商品とプライスカードが一致している。商品の（ ① ）が顧客のほうを向いている，フェイシングのとおりに陳列されているなど，補充の状態が適正な（ ② ）となっていることを確認することで完了する。

4 戦略的ディスプレイの概要 （解答☞ p.146）

⑴ 前進立体陳列は，商品の（ ① ）を盛り上がった感じに見せることで（ ② ）を出す技術である。

⑵ 小売業界では，前進立体陳列を行うための作業のことを（ ① ）ともいっている。

⑶ 前進立体陳列の効果は，商品の先頭がゴンドラの奥にあったり，バラバラになったものを，商品の表面を（ ① ）に向けて並べることで，見た目のよさに加え（ ② ）感を出せる。

⑷ また，視覚に訴えることができ，顧客にとっては，ついつい手が伸びてしまうという（ ① ）な効果が期待できる。

⑸ 前進立体陳列は，それだけでは売場が（ ① ）になってしまうため，（ ② ）で売場に（ ③ ）をつける必要がある。

⑹ 変形陳列は，あくまで売場にアクセントをつける目的であるため，売場の（ ① ）％以内に抑えなければならない。

⑺ 変形陳列には，（ ① ）（突き出し）陳列。（ ② ）（翼型）陳列。（ ③ ）

（ひな壇）陳列。（　④　）(積上げ) 陳列。がある。

(8)　前進立体陳列（フォワード陳列）の留意点は，ディスプレイ作業の（　①　）および（　②　）を決め，（　③　）に商品の（　④　）を励行して，作業時間を抑える。また，商品補充の際は，（　⑤　）を心がける。

(9)　先入先出法とは，（　①　）に同じ場所で売るような商品を一定の（　②　）で補充する際，後から補充する（　③　）の高い商品をゴンドラ什器などの（　④　）へ置き，先に補充してある先に仕入れた商品を（　⑤　）に引き出し，先に売る方法のことである。

(10)　カラーストライプ陳列は，1か所に（　①　）の単品を多数集め，縦型陳列を多くつくり，それらの色を全体的に訴求することで，縦じま模様をつくる。細かなデザインよりも（　②　）なデザインの商品のほうが，効果が出やすい

(11)　コーディネート陳列は，（　①　）を主張するのに最適で，さまざまな（　②　）のシーンに合わせ，（　③　）やデザインを統一した関連商品をそろえて，顧客の（　④　）に合わせて行うことが必要で，（　⑤　）と切り離せないディスプレイである。

(12)　ハンガー陳列の留意点は，異なったデザインの商品を縦に掛けると探しにくいため，（　①　）の多点掛けや商品を（　②　）に掛けて見やすくする（　③　）などの工夫や，また，サイズを容易に探すことができるように，色の違うハンガーの利用や，ハンガーに丸いサイズ表示部品をつけて，取りやすく，見やすい（　④　）の商品を掛けることが必要である。

5　棚卸の目的と実施プログラム　(解答☞ p.146)

(1)　小売業では，毎日帳簿在庫と実地棚卸による在庫の違いが発生する。その原因を放置すると，管理日報の（　①　）が不正確になる。売場の正確な実在庫がわからない。適正な（　②　）ができない。（　③　）ができない。などで結果として経営が成り立たなくなる。

(2)　棚卸は，年に最低2回は正確な（　①　）を知り，管理日報のデータの修正を行う（　②　）である。

(3)　棚卸ロス（品減り）の原因は，（　①　）によるもの，商品と（　②　）の不一致によるもの，値下伝票の（　③　）漏れによるもの，（　④　）によるもの，レジ登録部門の間違いによるもの，移動返品処理の誤りによるもの，などである。

(4)　棚卸は（　①　）で実施するのではなく，棚卸責任者，棚卸実施運営者，計画・前準備・進行責任者の協力で行う。

(5)　棚卸に関する（　①　）は，仕事の源である。必ず計画と反省の資料を作成し，（　②　）に引き継ぐ。

(6)　ゴンドラごとに商品の区分けが明確で，数量チェックしやすい商品は，棚卸用の（　①　）を使用し，（　②　）の短縮をはかる。

(7)　売場の整理は，普段，目の届かない場所をチェックする。（　①　）落ちがないかチェックする。値札が正しいか（　②　）を見てチェックする。半端商品や（　③　）は1か所にまとめておく。などである。

(8)　バックヤードの整理は，（　①　）にまとめて整理する。バラ物商品は（　②　）へ出す。商品保管棚の下，隅，奥のほうをよくチェックする。などである。

(9)　棚卸は，必ず2人（　①　）で実施する。そのとき，1人が数を（　②　）し，他の1人は（　③　）を行う。このカウントの仕事を（　④　）という。

(10)　棚卸は，（　①　）で行わない。棚卸は，すべてゴンドラの（　②　）の下段から上段へと行う。1枚の棚卸表に（　③　）以上を記入することはできない。

(11)　棚卸が正しく行われたか否かの点検は，（　①　）で行うのが原則であるが，1人で行う場合もある。価格と数量に違いがなければ，その棚卸表の行の（　②　）に✓をつける。価格，または数量が違っていたら，再度（　③　）を行い，訂正する。点検終了場所に色つき（　④　）などをかけ，指示があるまで外さない。棚卸と点検を（　⑤　）のペアが行わないように組み合わ

せる。

⑿　最終点検は，棚卸の（　①　）が読み上げ，点検がすべて完了しているか
を最終確認する。

6　レジチェッカーの役割　（解答☞ p.147）

⑴　レジ（　①　）（精算担当者）は，（　②　）のなかでも顧客の買物を締め
くくる重要な役割を担っている。

⑵　レジチェッカーの接客は，セルフサービス販売方式の小売店でも，（　①
　）主義を貫き，（　②　）を超えて臨機応変に対応しなければならない。

⑶　レジチェッカーは，（　①　）を行うだけでなく，レジ周りの顧客の動きや
変化を（　②　）しなければならない。

⑷　レジチェッカーは，目の前の顧客だけでなく，顧客の（　①　）を把握し，
瞬時に（　②　）を下す能力を身につけなければならない。

⑸　レジでの接客マナーとしては，正しい（　①　）で接客すること。顧客の
目を見て（　②　）で対応すること。決められた（　③　）を使い，どんな
場合でも丁寧に対応すること。商品の取扱い，金銭の受渡しが（　④　）で
あること。などがある。

解答　重要キーワード補充問題

1　売上と利益向上のためのストアオペレーション

(1)①客単価　②売上総利益　③販売費及び一般管理費　(2)①買上点数

②一品単価　(3)①クロスマーチャンダイジング　②販売機会

(4)①セット　②同時購買　(5)①欠品　②販売方法　③情報収集

(6)①粗利益率　(7)①仕入価格　②プライベートブランド（ＰＢ）

③値入率　④値引　⑤商品ロス　(8)①サプライヤー　②仕入交渉

(9)①価格　②粗利益率　(10)①こだわり　②高機能　③差別化

(11)①販売　②在庫　(12)①破損　②紛失　(13)①売上原価

(14)①純仕入高　②期末商品棚卸高　(15)①売上総利益　(16)①商品保管

②消費期限　③鮮度管理　(17)①消費期限　②賞味期限

(18)①ローコストオペレーション　(19)①付加価値（粗利益）　②重く

③軽い　(20)①ワークスケジューリング　②効率化　③労働生産性

(21)①店舗賃借料　(22)①売上高対賃料比率　②売上総利益対賃料比率

(23)①チラシ広告　②インストアプロモーション　(24)①店内

②デモンストレーション　(25)①ローコストオペレーション　②環境

2　発注システムの運営と管理

(1)①棚割表　②商品　(2)①ＥＯＳ　(3)①数量　②端末機

③ストアコントローラ　④仕入先企業　(4)①最低陳列数量　②欠品

(5)①10個　(6)①最低陳列数量　②欠品　③発注リードタイム

(7)①発注リードタイム　②補充発注

3　商品の前出し作業および補充作業

(1)①補充　②ルーティーンワーク　③クリンリネス　(2)①奥　②手前

③フェイス　(3)①左上　②逆Ｓ字　③２列　④入口　⑤効率的

(4)①品薄　②欠品　③一定　④品出し　(5)①欠品　②少なく

3 ストアオペレーション

③時間帯　(6)①商品　②絶対的　③最低陳列数量　④相対的
(7)①時間　②順序　(8)①品薄　②欠品状態　(9)①数量　②端末機
(10)①バックヤード　②古い　(11)①入り数　②商品リスト
(12)①ストック場　②値札　(13)①形状　②カート　(14)①目の高さ
(15)①積込み　(16)①重い　②崩れやすい　(17)①通路　(18)①売場
(19)①前方　(20)①最小限　②交差　(21)①奥　(22)①フェイシング
(23)①プライスカード　(24)①仕切り版　(25)①原点　(26)①空き箱
②ダストシュート　(27)①フェイス　②ディスプレイ

4 戦略的ディスプレイの概要

(1)①陳列面　②迫力感　(2)①フェイスアップ　(3)①正面　②ボリューム
(4)①心理的　(5)①単調　②変形陳列　③アクセント　(6)①20
(7)①プッシュアウト　②ウィング　③ステップ　④パイルアップ
(8)①回数　②時間帯　③定期的　④前出し作業　⑤先入先出法
(9)①一定期間　②頻度　③鮮度　④後方　⑤前方　(10)①同一色
②シンプル　(11)①ストアコンセプト　②生活　③色　④ニーズ
⑤マーチャンダイジング　(12)①斜め　②横向き　③スリーブアウト
(13)数量

5 棚卸の目的と実施プロセス

(1)①データ　②在庫コントロール　③利益管理　(2)①実在庫　②業務
(3)①万引　②伝票　③発行　④不正　(4)①1人　(5)①資料
②後継者　(6)①チェックシート　②作業時間　(7)①値札
②プラスイカード　③返品商品　(8)①部門別　②売場　(9)①1組
②カウント　③記入　④読上げ　(10)①自己判断　②左側
③2部門　(11)①ペア　②点検欄　③チェック　④テープ　⑤同一
(12)①総括責任者（ストアマネジャー）

146

6　レジチェッカーの役割

(1)①チェッカー　　②ストアオペレーション　　(2)①顧客優先

　②マニュアル　　③①精算業務　　②把握　　(4)①動作　　②判断

(5)①姿勢　　②笑顔　　③用語　　④丁寧

第1章

店舗運営サイクルの実践と管理
本試験形式問題◀

第1問 次のア～オは，売上総利益の向上について述べている。正しいもの
には1を，誤っているものには2を，解答欄に記入しなさい。

ア 小売業のプライベートブランド（PB）商品は，ナショナルブランド（N
B）商品よりも低い価格をつけて販売するので，粗利益率は，NB商品のほ
うが高い傾向にある。

イ 仕入価格を引き下げるには，より低価格を提示したサプライヤーから商品
を調達することであり，バイングパワーを発揮しても引き下げられない。

ウ 高い値入率を設定しても売れる商品とは，こだわり商品，高級商品，高品
質商品，高機能商品，多機能商品，差別化商品などである。

エ 値下や値引を抑えるためには，売れる商品を見極めて，適切な数量を予測
して仕入れることを徹底する。

オ 商品減耗とは，商品の破損，汚損，腐敗などによる廃棄のことで，万引，
盗難，紛失などは含まれない。

解答欄	ア	イ	ウ	エ	オ

第2問 次のア～オは，販売管理費低減のためのストアオペレーションについて述べている。正しいものには1を，誤っているものには2を，解答欄に記入しなさい。

ア　店舗の販売管理費として計上される主な費目には，人件費，店舗の賃借料，広告宣伝費，水道光熱費などがある。

イ　粗利益に対する人件費の割合を示すものとして，労働分配率がある。

ウ　販売管理費低減のためには，広告宣伝費の金額を単純に減らすことが得策である。

エ　来店前にすでに購入する商品を決めている顧客には，インストアマーチャンダイジングの購買促進活動が重要である。

オ　来店してから購入をきめている顧客には，チラシ広告やインターネットによる販売促進策が有効である。

解答欄	ア	イ	ウ	エ	オ

第3問 次の文章は，発注システムについて述べている。文中の〔　〕の部分に，下記に示すア～オのそれぞれの語群から最も適当なものを選んで，解答欄にその番号を記入しなさい。

　規格化された〔　ア　〕にしたがって，売れた商品を補充するために，〔　イ　〕または定量的方法で売場から発注するのが一般的である。これを〔　ウ　〕といい，効率的に実施する方法の1つに〔　エ　〕がある。すなわち，売場の発注担当者が発注台帳に商品と数量を端末機に入力し，店舗のストアコントローラを通じて〔　オ　〕へ発注を行うことである。

3 ストアオペレーション

【語 群】

ア 〔1．端末機　　2．棚割表　　3．商品台帳　　4．仕入台帳〕

イ 〔1．毎日　　2．週ごと　　3．月ごと　　4．定期的〕

ウ 〔1．補充発注　　2．棚割　　3．保管　　4．仕入〕

エ 〔1．ＰＯＳ　　2．ＥＤＩ　　3．ＥＯＳ　　4．ＡＢＣ〕

オ 〔1．顧客　　2．仕入先企業　　3．従業員　　4．他店舗〕

解答欄	ア	イ	ウ	エ	オ

第4問　次のア～オは，前進立体陳列について述べている。正しいものには1を，誤っているものには2を，解答欄に記入しなさい。

ア　前進立体陳列は，商品の陳列面を盛り上がった感じにみせることで圧迫感を出し，顧客にとっては商品に触れにくい状態となる。

イ　前進立体陳列を行うための作業のことをフェイスアップという小売業界もある。

ウ　前進立体陳列は，商品の先頭がゴンドラの奥にあったり，バラバラになったものを，商品の表面を正面にむけて並べることで，見た目のよさに加えボリューム感を出せる。

エ　前進立体陳列は，視覚に訴えることができ，顧客にとっては，ついつい手が伸びてしまうという心理的な効果が期待できる。

オ　前進立体陳列は，常に商品を美しく見せることと戦略的な要素が入った重要な作業である。

解答欄	ア	イ	ウ	エ	オ

第5問 次のア～オは，補充発注について述べている。正しいものには1を，誤っているものには2を，解答欄に記入しなさい。

ア 補充発注とは，規格化された棚割表にしたがって，売れた商品を補充するために，売場から定期的，又は定量的方法で発注することである。

イ 欠品とは，商品がゴンドラ什器からすべてなくなった状態のことである。

ウ 予定している売上高は，ゴンドラ什器に並べられた商品が最低陳列数量を割った状態になってしまうと売れ残っているとみなされて，見込めなくなる。

エ 欠品は，商品が最低陳列数量になった時点で，そのことを発見すれば防止できる。

オ 補充発注の実施では，発注リードタイムを考慮に入れなくても，欠品を起こすことはない。

解答欄	ア	イ	ウ	エ	オ

第6問 次の文章は，商品の補充について述べている。文中の〔　〕の部分に，下記に示すア～オのそれぞれの語群から最も適当なものを選んで，解答欄にその番号を記入しなさい。

3 ストアオペレーション

補充は，〔 ア 〕周辺の売場から店内の奥へと行うことによって，入店した瞬間に商品の〔 イ 〕や買いやすい売場〔 ウ 〕を顧客に訴求できる。また，動きの早い商品は，〔 エ 〕を大きくとり，補充の〔 オ 〕をはかる。

【語　群】

ア 〔1．駐車場　　2．レジ　　3．サービスカウンター　　4．入口〕

イ 〔1．豊富感　　2．価格　　3．特徴　　4．用途〕

ウ 〔1．案内　　2．面積　　3．イメージ　　4．動向〕

エ 〔1．売価　　2．スペース　　3．値入　　4．値引〕

オ 〔1．拡大　　2．効率化　　3．計画化　　4．徹底〕

解答欄	ア	イ	ウ	エ	オ

第7問　次のア〜オは，商品の補充作業について述べている。正しいものには1を，誤っているものには2を，解答欄に記入しなさい。

ア　カートラックの運搬では，最小限しか曲がらず，短く，交差しないことを原則とする。

イ　カートラックの運搬では，顧客に注意し，わき見をしない。

ウ　アミカートは，精肉・鮮魚用で，肉・魚・塩辛等のパッケージ商品の補充とストックに使われる。

エ　2段カートは，青果用で，青果物の補充作業や一部商品の陳列に使われる。

オ　カートラックの運搬では，多積載で前方が見えにくいときでも，カートを引かないようにする。

解答欄	ア	イ	ウ	エ	オ

第8問 次のア～オは，カートラックへの積載について述べている。正しいものには1を，誤っているものには2を，解答欄に記入しなさい。

ア　商品の重さに合ったカートを使う。

イ　腰の高さ以上に，商品を積みすぎない。

ウ　カートや台車から商品がはみ出さないように，積込み順序にしたがい積む。

エ　カートへ商品を載せるときは，荷下ろしを楽にするため，重い商品や大きい商品を先に載せて，壊れやすい商品や崩れやすい商品は後から載せる。

オ　カートへ商品を載せるときは，通路（売場）別に商品を積み込む。

解答欄	ア	イ	ウ	エ	オ

第9問 次のア～オは，陳列（リセット）について述べている。正しいものには1を，誤っているものには2を，解答欄に記入しなさい。

ア　商品の陳列棚（ゴンドラ）の前から商品を入れる。

イ　補充したとき，フェイシングと売場在庫の数量が適正かを確認する。

ウ　商品とプライスカードが一致しているかを確認する。

エ　商品が横にずれないように，仕切り版を利用する。

153

3 ストアオペレーション

オ　カット台を使って腰から上の棚段に商品を補充する場合は，カット台から
　　商品を下して行う。

解答欄	ア	イ	ウ	エ	オ

第10問　次の文章は，補充の完了について述べている。文中の〔　　〕の部分
　　　　に，下記に示すア～オのそれぞれの語群から最も適当なものを選んで，
　　　　解答欄にその番号を記入しなさい。

　補充によって空きになったダンボールを整理し，最後に，商品の〔　ア　〕
にばらつきがない，商品と〔　イ　〕が一致している，商品の〔　ウ　〕が
〔　エ　〕のほうを向いている，フェイシングのとおりに陳列されているなど，
補充の状態が適正な〔　オ　〕となっていることを確認する。

【語　群】

ア　〔1．高さ　　2．数量　　3．品目　　4．重さ〕

イ　〔1．POP広告　　2．キャッチコピー　　3．プライスカード
　　　4．パンフレット〕

ウ　〔1．バーコード　　2．フェイス　　3．価格　　4．日付〕

エ　〔1．従業員　　2．通路　　3．反対　　4．顧客〕

オ　〔1．数量　　2．方向　　3．角度　　4．ディスプレイ〕

解答欄	ア	イ	ウ	エ	オ

第11問　次のア～オは，変形陳列について述べている。正しいものには1を，
　　　　誤っているものには2を，解答欄に記入しなさい。

ア　プッシュアウト陳列は，ゴンドラエンドや平台の両側または片側のサイド
　に，鳥の羽を広げたように突き出して行う方法である。

イ　ウィング陳列は，一列に並んだゴンドラ什器などの陳列ラインより前面の
　通路側に突き出す形で行う方法である。

ウ　ステップ陳列は，商品を組み合わせながら高く積み上げる形で行う方法で
　ある。

エ　パイルアップ陳列は，商品などを，3段以上に階段状に積み上げて行う方
　法である。

オ　前進立体陳列だけでは売場は単調になってしまうため，変形陳列で売場に
　アクセントをつける必要がある。

解答欄	ア	イ	ウ	エ	オ

第12問　次のア～オは，ディスプレイ方法について述べている。正しいものに
　　　　は1を，誤っているものには2を，解答欄に記入しなさい。

ア　前進立体陳列の商品補充の際には，先入先出法を徹底することが重要であ
　る。

イ　カラーストライプ陳列は，商品の持つ色を訴求することによって，陳列面
　に横じま模様をつくる方法である。

ウ　コーディネート陳列は，対面販売を主体とする店舗において多く利用され
　ているが，ストアコンセプトを主張するには不適格な方法である。

3 ストアオペレーション

エ　ハンガー陳列は，セルフサービス販売方式および対面販売方式を主体とする店舗で多く利用される。

オ　衣料品などは，斜めの多点掛けや商品を横向きに掛けて見やすくスリーブアウトなどの工夫を凝らす。

解答欄	ア	イ	ウ	エ	オ

| 解答・解説 | 本試験形式問題 |

第1問

【2－2－1－1－2】

アは，ＰＢ商品はマス広告をしないなど経費がかからない分，粗利益率はＰＢ商品のほうが高い傾向にある。イは，バイングパワーを発揮して一括大量仕入をする方法もある。オは，万引，盗難，紛失なども含まれる。

第2問

【1－1－2－2－2】

ウの広告宣伝費は，売上向上のために投入するので，単純に減らすことは得策ではない。エとオの対策に関する説明が，逆である。

第3問

【2－4－1－3－2】

売れた商品の補充に関しては，通常，ＥＯＳというシステムを活用している。

第4問

【2－1－1－1－1】

アは，前進立体陳列は，商品の陳列面を盛り上がった感じにみせることで圧迫感を出し，顧客に買い得感をもたらすことができる。

第5問

【1－2－1－2－2】

イは，欠品とは，最低陳列数量（在庫量が一定数量以下になったとき，販売数量が急速に減少する場合の一定数量のこと）を割った状態のことである。エとオは，最低陳列数量になった時点では防止できない。欠品を防止するには，発注リードタイム（発注から入荷までの入荷日数）を考慮に入れて補充発注す

るとよい。

第6問

【4－1－3－2－2】

　補充とは，品薄，または欠品状態を予測して，一定の商品数量を整えるための作業で，通常「品出し」と呼ばれている。

第7問

【1－1－2－2－2】

　ウは，アルミトレイカートのこと。アミカートは，衣料・住居・食品用で，ダンボール処理用，商品搬入用に使われる。エは，補助用カートのこと。2段カートは，衣料品用で，補充に使われる。その他，カートラックとカット台は，住居・食品用である。カートとミニキャリアは，衣料・住居・食品用である。オは，前方が見えにくいときは，カートを引くようにする。

第8問

【2－2－1－1－1】

　アは，商品の重さでなく，形状に合ったカートを使う。イは，目の高さ以上に商品を積みすぎないである。

第9問

【2－1－1－1－2】

　アは，商品の陳列棚（ゴンドラ）の前ではなく，奥から商品を入れる。オは，カット台を使って腰から上ではなく，下の棚段に商品を補充する場合は，カット台から商品を下して行う。

第10問

【1－3－2－4－4】

　補充の手順の最後にあたる完了に関する出題である。今回の改訂により記載

された箇所である。

第11問

【2－2－2－2－1】

　アとイは，説明が逆である。ウとエは，説明が逆である。

第12問

【1－2－2－1－1】

　イは，カラーストライプ陳列は，陳列面に縦じま模様をつくる方法である。ウは，コーディネート陳列は，ストアコンセプトを主張するのに最適な方法である。

第2章
戦略的ディスプレイの実施方法
> ➤重要キーワード補充問題

┃ **1** 補充型陳列（オープンストック）(解答☞p.166)

⑴　補充型陳列とは，一般的に，使用頻度，購買頻度が高い（　①　）な最寄
品を効率的に補充し，（　②　）に販売するためのディスプレイ方法である。

⑵　補充型陳列の留意点は，（　①　）にすること。（　②　）のあるディスプ
レイにすること。売場に（　③　）が表れるようにすること。最上段のディ
スプレイの（　④　）を統一すること。ディスプレイの（　⑤　）を決めて
おくこと。などである。

⑶　商品を一定の基準で（　①　）（類型）し，ゴンドラに（　②　）する方法
は，心理学的見地にもとづいている。

⑷　縦割（垂直型）陳列のディスプレイ方法のメリットとは，縦割に商品を
（　①　）できるため，顧客は注目しやすくなる。顧客は店内を歩行しなが
ら商品の（　②　）が容易となる。サイズ別などに陳列するため，棚と商品
の間にすき間が少なくなり，面展開による（　③　）と（　④　）が出せる。
重点的に売りたい商品を，売りやすい（　⑤　）（位置）に意図的に広く配置
することができる。などである。

⑸　販売数量はあまり多くないが（　①　）が高く，小売店側として売りたい
商品は，ゴンドラ什器の（　②　）に戦略的にディスプレイする。

⑹　ゴールデンラインとは，ゴンドラ什器などにおいて顧客が最も手に取りや
すい（　①　）の位置のことである。

(7)　商品には，いくつかの（　①　）があり，陳列においては，（　②　）のどの面を顧客に見せるかということが重要である。

(8)　フェイスは，商品のいくつかの面のうち，（　①　）に当たる部分のことであり，商品の（　②　）を最も強く訴求する面のことである。

(9)　フェイスを決める場合の留意点は，どの面を顧客に見せれば，その商品の（　①　）を最も適切に伝えられるか。どの面を向けて並べたら，陳列・（　②　）・整理などを無駄なく（　③　）できるか。などである。

(10)　価値を伝えるフェイス決定の条件とは，（　①　）がよく見える。（　②　）がよく見える。商品名，サイズ，容量，用途，価格，（　③　）などがわかる。（　④　）の見せどころが見える，わかる。などである。

(11)　コストのかからないフェイス決定の条件とは，取りやすい，（　①　）やすい。（　②　）やすい。（　③　）しやすい。（　④　）をとらない。などである。

(12)　フェイシングは，陳列棚の（　①　）に，（　②　），かつ，複数の（　③　）を横（と縦）に並べる配列技法のことである。

(13)　並列的陳列数量は，当該商品（単品）の（　①　）を大きく変化させる要因となる。

(14)　（　①　）によってスペースが拡大するにつれ，その商品の表現や（　②　）が鮮明になり，顧客への訴求力が大きくなる。

(15)　フェイシング数は，原則としてそれぞれの商品（単品）の（　①　）に応じて決定するが，すべての商品（単品）のフェイシング数を増加することは（　②　）の制限があるため不可能である。

(16)　フェイシングとは，棚割の1つであり，陳列棚に並べられた（　①　）を基準としたディスプレイ技術である。

(17)　棚割は，ゴンドラに陳列するすべての商品を適正に（　①　）し，ゴンドラ全体の販売効率化をはかる（　②　）の一部である。

(18)　売上増加のためのディスプレイ方法では，単一ブランド（　①　）訴求型陳列よりも単一ブランド（　②　）訴求型陳列の方が売れる。（　③　）ブラ

3 ストアオペレーション

ンド単独訴求型陳列よりも（　④　）ブランド複合訴求型陳列のほうが売れる。（　⑤　）にすると売れる確率が高まる。同一商品でも高さや置く場所によって販売動向は変化する。などである。

⒆　顧客の買物の順序における陳列の原則は，来店，（　①　），見る，（　②　），触れる，買うである。

⒇　ゴンドラ什器の前方50cmの位置に顧客が立ち，顧客の目で見わたせる範囲は約（　①　）度であり，陳列幅の限界は1.5〜（　②　）mである。

(21)　顧客がゴンドラの前に立ったときの見やすい位置は，（　①　）の高さから（　②　）の高さまでである。

(22)　サイズが違う商品を1つの什器内でディスプレイする場合は，（　①　）に小さい商品を，（　②　）に大きい商品を並列陳列すると（　③　）が出て見やすくなる。

(23)　サイズが違う商品を1つの棚のなかでディスプレイする場合は，向かって（　①　）から（　②　）に小・中・大と陳列すると見やすくなる。

(24)　平台やテーブルでのディスプレイは，（　①　）から（　②　）方向に向かって，小・中・大と陳列すると見やすくなる。

(25)　売場づくりの基本は，商品のハイターン・ローストックの維持で，ハイターンとは商品が売れて再び同じ商品を補充するというフローの回転が（　①　）ことで，ローストックとは少ない（　②　）で運営することである。

(26)　ハイターン・ローストックを実現させる陳列方法としては，（　①　）と（　②　）がある。

(27)　ゴンドラの前進立体陳列を行う際の留意点は，上段・中段では，商品を什器前面まで出して，（　①　）て，フェイスを見せる。下段では，（　②　）て，フェイスを見せる。

(28)　商品価値を高める要素は，マニュアルにもとづいた陳列作業を中心に，整理・整頓・清掃などの（　①　），ＰＯＰ広告などの（　②　），（　③　）の効果，ディスプレイなどの（　④　）である。

(29)　補充型陳列の戦略的実践方法として，ゴンドラ陳列の場合は，（　①　）カ

の強弱によって（　②　）をかえる方法があり，（ゴンドラ）エンド陳列の場合は，（　③　）を中央に配置する。新商品などを（　④　）などで挟み込む方法がある。

(30)　戦略的ゴンドラ陳列方法は，ブランド（　①　）の強い商品と弱い商品の組み合わせによって，弱い商品への（　②　）を高める。

(31)　（ゴンドラ）エンドへの配列方法には，（　①　）型と（　②　）型の方法がある。

2 展示型陳列（ショーディスプレイ）（解答☞p.166)

(1)　展示型陳列とは，買回品や専門品の中で推奨すべき特定の商品を（　①　）してみせる（　②　）（演出）的なディスプレイの方法である。

(2)　展示型陳列は，主に対面販売方式を行う小売店が採用しており，顧客の視覚に（　①　），かつ，（　②　）に直接訴えかけるディスプレイの方法である。

(3)　展示型陳列の目的は，（　①　）を的確に表現すること。何が重要であるかを適切に（　②　）させること。展示型陳列のメリットを（　③　）し，追求すること。などである。

(4)　補充型陳列は，（　①　）の追求によって（　②　）をはかることを目的とし，（　③　）陳列は，小売店の個性を端的に表現し，（　④　）の向上という（　⑤　）（利益）を追求する手段である。

(5)　フロアゾーニングとは，いくつかの（　①　）のグループを，店内の最適な（　②　）に，最適な（　③　）で配分することで，一般的には，取り扱う商品の部門割りのことである。

(6)　フロアレイアウトとは，割り振られたゾーン（部門）ごとに，どんな（　①　）を，どこに，どのように（　②　）していくかを決めることである。

(7)　重点商品の展示型陳列のあり方は，重点商品を選定し，（　①　）をもって訴求することが効果的である。売場，店内での（　②　）効果・（　③　）効果を発揮させる。人目につく場所に（　④　）を設置し，店舗内の（　⑤　）

を向上させる。より多くの商品を売り込むために，品ぞろえやディスプレイ方法を工夫する。などである。

(8) 集視ポイントは，顧客の目をひきつけ（　①　）を止めさせ，（　②　）的な購買に結びつけるための売場内でのポイントになる部分である。

(9) 衣料品の展示型陳列のパターンは，（　①　）陳列。（　②　）陳列。（　③　）陳列。（　④　）陳列。スタンド陳列。（　⑤　）陳列。ドラマチック陳列。などがある。

(10) シンボライズ陳列とは，商品と（　①　）（主題）によって，ディスプレイのねらいを（　②　）に表現する方法である。

(11) ドラマチック陳列とは，（　①　）な表現形式のディスプレイ方法である。

3 ビジュアルマーチャンダイジング（VMD）への取組み視点 （解答☞p.167）

(1) ビジュアルマーチャンダイジング（VMD）とは，（　①　）であり，小売店の（　②　）を（　③　）に訴求していくことである。

(2) VMDのねらいは，顧客にとって見やすく，選びやすく，買いやすい（　①　）づくりを，色彩や照明，（　②　）などの要素を活用して（　③　）に演出することである。

(3) VMDの展開において，ハードウェア面では，（　①　），什器・備品，装飾具，（　②　）など，ソフトウェア面では，フロアゾーニングや（　③　）の設計，ディスプレイ・パターンの選定，（　④　）広告，商品の（　⑤　），などに留意し取り組むべきである。

(4) 顧客は，買回品・専門品などを購買する際には，（　①　）の原則にもとづくプロセスをたどる。

(5) AIDMAの原則のAは（　①　），Iは（　②　），Dは（　③　），Mは（　④　），Aは（　⑤　），である。

(6) VMDの展開場所では，店内の売場の1つに，（　①　）という概念の演出

場所をつくる。1つの売場に，特定の（　②　）を持たせた（　③　）という演出場所をつくる。1つのスペースに，特定の（　④　）を訴求するための演出場所をつくる。ことが大切である。

解答 重要キーワード補充問題

1 補充型陳列（オープンストック）

(1)①定番的　②継続的　(2)①前進立体陳列　②安定感　③清潔感

④高さ　⑤パターン　(3)①グルーピング　②縦割陳列

(4)①カラーコントロール　②比較選択　③立体感　④豊富感

⑤棚段　(5)①粗利益率　②ゴールデンライン　(6)①高さ　(7)①面

②商品　(8)①顔　②存在感　(9)①価値　②補充　③効率化

(10)①商品　②中身　③使用場面　④商品　(11)①戻し　②見

③整理整頓　④スペース　(12)①最前列　②同一　③商品（単品）

(13)①販売数量　(14)①フェイシング　②主張　(15)①販売数量

②売場のスペース　(16)①商品（単品）　(17)①配置

②スペースマネジメント　(18)①単独　②集合　③少数　④多数

⑤大量陳列　(19)①探す　②選ぶ　(20)①120　②2　(21)①目

②腰　(22)①上部　②下部　③安定感　(23)①左　②右

(24)①通路側　②ディスプレイ　(25)①速い　②在庫　(26)①前進立体陳列

②上げ底陳列　(27)①立て　②寝かせ　(28)①クリンリネス

②メインテナンス　③照明　④提案方法　(29)①ブランド

②配置する場所　③育成商品　④売れ筋商品　(30)①認知力

②視認率　(31)①育成商品中央配置　②ダブルアタック（挟み撃ち）

2 展示型陳列（ショーディスプレイ）

(1)①クローズアップ　②ショー　(2)①審美的　②感動的

(3)①商品特性　②認知　③理解　(4)①作業効率　②売上増加

③展示型　④顧客満足度　⑤効果　(5)①商品カテゴリー　②場所

③スペース　(6)①品種　②配分　(7)①テーマ　②広告的

③心理的　④集視ポイント　⑤回遊性　(8)①足　②衝動

(9)①着せつけ　②吊下げ　③掛け　④貼りつけ　⑤シンボライズ

(10)①モチーフ　　②象徴的　　(11)①劇的

3　ビジュアルマーチャンダイジング（VMD）への取組み視点

(1)①視覚的商品演出方法　　②マーチャンダイジング　　③視覚的

(2)①売場　　②商品構成　　③総合的　　(3)①内外装　　②照明

　③フロアレイアウト　　④POP　　⑤カラーコントロール

(4)①AIDMA　　(5)①注目　　②興味　　③欲望　　④記憶　　⑤行動

(6)①ショップ（店内専門店化）　　②テーマ　　③コーナー　　④アイテム

第2章

戦略的ディスプレイの実施方法
本試験形式問題◀

第13問　次のア～オは，補充型陳列，展示型陳列について述べている。正しい
ものには1を，誤っているものには2を，解答欄に記入しなさい。

ア　補充型陳列は，一般的に，使用頻度，購買頻度が高い定番的な商品を，ク
　　ローズアップしてみせる演出的なディスプレイの方法である。

イ　展示型陳列は，小売店にとって売りたい商品を重点的に販売するための方
　　法であり，ショーマンシップを発揮することが成功のポイントである。

ウ　補充型陳列において売上を増加するためのディスプレイは，単一ブランド
　　単独訴求型陳列よりも単一ブランド集合訴求型陳列のほうが売れる。

エ　展示型陳列は，小売店の個性を端的に表現し，顧客満足度の向上という効
　　果を追求する手段である。

オ　重点商品を主体として，ビジュアルにディスプレイすることが展示型陳列
　　の基本である。

解答欄	ア	イ	ウ	エ	オ

第14問　次のア～オは，補充型陳列について述べている。正しいものには1を，誤っているものには2を，解答欄に記入しなさい。

ア　補充型陳列は，作業効率の追求によって売上増加をはかることを目的としている。

イ　ハイターン・ローストックを実現させる陳列方法には，前進立体陳列と上げ底陳列がある。

ウ　（ゴンドラ）エンド陳列には，育成商品中央配置型とダブルアタック型の配列方法がある。

エ　ダブルアタック陳列は，ＰＲゾーンとして位置づける（ゴンドラ）エンドの最上段に売れ筋商品を新商品で挟み込む。

オ　ダブルアタック陳列は，推奨ゾーンとして位置づける（ゴンドラ）エンドの2段目では新商品を売れ筋商品で挟み込む。

解答欄	ア	イ	ウ	エ	オ

第15問　次のア～オは，ディスプレイ・パターンについて述べている。正しいものには1を，誤っているものには2を，解答欄に記入しなさい。

ア　着せつけ陳列は，マネキン人形などに直接，衣料を着せつけ，実際の着装感を訴求する方法で，商品を引き立たせて見せることができる。

イ　吊下げ陳列は，変化を見せるには便利なディスプレイ方法である。

ウ　掛け陳列は，集視ポイントをつくるには最適のディスプレイ方法である。

エ　スタンド陳列は，衣料品に適しているディスプレイ方法である。

オ　シンボライズ陳列は，劇的な表現形式のディスプレイの方法である。

3　ストアオペレーション

解答欄	ア	イ	ウ	エ	オ

第16問　次のア～オは，補充型陳列全般について述べている。正しいものには1を，誤っているものには2を，解答欄に記入しなさい。

ア　マグネットコーナーは，その売場の提案や季節感を打ち出した商品を集めて，来店した顧客に売場を歩かせ，ひきつける役割をしている。

イ　顧客がゴンドラの前に立ったときの見やすい位置は，目の高さから膝の高さまで，である。

ウ　前進立体陳列は，商品を前進させ陳列にボリューム感や迫力感を出せるが，エキサイティングな売場に見せることはできない。

エ　商品価値を高める要素は，陳列作業を中心に，ＰＯＰ広告などのメインテナンス，ディスプレイなどの提案方法，照明の効果，クリンリネス，を完璧にできることである。

オ　ゴンドラ陳列において，ブランド認知力の強い商品と弱い商品の戦略的組み合せによって，弱い商品への視認率を高める。

解答欄	ア	イ	ウ	エ	オ

第17問　次の文章は，ビジュアルマーチャンダイジングの意義について述べている。文中の〔　　〕の部分に，下記に示すア～オのそれぞれの語群か

ら最も適当なものを選んで，解答欄にその番号を記入しなさい。

　ビジュアルマーチャンダイジング（VMD）は，小売店のマーチャンダイジングを〔　ア　〕に訴求することである。ねらいは，顧客にとって見やすく，選びやすく，買いやすい売場づくりを，色彩や照明，そして〔　イ　〕などの要素を活用して〔　ウ　〕に演出することである。すなわち，VMDは，マーチャンダイジングの〔　エ　〕，政策，実施プログラムを，商品，情報，環境，と〔　オ　〕させた視覚表現の仕組みと方法論といえる。

【語　群】

ア〔1．専門的　　2．視覚的　　3．部分的　　4．感覚的〕

イ〔1．ゴンドラ　　2．商品構成　　3．ステージ　　4．天井〕

ウ〔1．総合的　　2．画一的　　3．スポット的　　4．機能的〕

エ〔1．優位性　　2．独立性　　3．存在　　4．意図〕

オ〔1．隔離　　2．融合　　3．整合　　4．演出〕

解答欄	ア	イ	ウ	エ	オ

解答・解説 | 本試験形式問題

第13問

【2−1−1−1−1】

アのクローズアップしてみせる演出（ショー）的なディスプレイは，展示型陳列の方法である。補充型陳列は，定番的な最寄品を効率的に補充し，継続的に販売するための方法である。

第14問

【1−1−1−2−2】

エは，ＰＲゾーンと買い得ゾーンで新商品を売れ筋商品で挟み込む方法である。オの推奨ゾーンは，売れ筋商品を新商品で挟み込む。

第15問

【1−1−2−1−2】

ウは，貼りつけ陳列，オは，ドラマチック陳列の説明である。

第16問

【1−2−2−1−1】

イは，目の高さから腰の高さまでが，見やすい位置である。ウは，商品を前進させると，エキサイティングな売場にも見える。

第17問

【2−2−1−4−3】

ＶＭＤは，売場を管理において商品の色，形，素材の見せ方や並べ方，売り方などを視覚的に訴求するマーチャンダイジングの手法である。

第3章

作業割当の基本
➤重要キーワード補充問題

1 ワークスケジューリングの基本知識

（解答☞ p.176）

(1)　小売店は，（　①　）に依存したビジネスを余儀なくされている。売上高と（　②　）の配分によって，小売店の（　③　）は変化する。

(2)　人件費は，小売店の利益を増減する重要な要素である。この人件費は，1人当たり，（　①　）当たりの（　②　）と直接関連している。これを人時（にんじ）生産性という。

(3)　人時とは，「1人の従業員が1時間当たりに働いた工数」ことであり，（　①　）生産性は，（　②　）÷総労働時間で求める。

(4)　小売店が人時生産性を向上させるためには，（　①　）を整備し，全従業員がそれにしたがって働く必要がある。

(5)　作業割当は，小売業の（　①　）や常時使用する従業員の数といった企業規模の大きさに関係なく，どのような小売業にも欠かせない（　②　）の規範である。

(6)　小売業は，「売場規模に対して適正な利益を生み出すための最適な（　①　）の構成を示した（　②　）を作成し，効率的な店舗運営を進める必要がある。

(7)　（　①　）とは，「誰が，何時から何時まで，どこで，何の作業を行うのか」ということを，誰でもわかるように具体化することである。

(8) 1つひとつの作業にかける（ ① ）は,「多すぎず, 少なすぎず」が基本
である。

(9) 来店客数は, 来店時間帯,（ ① ）, 地域行事, シーズン（季節）, 競争他
店の販売促進状況など, いろいろな要因によって著しく増減するので, 作業
割当表を作成するうえで大変難しい。作業割当表は, 曜日や（ ② ）, 季
節ごとの要因を考慮に入れて作成する。

(10) 小売業の店内作業は, カウンターや（ ① ）, フロア（売場）, レジなど
の（ ② ）ごとに分かれている。（ ③ ）のフローチャートを整備しな
がら, 作業ごとの内容を抽出することが作業割当表を作成するうえで大切で
ある。

(11) （ ① ）やマネジャーがいなくても, 滞りなく店舗が運営されるように,
「誰が, どのような作業を, どの（ ② ）に行うか」という作業割当を決
め, それを作業割当表として作成する必要がある。

(12) 作業割当表とは, レジ操作, 商品補充, 発注など, 店舗で行われている日々
の作業について, 従業員の（ ① ）を考慮し,「どの仕事を」「いつ」「誰
がやるか」という基準で割り当てた（ ② ）のことである。

(13) 売上に直結する重点作業を（ ① ）に従業員に割り当てる。

(14) 売場で予想外の問題が発生しても,（ ① ）に余裕を持って割り当てる。

(15) 個人別の（ ① ）や知識レベルを把握し, 最も適任と思われる（ ② ）
を割り当てる。パートタイマーやアルバイトなどの予定を踏まえた（ ③
）ベースでのスケジューリング（シフト編成）が必要である。

2 パートタイマー・アルバイトの 活用方法

（解答☞ p.176）

(1) 日本の小売業, とくに（ ① ）においては, パートタイマーやアルバイ
トの採用なくしては経営が成り立たなくなっている。

(2) 多くの小売業は,（ ① ）の従業員に一定の責任と（ ② ）を与えるな

174

どして，成果をあげている。

(3)　パートタイマー・アルバイト活用のメリットは，

- ・　（　①　）が正規社員に比べ安い。
- ・　正規社員と違い，「期間を定めた（　②　）」を結ぶことができる。
- ・　労働力を「必要なとき，必要なだけ」（　③　）できる。

(4)　パートタイマー・アルバイト活用のデメリットは，

- ・　正規社員に比べて（　①　）が弱いことから，「長期的戦略になりにくい」。
- ・　主婦（主夫）や学生などの（　②　）をもっているために，正規社員と比べて「働く時間，日数が少なく限定される」。

(5)　パートタイマーやアルバイトの大半は（　①　）でもあり，不平，不満，あるいは小売店への悪口は，（　②　）で広がり，店舗（　③　）を悪くすることがある。

(6)　パートタイマー・アルバイトが，職場の人間関係の悪さが原因で退職，やる気をなくすことのないように，正規社員を交えた（　①　）や話し合いを（　②　）に開催する。

(7)　能力で（　①　）に差をつける，勤務シフトに融通をきかせる，区別をなくすなど処遇面で配慮する。

(8)　パートタイマー・アルバイト活用の仕組みづくりには，「作業（　①　）」不可欠なツールある。

(9)　チェーンストアの経営を行う小売業や外食産業では，チェーンオペレーションという本部主導の（　①　）された店舗運営システムを構築し，パートタイマーやアルバイト，新入社員でも簡単に，正確に仕事をこなせる仕組みをつくり上げ，（　②　）運営を実現する経営手法をとっている。

(10)　パートタイマーやアルバイトには，仕事に習熟した社員が（　①　）となり，実際の仕事の場面を通じてＯＪＴ（オン・ザ・ジョブ・トレーニング）で（　②　）を身につけさせるという，トレーニングの仕組みづくりが必要である。

ザ

解答 重要キーワード補充問題

1 ワークスケジューリングの基本知識

(1)①労働生産性 ②人件費 ③利益 (2)①1時間 ②作業内容
(3)①人時 ②粗利益高 (4)①作業割当 (5)①売上金額 ②店舗運営
(6)①作業人員 ②作業割当表 (7)①作業割当 (8)①人員数
(9)①曜日 ②時間帯 (10)①バックヤード ②部署 ③店舗業務
(11)①店長 ②時間帯 (12)①能力 ②一覧表 (13)①優先的
(14)①スケジュール (15)①習熟度 ②人材 ③週間

2 パートタイマー・アルバイトの活用方法

(1)①チェーンストア (2)①パートタイマー ②権限 (3)①人件費
②雇用契約 ③調達 (4)①拘束力 ②本業 (5)①顧客 ②口コミ
③イメージ
(6)①ミーティング ②定期的 (7)①時給 (8)①マニュアル
(9)①標準化 ②低コスト (10)①トレーナー ②店舗実務

第3章

作業割当の基本
本試験形式問題◀

第18問　次のア〜オは，従業員の生産性について述べている。正しいものに
は1を，誤っているものには2を，解答欄に記入しなさい。

ア　小売店は，労働生産性に依存したビジネスを余儀なくされている。

イ　売上高と人件費の配分によって，小売店の利益は変化する。

ウ　人件費は，1人当たり，1時間当たりの作業内容と直接関連している。これ
を商品生産性という。

エ　人時とは，1人の従業員が1時間当たりに働いた工数ことであり，人時生
産性は，売上高÷総労働時間で求める。

オ　小売店が人時生産性を向上させるためには，作業割当を整備し，全従業員
がそれにしたがって働く必要がある。

解答欄	ア	イ	ウ	エ	オ

第19問　次のア〜オは，作業割当の最適な人員配置について述べている。正
しいものには1を，誤っているものには2を，解答欄に記入しなさい。

177

3 ストアオペレーション

ア 作業割当は，小売業の売上金額や常時使用する従業員の数といった企業規模の大きさに関係なく，どのような小売業にも欠かせない店舗運営の規範である。

イ 小売業は，売場規模に対して適正な売上を生み出すための最適な作業人員の構成を示した作業割当表を作成し，効率的な店舗運営を進める必要がある。

ウ 作業割当とは，「誰が，何時から何時まで，どこで，何の作業を行うのか」ということを，誰でもわかるように具体化することである。

エ 1つひとつの作業にかける人員数は，「多すぎず，少なすぎず」が基本である。

オ 作業割当表は，曜日や時間帯，季節ごとの要因を考慮に入れて作成する。

解答欄	ア	イ	ウ	エ	オ

第20問 次の文章は，ワークスケジューリングの重要性について述べている。文中の〔　〕の部分に，下記に示すア～オのそれぞれの語群から最も適当なものを選んで，解答欄にその番号を記入しなさい。

〔　ア　〕は，来店時間帯，曜日，地域行事，シーズン，〔　イ　〕の販売促進状況など，いろいろな要因によって著しく増減するので，作業割当表を作成するうえで大変難しい。作業割当表は，曜日や時間帯，季節ごとの要因を考慮に入れて作成する。

小売業の〔　ウ　〕は，カウンターやバックヤード，フロア，〔　エ　〕などの部署ごとに分かれている。店舗業務の〔　オ　〕を整備しながら，作業ごとの内容を抽出することが作業割当表を作成するうえで大切である。

【語　群】

ア〔1．客単価　　2．出店数　　3．営業時間　　4．来店客数〕

イ〔1．部門　　2．競争他店　　3．チラシ　　4．マネキン〕

ウ〔1．商品陳列　　2．補充作業　　3．店内作業　　4．接客〕

エ〔1．レジ　　2．経理　　3．仕入　　4．出店〕

オ〔1．人員　　2．工数　　3．時間　　4．フローチャート〕

解答欄	ア	イ	ウ	エ	オ

第21問　次のア～オは，作業割当表の作成について述べている。正しいものには1を，誤っているものには2を，解答欄に記入しなさい。

ア　作業割当表とは，従業員の能力を考慮し，「どの仕事」「いつ」「誰がやるか」という基準で割り当てた一覧表のことである。

イ　売上に直結する重点作業を優先的に従業員に割り当てる。

ウ　売場で予想外の問題が発生してもいいように，スケジュールに余裕を持って割り当てる。

エ　個人別の習熟度や知識レベルを把握し，最も適任と思われる人材を割り当てる。

オ　パートタイマーやアルバイトなどの予定を踏まえた月間ベースでのスケジューリング（シフト編成）が必要である。

解答欄	ア	イ	ウ	エ	オ

3 ストアオペレーション

解答・解説　本試験形式問題

第18問

【1－1－2－2－1】

ウは，商品生産性ではなく，人時生産性である。エは，売上高ではなく，粗利益高である。

第19問

【1－2－1－1－1】

イは，売上ではなく，利益を生み出すためである。

第20問

【4－2－3－1－4】

ワークスケジューリングにおいては，最適な人員配置や作業内容の明確化することが重要である。

第21問

【1－1－1－1－2】

オは，月間ではなく，週間である。

第4章

レイバースケジューリングプログラム（LSP）の役割と仕組み

> ➤重要キーワード補充問題

1 レイバースケジューリングプログラム（LSP）の目的
（解答☞ p.186）

(1) LSPは，（　①　）であり，誰が，何時から，何時まで，どの作業を，どれくらい（作業量）行うかを決める（　②　）である。

(2) 小売業では，（　①　）やインストアマーチャンダイジング（ISM）といった新しい（　②　）を生かそうとする際，（　③　）が確立されていなければならない。

(3) 小売業のLSPへの期待は，経験と勘を頼りにした作業割当から，（　①　）による作業割当に変えることにより，店舗作業の（　②　）がはかられ，必要な作業が最大限こなされ，計画された（　③　）が実現し，必要な（　④　）が確保されることである。

(4) 小売業のLSPへの期待は，他にもLSPによって削減された（　①　）で，売上に結びつく（　②　）を働かせられるのではないか，ということもある。

(5) LSPの基本的目的の2つは，1. 現状の（　①　）をできる限り増やさないで，顧客への（　②　）をいかに引き上げるか。2. 残業時間の（　③　）やアルバイトへの単純作業の移行，それに伴う売場の主任クラスが（　④　）の時間を持てること。である。

(6)　ＬＳＰ導入上の三つの留意点は，作業を（　①　）すること。作業を（　②　）すること。作業の発生をどこまで（　③　）できるようになるか。である。

(7)　作業ごとに労働生産性を把握するには，作業の分類ごとにどれだけの（　①　）が必要になるかという（　②　）を調べる，また分類ごとに基準として定めた人時を（　③　）と呼んでいる。

(8)　ＲＥ値は，（　①　）または（　②　）の意味である。

(9)　店舗の作業には，販売数量や入荷数量により（　①　）が変動する（　②　）と，販売数量や入荷数量と関係なく（　③　）の定まっている（　④　）がある。

(10)　ＬＳＰのねらいは，（　①　）の向上であり，レジ部門ＬＳＰでは，（　②　）を待たせないことが主となる。

(11)　ＬＳＰによる作業割当は，店舗作業が（　①　）され，時間当たりの（　②　）が割り出せないと実施できない。

(12)　ＬＳＰと作業コストの関連では，ＬＳＰ導入時点の（　①　）削減よりも，作業コストの管理で（　②　）がどのように変わるかを把握することが重要である。

(13)　ＬＳＰによる正社員・パートタイマーの作業時間の削減は，（　①　）の向上や（　②　）をより必要とする（　③　）に振り向けられる。

2　レイバースケジューリングプログラムの開発ルーツと運営の留意点

（解答☞ p.186）

(1)　ＬＳＰは，アメリカの（　①　）向上のシステム化の１つであり，そのシステムをアメリカの大手チェーンストアが導入し，（　②　）の作業改善に取り組んだのが始まりである。

(2)　ＬＳＰは，（　①　）の（　②　）作業や（　③　）の加工作業における（　④　）技術として構築されてきた。

(3) チェーンオペレーションとは，（ ① ）の企業が，（ ② ）の強力な統制下にある（ ③ ）を多数出店し，（ ④ ）することである。

(4) ＬＳＰの本来の機能とは，チェーンストア本部が（ ① ）と（ ② ）を明確に捉え，それら作業ごとに必要な（ ③ ）と適正な（ ④ ）（人時）を振り分けることである。

(5) ＬＳＰの稼動による効率的店舗運営を行う際の留意点は，精度の高い日々の（ ① ）を予測する。売上高予算に合わせた（ ② ）を設定する。日々の（ ③ ）に合わせた人時枠を設定する。などである。

(6) 日割人時枠は，日々の（ ① ）を（ ② ）でわって算出する。

(7) 勤務スケジュールの編成において従業員の投入数量が少ない場合，繁忙日は，予測と実績の差が（ ① ），一方，閑散日は，（ ② ）なる。

(8) 総じて繁忙日も閑散日も予測と実績の差は，（ ① ）であり，大きく変化することがほとんどないといえるので，繁忙日にはパートタイマーを（ ② ）に投入し，一方，閑散日には（ ③ ）のパートタイマーで運営する。

3 ＬＳＰの活用による発注作業の改善 (解答☞ p.186)

(1) 発注期間日数は，（ ① ）から次回の（ ② ）までの日数である。

(2) 入荷日数（発注リードタイム）は，（ ① ）から商品が（ ② ）されるまでの日数である。

(3) 安全在庫日数は，（ ① ）などの（ ② ）を考え，最低で（ ③ ）の在庫を持つべきかという日数である。

(4) 平均日販数は，（ ① ）平均で商品がいくつ売れているかである。

(5) 安全在庫数量は，（ ① ）や（ ② ）からみて，最低必要な在庫数量である。

(6) 最大在庫数量は，（ ① ）から（ ② ）までの販売数量を考え最大となる在庫数量である。

(7) 発注点は，売場にある在庫が（ ① ）ごとにいくつになったら（ ② ）

すべきかを指すポイントである。

⑻　発注ロットは，（　①　）ロット発注したときの（　②　）（ダンボール箱の入り数）である。

⑼　発注数量は，（　①　）に計算された必要な発注数量である。

⑽　帳簿在庫数量は，（　①　）で出された必要な在庫数量（理論在庫）である。

⑾　前回の在庫数量は，（　①　）から繰り越された在庫数量である。

⑿　最大在庫数量は，{（　①　）＋（　②　）＋（　③　）}×（　④　）で求める。

⒀　発注点は，{（　①　）＋（　②　）}×（　③　）で求める。

⒁　帳簿在庫数量は，（　①　）＋（　②　）－（　③　）で求める。

⒂　発注数量は，（　①　）－（　②　）で求める。

⒃　発注期間日数を（　①　）すると，最大在庫数量は，（　②　）なり，（　③　）在庫で運営できる。しかし，（　④　）と（　⑤　）は増えて作業が増加する要因となる。

⒄　計算式にもとづく発注作業の改善策は，（　①　）を抑制する。1品目当たりの（　②　）を切り詰める。発注の（　③　）を減少させる。（　④　）を減少させる。などである。

⒅　発注率の高さは，（　①　）の高さを意味するが，（　②　）のくり返しによって，作業にかかる（　③　）は増加する。

⒆　売れ筋商品は，（　①　）を増やし，発注の（　②　）（単位）を大きくすべきである。

⒇　発注方式は，一つひとつ発注数量を記入する（　①　）方式よりも，直接棚札からバーコードを読み取る（　②　）方式のほうが（　③　）は短縮できるが，今日では，自動発注方式への取組みが一段と進み，両方式の差はなくなりつつある。

(21)　発注回数は，多ければ，（　①　）だけでなく，（　②　）や（　③　）の増加につながる。

(22)　発注は，小売業の生命線であり，（　①　）の出発点でもあるので，（　②　）を意識した（　③　）の活用によって効率的（　④　）を構築することが重

要である。

⑳ 発注品目数（品目）は,（　①　）×（　②　）（何%の品目が発注されたか）で求める。

㉔ 発注変動作業(秒)は,（　①　）×（　②　）（1品目にかかっている発注時間）で求める。

㉕ 1回当たり発注時間（秒）は,（　①　）+（　②　）（発注を行うための準備と後処理の時間）で求める。

㉖ 週当たり発注人時(人時)(1週間の発注作業にかかる人時数)は,（　①　）×（　②　）÷（　③　）で求める。

解答 重要キーワード補充問題

1 レイバースケジューリングプログラム（ＬＳＰ）の目的

(1)①作業割当計画 ②計画システム (2)①ＰＯＳシステム

②経営ツール ③売場管理体制 (3)①データ ②効率化 ③売場

④売上 (4)①時間 ②創造性 (5)①人員 ②サービスレベル

③削減 ④知的労働 (6)①システム化 ②標準化 ③予測

(7)①人時（マンアワー） ②人時生産性 ③ＲＥ値

(8)①理由のある期待値 ②合理的期待値 (9)①作業時間 ②変動作業

③時間 ④固定作業 (10)①サービスレベル ②顧客

(11)①標準化 ②作業量 (12)①コスト ②利益 (13)①サービスレベル

②知的能力 ③作業

2 レイバースケジューリングプログラムの開発ルーツと運営の留意点

(1)①生産性 ②バックヤード (2)①グローサリー ②補充（品出し）

③生鮮食料品 ④スケジューリング (3)①単一資本 ②本部

③店舗 ④運営 (4)①作業 ②作業量 ③従業員 ④作業員数

(5)①売上高 ②日割人時枠 ③特徴 (6)①日割予算額

②人時売上高予算額 (7)①大きい ②小さく (8)①一定

②最大限 ③最低数

3 ＬＳＰの活用による発注作業の改善

(1)①発注日 ②発注日 (2)①発注日 ②入荷 (3)①欠品の防止

②安全性 ③何日間分 (4)①１日 (5)①ボリューム感 ②安全性

(6)①発注 ②入荷 (7)①単品 ②発注 (8)①１ ②入荷数量

(9)①理論的 (10)①計算上 (11)①前回 (12)①発注期間日数 ②入荷日数

③安全在庫日数 ④平均日販数 (13)①入荷日数 ②安全在庫日数

③平均日販数　⑭①前回の在庫数量　②仕入数量　③販売数量

⑮①最大在庫数量　②帳簿在庫数量　⑯①短縮　②少なく　③少ない

④発注回数　⑤納品回数　⑰①発注率　②発注所要時間

③固定作業　④発注回数　⑱①商品回転率　②多頻度発注

③人時　⑲①売場在庫　②ロット　⑳①オーダーブック　②棚札

③作業時間　㉑①発注作業時間　②検収時間　③補充時間

㉒①ストアオペレーション　②人時生産性　③ＬＳＰ

④オペレーション・システム　㉓①発注対象品目数　②発注率

㉔①発注品目数　②１品目当たり発注時間　㉕①発注変動作業

②発注固定作業　㉖①１回当たり発注時間　②週当たり発注回数

③１時間

第4章

レイバースケジューリングプログラム（LSP）の役割と仕組み

本試験形式問題◄

第22問　次の文章は，レイバースケジューリングプログラムについて述べている。文中の〔　　〕の部分に，下記に示すア～オのそれぞれの語群から最も適当なものを選んで，解答欄にその番号を記入しなさい。

　レイバースケジューリングプログラムへの期待は，経験と勘を頼りにした〔　ア　〕から，データにもとづいた**ア**に変えることによって，店舗作業の〔　イ　〕がはかられ，しかも必要な作業が最大限こなされ，結果として，計画された〔　ウ　〕が実現し，小売業に必要な〔　エ　〕が確保されることになる。他方，ＬＳＰによって削減された時間で，**エ**に結びつく〔　オ　〕を働かせられるのではないか，という期待もある。

【語　群】
ア〔1．人員配置　　2．面接　　3．人材募集　　4．作業割当〕
イ〔1．効率化　　2．作業量　　3．生産性　　4．固定化〕
ウ〔1．出店　　2．商品開発　　3．売場　　4．集客〕
エ〔1．商品　　2．売上　　3．コスト　　4．店舗〕
オ〔1．システム　　2．作業員　　3．創造性　　4．役割〕

解答欄	ア	イ	ウ	エ	オ

第23問 次の文章は，レイバースケジューリングプログラム（ＬＳＰ）による効率的店舗運営について述べている。文中の〔　〕の部分に，下記に示すア～オのそれぞれの語群から最も適当なものを選んで，解答欄にその番号を記入しなさい。

　ＬＳＰの稼動による効率的店舗運営を行うのに留意する点は，まず各部門の責任者に，日々の〔　ア　〕を正確に予測させて，〔　イ　〕および月間単位で売上高予算を立案させる。次に，売上高予算に合わせた〔　ウ　〕を設定し，そして，繁忙期や閑散日の日々の特徴に合わせた人時枠を設定する。一般的に，繁忙日は予測と実績の差が〔　エ　〕。この原因は，従業員の投入数量が〔　オ　〕ことである。

【語　群】
ア〔1．売上高　　2．作業量　　3．仕入数量　　4．仕入高〕
イ〔1．時間　　2．年間　　3．週間　　4．季節〕
ウ〔1．利益　　2．日割人時枠　　3．人数　　4．時間〕
エ〔1．小さい　　2．等しい　　3．正しい　　4．大きい〕
オ〔1．多い　　2．適当な　　3．大雑把な　　4．少ない〕

解答欄	ア	イ	ウ	エ	オ

3　ストアオペレーション

第24問　次のア〜オは，レイバースケジューリングプログラムについて述べている。正しいものには1を，誤っているものには2を，解答欄に記入しなさい。

ア　小売業では，季節性やファッション性の高い商品の補充作業におけるスケジューリング技術として構築されてきた。

イ　本来の機能は，チェーンストア本部が，作業ごとに必要な従業員と適正な作業員数を振り分けることである。

ウ　LSPの実施にあたっては，売上高予算から作業量（人時）を算出することを基本としている。

エ　売上高予算に合わせた日割人時枠は，人時売上高予算額を日々の日割予算額でわって算出する。

オ　繁忙日は，パートタイマーを最大限に投入し，予測と実績の差の上限達成をねらい，売り逃がしをなくす人時数を割り当てる。

解答欄	ア	イ	ウ	エ	オ

第25問　次のア〜オは，発注に関する用語について述べている。正しいものには1を，誤っているものには2を，解答欄に記入しなさい。

ア　発注期間日数とは，発注日から次回の発注日までの日数のことである。

イ　発注リードタイムとは，入荷日数のことである。

ウ　安全在庫日数とは，過剰在庫防止などを考え，最低で何日間分の在庫を持つべきかという日数である。

エ　発注点とは，売場にある在庫が単品ごとにいくつになったら発注すべきか

を指すポイントのことである。

オ　最大在庫数量とは，発注から入荷までの仕入数量を考え最大となる在庫数
　　量のことである。

解答欄	ア	イ	ウ	エ	オ

第26問　次のア〜オは，理論的発注数量の計算フローについて述べている。正
　　　　しいものには1を，誤っているものには2を，解答欄に記入しなさい。

　発注期間日数3日。入荷日数2日。安全在庫日数3日。1日当たりの平均販
売数量4個。

　前回の在庫数量15個。仕入数量7個。販売数量8個。

ア　第1段階の最大在庫数量は，32個である。

イ　第2段階の発注点は，20個である。

ウ　第3段階の帳簿在庫数量は，16個である。

エ　帳簿在庫数量が，発注点を下回っているので発注を行う。

オ　第4段階の発注数量は，18個である。

解答欄	ア	イ	ウ	エ	オ

解答・解説　本試験形式問題

第22問

【4－1－3－2－3】．

　ＬＳＰは，誰が，何時から，何時まで，どの作業を，どれくらい（作業量）行うかを，決める計画システムである。

第23問

【1－3－2－4－4】

　ＬＳＰは，アメリカにおける生産性向上のシステム化の一つであったが，大手チェーンストアが作業改善に導入したものである。

第24問

【2－1－1－2－1】

　アは，グローサリーの補充（品出し）作業や生鮮食料品の加工作業におけるスケジューリング技術として構築されてきた。エは，日割予算額を人時売上高予算額でわって算出する。

第25問

【1－1－2－1－2】

　ウは，過剰在庫ではなく，欠品防止である。オは，仕入数量ではなく，販売数量である。

第26問

【1－1－2－1－1】

　アの最大在庫数量は，「（発注期間日数３日＋入荷日数２日＋安全在庫日数３日）×平均販売数量４個＝32個」。イの発注点は，「（入荷日数２日＋安全在庫日数３日）×平均販売数量４個＝20個」。ウの帳簿在庫数量は，「前回の在庫数量

15個＋仕入数量 7 個－販売数量 8 個＝14個」。オの発注数量は，「最大在庫数量
32個－帳簿在庫数量14個＝18個」。である。

第5章

人的販売の実践と管理
➤重要キーワード補充問題

1 販売員の実践知識　　　　　　　　　（解答☞ p.196）

(1)　購買心理過程とは，顧客が購買（　①　）に至るまでの心理過程である。注目から満足までの八つの段階がある。

(2)　待機は，（　①　）を整えて機会を待つ，つまり顧客に（　②　）をかけて近づく（　③　）を待つことである。

(3)　アプローチは，顧客に声をかけて近づくことであり，（　①　）の第一歩である。アプローチに成功するには，（　②　）のとらえ方にある。

(4)　2度目のアプローチは，よほど慎重に（　①　）をはかり，適切な言葉を選ばないと，顧客に（　②　）を持たれ拒絶される。

(5)　アプローチのグッドチャンスは，販売員が（　①　）してつくり出すことができる。たとえば，（　②　）をしながら商品を広げたり，動かしたり，また，（　③　）を行うことで，顧客の注目と興味を引く方法もある。

(6)　商品提示とは，商品を見せながら，その商品の優れている点や（　①　）などをさまざまな観点から顧客に説明することである。

(7)　顧客の商品選択要素には，素材，品質，（　①　），ブランド，（　②　），（　③　），使い勝手のよさ，サイズ，機能，（　④　），手入れ方法などがある。

(8)　セリングポイントとは，商品の（　①　）や（　②　）のなかで，（　③　）に最も影響を及ぼす点を短く効果的な（　④　）で表現したものである。

(9) クロージング（売買成立の最終段階）において，優れた販売員は，最終的には顧客に自分の（ ① ）で決めたという（ ② ）を感じさせる販売技術を身につけている。

(10) クロージングのグッドチャンスは，販売員に（ ① ）する言葉が多くなったとき。同じ（ ② ）が多くなったとき。確認する（ ③ ）が多くなったとき。（ ④ ）を気にしはじめたとき。（ ⑤ ）に話しが及んだとき。などである。

(11) クロージングの段階において，販売員は，顧客の（ ① ）のなかで最も重要性の高いものを基準に，最適な商品を2〜3（ ② ）に絞り込み，（ ③ ）としてアドバイスを添えて推奨し，購買決定を促す。

(12) 商品包装は，顧客に対する（ ① ）の気持ちを込めて，しっかりと，（ ② ），（ ③ ）に行うことが大切である。

(13) お見送りは，心から（ ① ）の念をもって挨拶し，（ ② ）のあるサービスできちんと見送ることで，再度の（ ③ ）を促すことになる。

解答　重要キーワード補充問題

1　販売員の実践知識

(1)①行動　(2)①準備　②声　③機会　(3)①接客　②タイミング

(4)①タイミング　②警戒心　(5)①意図　②商品整理

　③デモンストレーション　(6)①用途　(7)①デザイン　②耐久性

　③価格　④使用方法　(8)①特徴　②効用　③購買決定

　④言葉　(9)①意思　②満足感　(10)①同調　②質問　③言葉

　④価格　⑤アフターサービス　(11)①商品選択要素　②品目

　③専門家　(12)①感謝　②美しく　③スピーディ　(13)①感謝

　②余韻　③来店

第5章

人的販売の実践と管理

本試験形式問題◀

第27問 次のア～オは，販売員の実践知識について述べている。正しいものには1を，誤っているものには2を，解答欄に記入しなさい。

ア 動的待機とは，商品整理や補充をしたり，また，服をたたみなおすなどの軽作業を行いながら，顧客の行動を観察することである。

イ アプローチのグッドチャンスは，販売員が自ら意図してつくり出すこともできる。

ウ 商品説明の段階では，商品の特徴を説明することが大切であり，用途による効用を強調することはしない。

エ クロージングの段階に入ったら販売員は，商品選択要素のなかで重要性の高いものを基準に商品を2～3品目に絞り込み，アドバイスを添えて推奨し，購買決定を促す。

オ 商品包装は，スピーディにしないで，顧客に対する感謝の気持ちを込めて，しっかりと，美しく，包装をすることが大切である。

解答欄	ア	イ	ウ	エ	オ

3 ストアオペレーション

第28問 次の文章は，待機について述べている。文中の〔　　〕の部分に，下記に示すア～オのそれぞれの語群から最も適当なものを選んで，解答欄にその番号を記入しなさい。

　待機とは，〔　ア　〕が準備を整えたうえで，顧客に声をかけて近づくことである。**ア**が的確な〔　イ　〕をするためには，待機の仕方が重要となる。とくに，〔　ウ　〕を主体とする小売店の**ア**は，決められた〔　エ　〕に正しい姿勢で立ち，顧客の動きにそれとなく観察することが基本である。ただし，顧客の入店時に人的販売による圧迫感を与えないように，〔　オ　〕をすることに心がける。

【語　群】
ア 〔1．従業員　　2．顧客　　3．パート　　4．販売員〕
イ 〔1．接客　　2．アプローチ　　3．会話　　4．アドバイス〕
ウ 〔1．対面販売　　2．セルフサービス　　3．通信販売
　　　4．移動販売〕
エ 〔1．時間　　2．フロア　　3．店舗　　4．守備位置〕
オ 〔1．挨拶　　2．笑顔　　3．動的待機　　4．会話〕

解答欄	ア	イ	ウ	エ	オ

第29問 次のア～オは，アプローチのチャンスのシーンについて述べている。正しいものには1を，誤っているものには2を，解答欄に記入しなさい。

ア　顧客が足を止めて商品を見たとき

イ　顧客が入店して2～3歩，歩いたとき

ウ　顧客が1つの商品をしばらくの間，じっと見て考えているとき

エ　顧客が眺めていた商品に手を触れたとき

オ　開店直後，閉店直前，悪天候時に来店されたとき

解答欄	ア	イ	ウ	エ	オ

第30問　次のア～オは，クロージングのタイミングについて述べている。正しいものには1を，誤っているものには2を，解答欄に記入しなさい。

ア　販売員に同調する言葉が多くなったとき

イ　価格を気にし始めたとき

ウ　試着を求められたとき

エ　購買方法について気にし始めたとき

オ　アフターサービスに話が及んだとき

解答欄	ア	イ	ウ	エ	オ

| 解答・解説 | 本試験形式問題 |

第27問

【1−1−2−1−2】

　ウは，特徴だけでなく，用途による効用を強調することが重要である。オは，包装は，しっかりと，美しく，スピーディに行うことが大切である。

第28問

【4−2−1−4−3】

　オの動的待機とは，商品を補充したり，服を畳みなおしたりといった軽作業を行いながら，顧客の行動をさりげなく観察することである。

第29問

【1−2−1−1−1】

　イは，入店して2〜3歩，歩いた時には，挨拶程度である。そのほかのシーンとしては，顧客が何か商品を探しているときなどがある。

第30問

【1−1−2−1−1】

　ウは，試着したときの表情に満足感が感じられたときである。

4

マーケティング

第1章

リテールマーケティング戦略の考え方
▶重要キーワード補充問題

1 小売業のマーケティング・ミックスの考え方 （解答☞ p.208）

⑴ 小売業におけるマーケティングの役割は，メーカーや卸売業などを経由して店頭にディスプレイされる（ ① ）の合理化を実現し，最終消費者が便利で買い求めやすい（ ② ）をはかることである。

⑵ （ ① ）を満足させるために，適切な商品とサービスを，適切な場所で，適切な時期に，適切な数量を用意し，適切な価格で提供することであり，（ ② ）という。

2 プレイス（ストアアロケーション） （解答☞ p.208）

⑴ マーケティングの役割は，計画的，かつ，戦略的に自己の店舗を配置し，消費者が求める商品を購入しやすいように（ ① ）を整備することであり，これを（ ② ）という。

⑵ 消費者ニーズや（ ① ）は絶えず変化している。それゆえ，小売業は，（ ① ）と同様に，業態を柔軟に変革させなければならない。

⑶ 立地条件が変化した場合，小売店の（ ① ）・出店などの戦略的な対応を検討する必要がある。また，店づくりや商品構成，販売促進などのあり方を検討し，立地条件に適合した（ ② ）を確立する必要がある。

⑷ 小商圏地域に立地した（ ① ）を中心に販売する小売業は，地域社会に

対応した（　②　）マーケティング戦略を展開する。取扱商品の特性からみて，顧客の動員範囲が狭いため，商圏内顧客の主流層にターゲットを合わせる。

(5) （　①　）的商圏の商業集積地に立地した買回品や専門品を中心に販売する小売業は，ターゲットを絞り込んだ（　②　）マーケティングを展開する。限定された店舗規模と厳しい競争環境という中で，広範囲から顧客を吸引しなければならないため，ターゲット顧客の（　③　）に対応する販売方法が重要となる。

(6) 地域の専門店は，（　①　）を重視し，コミュニティに対応することによって存在を確立している。

(7) スーパーマーケットやドラッグストアなどは，生活必需品が中心であるために，コミュニティに対応するが，セルフサービスをはじめとして，（　①　）的サービスに依存している。

(8) 百貨店や高級専門店などは，人的サービスを強化し，また（　①　）面で個客のパーソナリティを刺激するとともに，コミュニティへの回帰をはかる。

(9) 総合品ぞろえスーパーやスーパーセンターなどは，システム的サービスに依存し，（　①　）で効率的な運営を行うオペレーション形態である。バイングパワーの発揮による（　②　）競争を演じる立場にある。

(10) コンビニエンスストアは，（　①　）に立地し，人的サービスとシステム的サービスの両方を担っている。

(11) 商圏は，顧客の（　①　）のことであり，小売店の営業範囲を示している。

(12) 商圏には，（　①　）的な限界があり，それは販売する商品の特性によって異なる。また，商圏は，立地条件によって異なり，（　②　）の高い立地に店舗があるほど，その範囲は拡大する。

(13) 小売業自らが，プロモーション効果や営業効率などを重視し，最も効果的な範囲を商圏と規定する必要がある。（　①　）は，消費者行動の状況，競争店の分布状態，地域別の人口動態，地理的条件などを考慮に入れて決定する。

3　プロダクト(マーチャンダイジング)（解答☞p.208)

(1)　ブランドは，一企業，またはそのグループの商品・サービスであることを（　①　）するため，また（　②　）と区別するための名称，用語，記号，標識，デザイン，それらの組み合わせである。

(2)　（　①　）は，言葉として表現されたブランドの部分で，発音可能なものである。

(3)　（　①　）は，シンボル，デザイン，色，レタリングなどで表現された発音できないブランドの部分である。

(4)　商標法においては，商標は登録することによって，その商標を他人が使用することの停止，損害賠償請求などの措置ができるようになる。登録して商標法で保護されている商標を（　①　）と呼ぶ。

(5)　メーカーの生産したブランドを（　①　）と呼び，流通業が自分の責任で主体的に商品を企画・生産させ販売するブランドを（　②　）と呼んでいる。

(6)　コーポレートブランドは企業すべての製品に付与されているブランドであり，（　①　）は複数の商品カテゴリーをまたがって付与される包括的なブランドである。

(7)　（　①　）は特定の製品カテゴリーに対して付与されるブランドであり，製品ブランドは個々の製品に付与されるブランドである。

(8)　ブランドの消費者認知の促進のためには，（　①　）を個性的にすることにより，（　②　）を強く主張して差別化を明確にすることが重要である。

(9)　ブランドの機能には，1）識別機能として，多くの商品のなかで当該商品が他の商品と識別できること，2）（　①　）機能として，商品の生産者また流通業者がだれであるのかを明示すること，3）品質保証機能として，同じブランドの商品は品質的に同一とみなせること，4）象徴機能として，ブランドが高級イメージや（　②　）イメージを象徴するようになること，5）情報伝達（広告）機能として，ブランドが企業から消費者への情報伝達のために有効な手段となること，6）資産機能として，ブランドが（　③　）と

しての価値を持つということがある。

⑽　ＰＢ商品は，小売業者が独自に，あるいはメーカーとタイアップして開発
し，（　①　）などの責任をもって，自社で販売する商品である。

⑾　ＰＢ商品の導入には，製造ロットに見合う（　①　）があることが前提と
なる。契約を交わしたメーカーから直接まとまった数量で購入するため，安
価の仕入が可能となり，低価格で販売しても相応の（　②　）が確保でき，
特定小売業の専売商品となる。

4 プライス（EDFP：エブリディフェアプライス）

（解答☞ p.208）

⑴　小売業の価格設定の方式は，原価を基準にするものと，市場を基準とする
ものに大別される。前者は，（　①　）による方法が代表的であり，後者は
（　②　）商品や代替商品の価格を基準とするもの，消費者の評価を基準と
するものなどに分けられる。

⑵　コストプラス方式は，過去の実績や業界の慣習による（　①　）率または
値入率を決めておき，仕入などの原価にこの率を上乗せして値入を行う方法
である。

⑶　（　①　）は，消費者がその商品の品質や性能にこだわる傾向が強く，しか
もその効果の客観的評価が難しい場合に設定される，比較的高い価格のこと
である。

⑷　（　①　）は，比較的長期にわたり同一価格であり続けたために固定化され，
顧客心理上，価格の変更が容易ではない価格のことである。

⑸　（　①　）は，価格の末尾を意図的にある数字に統一し，買い求めやすい印
象を与える方法である。

⑹　ドロシーレーンの法則は，すべての商品の価格を引き下げるのではなく，
売場の（　①　）に対して価格を引き下げる商品の割合によって（　②　）的
安さを追求するもので，安いという心理的効果を生み出せる。

(7) メーカーに示唆され，当該業界の慣行にしたがうべき商品においては，広域エリアで（ ① ）な価格が設定される傾向にある。

(8) 競争店に対し，価格帯を低く設定することは，ローコスト・ローマージンをカバーするための大量販売体制や（ ① ）の確立が求められる。

(9) 仕入に応じた流動的価格設定は，主として市場流通形態をとる（ ① ）などが対象になる。市況（相場）に大きく左右されるため，小売業における価格設定は常に流動的になる。

(10) 政府の方針にもとづく価格設定は，主として，（ ① ）の強い商品やサービスが対象となっている。

(11) 経営方針や自己の業態に合わせて（ ① ）を決定する。（ ② ）別に上限価格の設定，価格ゾーンの設定，中心価格帯の設定などを行う。

(12) （ ① ）の決定は，需要動向や競争環境などを考慮し，迅速に価格を変更することが重要である。

(13) （ ① ）の原因には，仕入上の誤り，価格設定上の誤り，販売上の誤り，競争や特売など政策上の値下げなどがある。

(14) 複数企業が結託をして，価格を引き上げたり，引き下げたりしないようにする行為を（ ① ）という。

(15) （ ① ）とは，コストを償わないほどの安値で販売し，弱い競争者を追い込み，独占的な価格をつけようとすることである。

5 プロモーション

(解答☞ p.209)

(1) 小売業のプロモーションは，限定された商圏内の（ ① ）の顧客を対象として展開する。

(2) リージョナルプロモーションは，売場起点の（ ① ）購買促進であり，売場を起点とするプロモーションの（ ② ）戦略によって顧客を維持し，売上と利益の増加をはかる活動である。

(3) 来店促進策は，（ ① ）戦略であり，広告，パブリックリレーションズ，

パブリシティ，口コミ，ポスティングがある。

(4)　販売促進策は，（　①　）戦略であり，人的販売活動と非人的販売活動がある。

(5)　購買促進策は，（　①　）戦略であり，フロアマネジメント，シェルフマネジメント，（　②　）マネジメントがある。

解答　重要キーワード補充問題

1　小売業のマーケティング・ミックスの考え方

(1)①商品流通　　②環境整備　　(2)①消費者ニーズ

　②マーケティング・ミックス

2　プレイス（ストアアロケーション）

(1)①生活環境　　②ストアロケーション　　(2)①購買行動　　②商品化政策

(3)①退店　　②業態　　(4)①最寄品　　②無差別　　(5)①広域　　②差別的

　③パーソナリティ　　(6)①人的サービス　　(7)①システム

(8)①ライフスタイル　　(9)①ローコスト　　②低価格　　(10)①小商圏

(11)①来店範囲　　(12)①距離　　②商業集積度　　(13)①戦略商圏

3　プロダクト（マーチャンダイジング）

(1)①識別　　②競争者　　(2)①ブランドネーム　　(3)①ブランドマーク

(4)①登録商標　　(5)①ナショナルブランド　　②プライベートブランド

(6)①ファミリーブランド　　(7)①カテゴリーブランド　　(8)①ネーミング

　②商品コンセプト　　(9)①出所表示　　②信頼　　③無形の資産

(10)①品質保証　　(11)①販売力　　②粗利益

4　プライス（EDFP：エブリディ・フェアプライス）

(1)①コストプラス　　②競争　　(2)①マージン　　(3)①名声価格

(4)①慣習価格　　(5)①端数価格　　(6)①一定スペース　　②イメージ

(7)①標準的　　(8)①ローコストオペレーション・システム　　(9)①生鮮食品

(10)①公共性　　(11)①価格体系　　②商品カテゴリー　　(12)①価格変更

(13)①値下げ　　(14)①カルテル行為　　(15)①不当廉売

5　プロモーション

(1)①特定多数　　(2)①狭域型　　②3 P　　(3)①Pull　　(4)①Push

(5)①Put　　②ビジュアル

第1章

リテールマーケティング戦略の考え方
本試験形式問題◀

第1問 次の文章は，立地戦略としての商圏の意義について述べている。文中の〔　〕の部分に，下記に示すア～オのそれぞれの語群から最も適当なものを選んで，解答欄にその番号を記入しなさい。

　商圏とは，小売店舗の影響が及ぶ範囲のことであり，顧客の〔　ア　〕である。この商圏には距離的な限界があり，その限界距離は販売する〔　イ　〕によって異なる。また，商圏は立地条件によって異なり，〔　ウ　〕の高い立地に店舗があるほど，その範囲は拡大する。このような点に着眼して開発された〔　エ　〕は，〔　オ　〕に基づく大型店出店調整の審査指標として採用されていた。

【語　群】
ア〔1．住所　　2．特性　　3．特徴　　4．来店範囲〕
イ〔1．店舗　　2．商品特性　　3．価格　　4．駐車場規模〕
ウ〔1．地価　　2．知名度　　3．商業集積度　　4．イメージ〕
エ〔1．ハフモデル　　2．立地モデル　　3．測定モデル
　　4．ライリーの法則〕
オ〔1．建築基準法　　2．商業調整法　　3．都市計画法
　　4．大規模小売店舗法〕

解答欄	ア	イ	ウ	エ	オ

第2問 次のア～オは，ブランドの機能について述べている。正しいものには1を，誤っているものには2を，解答欄に記入しなさい。

ア　象徴機能は，ブランドが無形の資産としての価値を持つということである。

イ　識別機能は，多くの商品のなかで当該商品が他の商品と識別できることである。

ウ　情報伝達機能は，ブランドが企業から消費者への情報伝達のための有効な手段となるということである。

エ　出所表示機能は，商品についての保証であり，その責任を負うことを約束するものである。

オ　品質保証機能は，同じブランドの商品は品質的に同一とみなせるということである。

解答欄	ア	イ	ウ	エ	オ

第3問 次のア～オは，プライスの中の価格設定政策のねらいと特徴について述べている。正しいものには1を，誤っているものには2を，解答欄に記入しなさい。

4 マーケティング

ア 慣習価格は，比較的長期にわたり価格が安定していて，消費者が慣習的に認めている価格であり，タクシー料金や石油価格などがある。

イ 競争店に対応できる価格設定には，競争店に接近した価格帯，競争店より低い価格帯，競争店より高い価格帯がある。

ウ 政府の方針にもとづく価格設定には，独占禁止法などの法律にもとづき，間接的にしたがわせるものなどがある。

エ 顧客の購買心理に働きかける価格設定には，名声価格，慣習価格，端数価格，ドロシーレーンの法則がある。

オ 仕入に応じた流動的価格設定には，主として市場流通形態をとる生鮮食品などがある。

解答欄	ア	イ	ウ	エ	オ

第4問 次のア〜オは，ブランドの分類について述べている。正しいものには1を，誤っているものには2を，解答欄に記入しなさい。

ア プライベートブランドは，流通業が自己の意思と責任で主体的に商品を企画・生産し，販売するブランドのことである。

イ コーポレートブランドは，企業名など，その企業のすべての商品やサービスに付与されているブランドのことである。

ウ ナショナルブランドは，メーカーの生産した有名なブランドのことである。

エ 製品ブランドは，個々の製品やサービスに付与されるブランドのことである。

オ ファミリーブランドは，特定の商品カテゴリーに対して付与されるブランドのことである。

212

解答欄	ア	イ	ウ	エ	オ

第5問 次の文章は，リージョナルプロモーションについて述べている。文中の〔　〕の部分に，下記に示すア～オのそれぞれの語群から最も適当なものを選んで，解答欄にその番号を記入しなさい。

　小売業のプロモーションは，〔　ア　〕された商圏内の〔　イ　〕の顧客を対象として展開する。つまり，〔　ウ　〕を起点とするプロモーションの〔　エ　〕戦略によって顧客を〔　オ　〕し，売上と利益の増加をはかる活動であり，リージョナルプロモーションとして位置づけられる。

【語　群】
ア〔1．指定　　2．限定　　3．開放　　4．立地〕
イ〔1．不特定多数　　2．良質　　3．大衆　　4．特定多数〕
ウ〔1．売場　　2．敷地　　3．店舗　　4．企業〕
エ〔1．4P　　2．3P　　3．7P　　4．5P〕
オ〔1．拡大　　2．支援　　3．維持　　4．支持〕

解答欄	ア	イ	ウ	エ	オ

| 解答・解説 | **本試験形式問題** |

第1問

【4－2－3－1－4】

　商圏の基本的定義，商圏に関係する社会的・地理的法則については，確実に習得してほしい。また，開発されたハフモデルが大型店の出店調整の審査指標として採用されていたことも合わせて覚えること。

第2問

【2－1－1－1－1】

　アは，資産機能の説明である。象徴機能は，ブランドが高級イメージや信頼イメージを象徴するようになるということである。それぞれの機能の特徴を確実に把握することが重要である。

第3問

【2－1－1－1－1】

　アの具体例としては，ガムやキャラメルなどが該当する。なお，タクシー料金や石油価格は，ウの政府の方針にもとづく価格設定の対象であり，公共性の強い商品やサービスが該当する。

第4問

【1－1－1－1－2】

　オは，カテゴリーブランドの説明である。ファミリーブランドは，複数の商品カテゴリーをまたがって付与される包括的なブランドを指している。具体的な商品ブランドで確認し理解することが大切である。

第5問

【2－4－1－2－3】

　リージョナルプロモーションは，メーカーにおいてはセールスプローモーションと位置づけられる。小売業が展開する売場を起点としたプロモーションは，3P戦略である「Pull」「Push」「Put」という三つの切口で構成されている。

第2章

リテールマーケティングの展開に必要な商圏分析と出店戦略の実践

➤重要キーワード補充問題

1 商圏の設定

(解答☞ p.221)

(1) 商圏は，小売店舗あるいは商業集積の（　①　）が及ぶ範囲を指し，買物のために日常的に来店する範囲のことであり，通常は距離や時間で表示する。

(2) 商圏は，固定されたものではなく，常に（　①　）している，また面的な広がり（顧客の分布範囲）と同時に，（　②　）な広がり（商圏の厚み）がある。

(3) アクセス上の要因は，鉄道，バス，道路などの（　①　）アクセスを表わしている。小売業は，交通手段を利用した場合の（　②　）別の範囲を把握する必要がある。

(4) 競争上の要因は，自店と競争関係にある都市や地区，（　①　）の分布状況とそれぞれが持つ商圏範囲を表わしている。

(5) 地理的要因は，河川，山，森林，田畑，工場群などの（　①　）を表わしている。

(6) （　①　）要因は，人が集まる施設や機関の有無を表わしている。施設には定期的・安定的に人の出入りがある。

(7) （　①　）要因は，生活行動や習慣など，都市方向への志向性を表わしている。

(8) 市場細分化は，細分化された（　①　）の顧客をターゲットにして，その

ニーズに対応して集中して経営資源を投入し，マーケティング活動を実行する（　②　）である。

(9)　市場細分化の主な基準は，1）（　①　）的要因として地域，都市規模，天候など，2）人口統計学的要因として年齢，性別，年収，家族構成，教育水準など，3）（　②　）的要因としてライフスタイル，パーソナリティなど，4）行動科学的要因として購買機会，購買動機，ベネフィット，ブランドロイヤルティ，ストアロイヤルティ，価値観などがある。

(10)　品ぞろえの幅を（　①　）ことが専門化（専門店）であり，幅を（　②　）ことが総合化（総合店）である。

(11)　専門店の品ぞろえの特徴をさらに細分化すると，次第にターゲット顧客が絞られ，商品カテゴリーの品ぞろえの（　①　）を深くできるため，小売業の差別化が可能となる。

(12)　専門店チェーンとして（　①　）し，量販体制を整えられるならば，コスト面からのリーダーシップを握れる可能性が拡がる。

(13)　単品を（　①　）しやすくなり，仕入ロットがまとまり，（　②　）の引下げ幅が拡大し，また自社企画商品（ＰＢ）商品などがつくりやすくなる。

(14)　店舗施設や店舗運営の（　①　）がはかりやすく，ローコストなチェーンオペレーション・システムを構築しやすくなる。

(15)　従業員の商品知識，業務知識，業界知識などの習得が，一定商品分野に集中され，（　①　）が向上する。

2 商圏調査の実施方法　（解答☞p.221）

(1)　商圏調査の目的は，その立地において小売業の経営が成功するかどうか，店舗への（　①　）がどのくらい見込めるかを判断することである。

(2)　商圏調査では，商圏の規模，潜在購買力を測るなどの（　①　）の把握に加え，商圏の特性，競争状況などの要素を目的に応じて調査・分析する。

(3)　商圏調査の手順は，1）（　①　）の収集としてできる限りの資料を収集，

居住者の条件，交通状況，吸引の条件がポイントとなる，2）商圏の想定として，各種公式や法則を使って理論上の商圏を想定する（ハフのモデルやライリーの法則など），3）（ ② ）として実地に調査，通行量に関する調査と競争関係の調査が主体となる。

3 出店立地の選定方法と出店手続き（解答☞p.221）

(1) 小売中心性指標とは，「他の都市から（ ① ）を吸引する度合い」のことであり，この数値が高いほどその地域の小売業が栄えているといえる。

(2) 小売中心性指標の算出方法は，（都市の小売販売額÷都市内の人口）÷（県内の小売販売額÷県内の人口）である。数値が，1より大きければ（ ① ）している，1より小さければ（ ② ）している，1であればどちらでもない。

(3) ライリーの法則の活用は，（ ① ）の法則と呼ばれ，「ある地点から2つの都市A，Bへ流れる購買力の比は，AとBの人口に比例し，その地域からAとBへの距離の2乗に反比例する」という法則である。

(4) （ ① ）は，ある地域に居住する消費者が利用可能な商業集積のうち，どの商業集積を利用するかという確率を表わしたものである。この確率は，「消費者は大きな店舗へ足を向けやすい，ただし近いほうがよい」という傾向をもとに考えられている。

(5) 大規模小売店舗立地法は，大型店が（ ① ）との調和をはかっていくためには，大型店への来店，物流による交通・環境問題などの周辺の（ ② ）への影響について適切な対応をはかることが必要との観点から制定された法律である。

(6) 大規模小売店舗立地法の概要は，1）対象は店舗面積（ ① ）を超える大型店，2）調整対象事項は，交通渋滞，駐車・駐輪，交通安全，（ ② ）の発生，その他周辺の生活環境の悪化を防止するために配慮すべき事項，3）運用主体は，都道府県，政令指定都市とし，同時に市町村の意思の反映

をはかり，また広範な住民の意思表明の機会を確保する。

4 出店戦略の立案と方法　　(解答☞p.221)

(1)　ダウンタウン（繁華街）は，（　①　）が集中し，広域から集客しやすい半面，厳しい競争環境にある。大都市圏では，高い集客力から百貨店などの出店がみられる。

(2)　アーバン（都市エリア）は，都心回帰による（　①　）や不動産価格の低下から，再び都市エリアが見直されている。

(3)　イクサーブ（都市エリアと住居エリアが混在）は，臨海部など（　①　）を再生した大型のショッピングセンターが誕生し，話題を集めている。

(4)　サバーブ（住居の際エリア）は，大型スーパーマーケット，（　①　）などに加えて，大型のモール型ショッピングセンターが増加している。

(5)　ルーラル（自然豊かなエリア）は，（　①　）を意味し人口はまばらであるが，スーパーセンターなどの超広域型業態が出店している。

(6)　ドミナント型出店は，特定の地域に焦点を合わせて，計画的・継続的に出店することである。（　①　）は，特定地域での店舗の（　②　）を意図的に推進することによって，チェーンストアの知名度を高め，競争他店に対して優勢な地位を獲得・維持することをねらいとする。

(7)　効果としては，1）店舗間の距離的近さの実現によって，（　①　）の低減がはかれる，2）売れ筋商品や死に筋商品，またある店舗で欠品している商品などを，速やかに（　②　）ができる，3）地元に根を下ろした店舗として，好ましい企業イメージが形成できる，4）店舗を統括する（　③　）は，受け持つ店舗を効率よく巡回することができる，5）テレビCMなども地域を絞って行うことができ，広告宣伝費を抑えられる。

(8)　大型拠点型出店は，特定地域に（　①　）をつくり，その圧倒的パワーで広範なエリアから顧客を呼ぶ出店形態である。百貨店や大型ショッピングセンターなどが該当する。

(9)　メリットは，1）品ぞろえ，売場づくりなど，実験的な取組みが可能である，2）同業他社に対する（　①　）が強化できるなどがある。

(10)　出店計画を策定する手順は，1）情報の収集，2）（　①　）の選定，3）商圏の設定・調査，4）自店（　②　）とのすり合わせ，5）候補地決定，6）地主との交渉，7）契約，8）店舗計画の立案となっている。

(11)　出店計画の策定における留意事項は，1）ある程度，ドミナント型出店が可能なエリアを探し，その商圏内に（　①　）に出店すること，2）条件のよい物件に出店して，エリア内での（　②　）を確保すること，3）店舗の標準化をはかることとして，店舗規模や売場面積の標準化，売場づくりの標準化，店舗運営方法の標準化がある。

解　答　重要キーワード補充問題

1　商圏の設定

(1)①顧客吸引力　(2)①流動　②質的　(3)①交通　②所要時間距離

(4)①競争店　(5)①地理的条件　(6)①社会生活　(7)①心理的

(8)①特定市場　②集中戦略　(9)①地理　②心理　(10)①絞り込む

　②広げる　(11)①奥行　(12)①多店舗化　(13)①大量販売　②仕入原価

(14)①標準化　(15)①専門スキル

2　商圏調査の方法

(1)①集客　(2)①需要可能性　(3)①既存資料　②実地調査

3　出店立地の選定方法と出店手続き

(1)①購買力　(2)①流入　②流出　(3)①小売引力　(4)①ハフモデル

(5)①地域社会　②生活環境　(6)①1,000㎡　②騒音

4　出店戦略の立案と方法

(1)①交通機関　(2)①人口増加　(3)①工場跡地

(4)①ロードサイドショップ　(5)①過疎地　(6)①エリア・ドミナント戦略

　②高密度化　(7)①物流コスト　②店舗間移動　③スーパーバイザー

(8)①巨艦型店舗　(9)①競争力　(10)①出店候補地　②コンセプト

(11)①連続的　②占有率

第2章

リテールマーケティングの展開に必要な 商圏分析と出店戦略の実践

本試験形式問題◀

第6問　次のア～オは、商圏特性を把握するための要因について述べている。
正しいものには1を、誤っているものには2を、解答欄に記入しなさい。

ア　社会生活要因は、小学校の学校区、公民館の区域、病院・医療機関など人が集まる施設や機関の有無を表している。

イ　アクセス上の要因は、鉄道、バス、道路などの交通アクセスを表している。

ウ　地理的要因は、河川、山、森林、田畑、工場群などの地理的条件を表している。

エ　競争上の要因は、自店と競争関係にある都市や地区、競争店の分布状況と商圏範囲を表している。

解答欄	ア	イ	ウ	エ	オ

オ　心理的要因は、生活行動や習慣、面積の広い地方への志向性を表している。

第7問　次の文章は、商圏の設定のなかの商品の特性について述べている。文中の〔　〕の部分に、下記に示すア～オのそれぞれの語群から最も適

当なものを選んで，解答欄にその番号を記入しなさい。

商圏は，来街または来店してくる顧客の〔 ア 〕のことである。商圏は，小売店の取り扱う〔 イ 〕によっても異なる。一般的に〔 ウ 〕を扱う小売店の商圏は狭く，〔 エ 〕を扱う小売店の商圏は広くなる。商圏には，顧客が来店する地理上の範囲の顕在的商圏と，新たな顧客となる可能性を持つ〔 オ 〕商圏がある。

【語　群】

ア〔1．住所　　2．交通時間　　3．居住範囲　　4．心理的範囲〕

イ〔1．駐車場　　2．サービス　　3．特売品　　4．商品特性〕

ウ〔1．最寄品　　2．目玉商品　　3．高額商品

　　4．ナショナルブランド商品〕

エ〔1．低額商品　　2．買回品　　3．スポット商品

　　4．プライベートブランド商品〕

解答欄	ア	イ	ウ	エ	オ

オ〔1．到達的　　2．実現的　　3．潜在的　　4．可能的〕

第8問　次のア〜オは，商圏調査の手順について述べている。正しいものには1を，誤っているものには2を，解答欄に記入しなさい。

ア　商圏調査の手順は，既存資料の収集，商圏の想定，実地調査の順に行われる。

イ　資料の収集においては，商業統計調査や自治体の商業調査を活用し，その地域の人口，世帯数，所得水準などを把握する。

4 マーケティング

ウ　商圏の想定では，ハフモデルやライリーの法則などを活用して商圏を固定
　化する。

エ　実地調査は，通行量に関する調査と競争関係の調査が主体となる。

オ　実地調査は，既存資料の収集，商圏の想定では足りない部分を補完する役
　割がある。

解答欄	ア	イ	ウ	エ	オ

第9問　次の文章は，大規模小売店舗立地法の手続きについて述べている。文
　中の〔　〕の部分に，下記に示すア～オのそれぞれの語群から最も適
　当なものを選んで，解答欄にその番号を記入しなさい。

　大規模小売店舗立地法は，大型店が〔　ア　〕との調和をはかっていくため
に，大型店への来店，〔　イ　〕による交通・環境問題などの周辺の〔　ウ　〕
への影響について適切な対応をはかることが必要との観点から制定された法律
である。〔　エ　〕の意見を反映しつつ，地方自治体が大型店と周辺の**ウ**との
調和をはかっていくための手続きなどを定めている。対象は店舗面積〔　オ
　〕㎡を超える大型店で，運用主体は都道府県，政令指定都市である。

【語　群】

ア〔1．景観　　2．街区　　3．地域社会　　4．中小小売業〕

イ〔1．鉄道　　2．渋滞　　3．配送　　4．物流〕

ウ〔1．廃棄物　　2．公害　　3．生活環境　　4．自然環境〕

エ〔1．地域住民　　2．来店者　　3．商業者　　4．自治体〕

オ〔1．10,000　　2．1,000　　3．500　　4．3,000〕

解答欄	ア	イ	ウ	エ	オ

第10問　次の文章は，地域商業の活性化の度合いをはかる指標について述べている。文中の〔　　〕の部分に，下記に示すア～オのそれぞれの語群から最も適当なものを選んで，解答欄にその番号を記入しなさい。

　地域商業の活性化の度合いをはかる指標として，〔　ア　〕がある。ここでいう中心性とは，他の都市から〔　イ　〕を吸引する度合いのことであり，この数値が〔　ウ　〕ほどその地域の小売業が栄えているといえる。〔　エ　〕の人口1人当たりの小売販売額と，その地域を含む〔　オ　〕1人当たりの小売販売額を比較して求めることができる。

【語　群】
ア〔1．修正ハフモデル　　2．ライリーの法則　　3．小売引力の法則
　　4．小売中心性指標〕
イ〔1．人口　　2．購買力　　3．来街者　　4．潜在顧客〕
ウ〔1．低い　　2．長い　　3．高い　　4．短い〕
エ〔1．都市　　2．郊外　　3．中心地　　4．外縁部〕
オ〔1．広域商圏　　2．県庁所在地　　3．県内　　4．全国〕

解答欄	ア	イ	ウ	エ	オ

4　マーケティング

第11問　次の文章は，出店戦略の方法のなかのドミナント型出店について述べ
ている。文中の〔　〕の部分に，下記に示すア～オのそれぞれの語群
から最も適当なものを選んで，解答欄にその番号を記入しなさい。

　ドミナント型出店とは，〔　ア　〕に焦点を合わせて，計画的・〔　イ　〕に
出店することである。エリア・ドミナント戦略は，アでの店舗の〔　ウ　〕を
意図的に推進することによって，チェーンストアの〔　エ　〕を高め，競争他
店を寄せつけない優勢な〔　オ　〕を獲得・維持することをねらいとしている。

【語　群】

ア〔1．郊外　　2．特定地域　　3．中心部　　4．都市部〕

イ〔1．継続的　　2．間隔的　　3．拠点別　　4．拡散的〕

ウ〔1．イメージ　　2．大型化　　3．小型化　　4．高密度化〕

エ〔1．企業力　　2．知名度　　3．店舗力　　4．宣伝力〕

オ〔1．地位　　2．パワー　　3．資金力　　4．経営力〕

解答欄	ア	イ	ウ	エ	オ

| 解答・解説 | 本試験形式問題 |

第6問

【2－1－1－1－2】

　アは，中学校の学校区が正しい内容である。オは，大きな都市への志向性が正しい内容である。商圏は，常にアメーバ状に流動しており，面的な広がりと同時に質的な広がりを持つことを確認してほしい。

第7問

【3－4－1－2－3】

　商圏は，小売店舗や商店街・ショッピングセンターなどの商業集積の顧客吸引力が及ぶ範囲を指す。小売店が立地する地域の特徴を把握し，売上予測や店舗の成立性を検討するうえで重要な概念である。

第8問

【1－2－1－1－1】

　イは，商業統計調査や自治体の商業調査で，顧客吸引施設や商業地の発展性，同業他社の数などの吸引の条件を把握する。既存資料の収集活動により，居住者の条件，交通状況，吸引の条件を把握することを確認してほしい。

第9問

【3－4－3－1－2】

　基本的な手続きの流れと，同法の対象，調整対象事項，運用主体などについて把握すること。旧大規模小売店舗法と異なり，周辺の地域社会との調和を重視している。

4　マーケティング

第10問

【4－2－3－1－3】

　小売中心性指標の算出方法は，（都市の小売販売額÷都市内の人口)÷(県内の小売販売額÷県内の人口）である。数値が1より大きければ流入しており，1より小さければ流出している。

第11問

【2－1－4－2－1】

　ドミナント型出店は，競争優位を確立するため，コンビニエンス業界などで行われている戦略である。もう1つの出店戦略である大型拠点型出店についても内容を把握してほしい。

第3章

マーケットリサーチ（市場調査）の方法と進め方

▶重要キーワード補充問題

1 マーケティングリサーチとマーケットリサーチの概要

(解答☞ p.233)

⑴　（　①　）とは，数字や数値で統計学的に自社の抱える「現在の市場」を把握し，どうすれば自社の商品が最大限に売れるかという（　②　）を立案する活動である。

⑵　（　①　）とは，データや数値だけでは計れない潜在的なニーズやウォンツを（　②　）に検証することである。

2 市場調査の概要

(解答☞ p.233)

⑴　市場調査の方法は，すでに存在しているさまざまな資料を活用して行う（　①　）と，市場から直接的に情報を収集する（　②　）に大別できる。

⑵　（　①　）は，世帯の収入と支出および貯蓄に関する事項などを調べるため，（　②　）が毎月実施している統計調査である。

⑶　（　①　）は，経済産業省が全国の（　②　）と小売業の事業所を対象として販売活動などの実態を調査するものである。

⑷　国勢調査は，日本に住んでいるすべての人と世帯を対象にした国の最も基本的な統計調査である。国内の人口や世帯の実態を明らかにするため，（

(　①　) ごとに行われる。

(5)　人口動態調査は，国内で発生した（　①　）・死亡・死産・婚姻・離婚による人口動態事象に関する調査である。

(6)　定量調査とは，収集されたデータを（　①　）することを想定したうえで設計された調査であり，（　②　）の把握などに活用することがねらいである。

(7)　定性調査では，年齢，性別，職業などの（　①　）が共通するグループを募り，それらにグループインタビューなどを行い，本音や本人が確認できなかった意見を引き出す。

(8)　動機調査は，表面に現れた具体的な行動が，どのような理由で生じたのか，という（　①　）を捉えようとするのがねらいである。

(9)　（　①　）とは，無意識な動機を何かに投影させることで，被調査者の本音を明らかにしようとする手法である。

(10)　集団面接法は，（　①　）ともいわれ，5〜10人くらいの被調査者を一堂に集めて，調査者の司会のもとで特定のテーマについて自由に討論させる方法である。

(11)　（　①　）は，調査者と被調査者が気楽な雰囲気の中で対話し，被調査者に自由に話させながらも，調査者はポイントを押さえてリードし，態度や意見を通して深層を探ろうとする方法である。この方法のねらいは，被調査者自身もはっきりと自覚していない（　②　）などの本音をつかむことにある。

(12)　（　①　）は，グループ化したメンバーに対して特定事項を設定し，一定期間，定期的に繰り返して行う調査方法である。時系列的な変化や（　②　）を捉えることがねらいである。被調査者の考え方や行動などが時間の経過とともにどう変化していくのか，そこには何らかの（　③　）があるのか，などを長期間にわたって検討，把握することができる。

(13)　（　①　）は，アンケートといわれる調査票を用いて被調査者の回答を記入していく方法である。

(14)　（　①　）は，被調査者と個別に面接のうえ質問し，回答を調査票に記入する方法である。

⒂　郵送法は，質問票を被調査者に郵送し，一定期間内に回答を記入してもらい，返送してもらう方法である。比較的（　①　）で，広範囲にわたり数多くのサンプルを対象とする調査を行うことができる半面，アンケートの（　②　）や有効回答数が低くなる傾向がある。

⒃　（　①　）は，あらかじめ設定された質問事項を被調査者に電話で質問し，回答を求める方法である。

⒄　Ｗｅｂ法は，インターネットを利用したアンケート調査である。被調査者をホームページなどで公募し，不特定多数を対象とする方法を（　①　）型といい，事前に登録されている中から被調査者を無作為に抽出する方法を（　②　）型という。

⒅　（　①　）は，調査者が一定の時間をかけて，顧客の具体的な購買行動などをそのまま捉えて記録する方法である。

⒆　（　①　）は，売場などを使って広告宣伝やプロモーション活動などを試験的に行い，その結果を測定・評価しようとする方法である。

⒇　市場調査の実施手順における企画段階では，1）調査のねらいを明確にし，2）（　①　）を設定し，3）調査の対象を設定し，4）（　②　）を確定する。

㉑　サンプリングは，全体（母集団）の中からランダムに被調査者を選び出し，それらの意見をもとに（　①　）を探ろうとする方法である。

㉒　サンプリング抽出法の1つである（　①　）は，全体を何らかの基準によっていくつかのブロックに区分し，その中からいくつかを無作為に選び，それをさらに下位のブロックに分割する過程を繰り返す方法である。

㉓　サンプリング抽出法の1つである（　①　）は，母集団に属するすべての抽出単位を含む台帳の抽出単位に一連番号を振り，必要なサンプル数だけ乱数表を用いて抽出する方法である。

㉔　サンプリング抽出法の1つである（　①　）は，スタートナンバーだけ乱数表から選び，あとはその番号ごとに等間隔に標本を抽出していく方法である。

4 マーケティング

⑳ サンプリング抽出法の1つである（　①　）は，母集団を調査目的からみて意味のある基準によって，いくつかの質のグループに分け，グループごとに比例配分でサンプル抽出する方法である。

㉖ 調査票において回答を求める形式は，いくつかの選択肢の中から選ぶ選択法と，被調査者が自由に言葉や文章で表現する（　①　）に大別される。

㉗ 市場調査の実施手順における分析段階では，数式モデルを使った多変量解析が用いられる。この手法の基本的考え方は，多くの回答結果の間の関係を統合化することで，より少ない（　①　）によって効率よく説明しようとするものである。

㉘ 多変量解析モデルのうち，（　①　）分析は，多数の個体についていくつかの特性値を測定，抽出し，それらを軸としてこれらの個体を分類することによって，いくつかの等質的な群れを導き出そうとする方法である。

㉙ 多変量解析モデルのうち，（　①　）分析は，一方の変数に関する測定値の変動を，他方の変数に関する測定値の変動によって説明する方法である。

解　答　重要キーワード補充問題

1　マーケティングリサーチとマーケットリサーチの概要

(1)①マーケットリサーチ　　②マーケティング戦略

(2)①マーケティングリサーチ　　②国語的

2　市場調査の概要

(1)①資料分析　　②市場実査　　(2)①家計調査　　②総務省統計局

(3)①商業統計調査　　②卸売業　　(4)①５年　　(5)①出生

(6)①数値化　　②トレンド　　(7)①属性　　(8)①深層心理　　(9)①投影技法

(10)①グループインタビュー（ＧＩ）　　(11)①深層面接法　　②購買動機

(12)①パネル調査　　②傾向　　③法則性　　(13)①質問法　　(14)①面接法

(15)①低コスト　　②回収率　　(16)①電話法　　(17)①オープン　　②クローズ

(18)①観察法　　(19)①実験法　　(20)①仮説　　②調査方法　　(21)①全体像

(22)①多段抽出法　　(23)①単純無作為抽出法　　(24)①系列的抽出法

(25)①属化抽出法　　(26)①自由回答法　　(27)①説明変数　　(28)①クラスター

(29)①回帰

第3章

マーケットリサーチ（市場調査）の方法と進め方

本試験形式問題◀

第12問　次のア〜オは，マーケティングリサーチとマーケットリサーチについて述べている。正しいものには1を，誤っているものには2を，解答欄に記入しなさい。

ア　マーケティングリサーチとは，企業が抱えるマーケティングの課題に対して，有効な意思決定をサポートするための科学的な調査・分析・提案という一連のプロセスのことである。

イ　マーケティングリサーチは，現状では，小売業よりもメーカーが商品開発の原案づくりや，商品を市場へ投入する初期段階において実施する傾向にある。

ウ　マーケティングリサーチは，データや数値だけでは計れない潜在的なニーズやウォンツを国語的に検証することである。

エ　マーケットリサーチは，どうすれば自社の商品が最大限に売れるのかというマーケティング戦略を立案する調査活動である。

オ　マーケットリサーチは，近未来の市場動向に関して予測，分析，提案を行う活動である。

解答欄	ア	イ	ウ	エ	オ

第13問 次の文章は，市場調査の資料分析について述べている。文中の〔　〕
の部分に，下記に示すア～オのそれぞれの語群から最も適当なものを選
んで，解答欄にその番号を記入しなさい。

　マーケティング戦略は，正確な事実の収集・分析から始まる。マーケティン
グのデータ源として，政府機関が公表している各経済指標は有用である。〔
ア　〕は，世帯の収入と支出および〔　イ　〕に関する事項などを調べるため，
総務省統計局が実施している統計調査である。また，〔　ウ　〕は，経済産業
省が全国の〔　エ　〕と小売業の事業所を対象として販売活動などの実態を調
査するものである。人口統計の主なものとしては，〔　オ　〕と住民基本台帳
と人口動態調査がある。

【語　群】
ア〔1．収支調査　　2．家庭調査　　3．家計調査　　4．世帯調査〕
イ〔1．行動　　2．税金　　3．消費　　4．貯蓄〕
ウ〔1．商業統計調査　　2．流通業調査　　3．小売業調査
　　4．商店街調査〕
エ〔1．サービス業　　2．製造業　　3．チェーン店　　4．卸売業〕
オ〔1．国民調査　　2．国勢調査　　3．国力調査　　4．民力調査〕

4　マーケティング

解答欄	ア	イ	ウ	エ	オ

第14問　次のア〜オは，市場実査の中の質問法について述べている。正しい
　　　ものには1を，誤っているものには2を，解答欄に記入しなさい。

ア　面接法は，回収率や回答率が高く，回答の仕方に誤解が少ないという特徴
　　がある。

イ　留置法は，郵送もしくは直接配布によって被調査者に回答を依頼しておき，
　　後日，調査者などが訪問して回収する方法である。

ウ　郵送法では，回収率を高めるため，質問数をできるだけ多くし，込み入っ
　　た内容の質問事項を排除することが大切である。

エ　電話法は，調査者が被調査者に電話で質問し，回答を求める方法であり，
　　専門の調査者を必要とするため，人件費がかさむというデメリットがある。

オ　Ｗｅｂ法は，パソコンのウェブページ画面上に質問票と回答欄を表示し，
　　被調査者にその回答を送信してもらう方法であり，短期間で集計結果が得ら
　　れるというメリットがある。

解答欄	ア	イ	ウ	エ	オ

第15問　次の文章は，消費者実査の中のサンプリングについて述べている。文
　　　中の〔　　〕の部分に，下記に示すア〜オのそれぞれの語群から最も適

当なものを選んで，解答欄にその番号を記入しなさい。

消費者に関して〔 ア 〕を行う場合に，〔 イ 〕は不可能であるため，全体のなかから特定の人を厳選し，それらの意見から〔 ウ 〕を探ろうとする方法として〔 エ 〕を行う。この方法の留意点は，サンプル自体が全対象者を代表するにふさわしい存在であり，〔 オ 〕や特定の考え方に偏ってはならないということである。

【語　群】

ア〔1．市場検査　　2．仮説設定　　3．検証　　4．市場実査〕

イ〔1．個別調査　　2．広域調査　　3．全数調査　　4．全国調査〕

ウ〔1．特徴　　2．結果　　3．法則　　4．全体像〕

エ〔1．サンプリング　　2．観察　　3．実験　　4．インタビュー〕

オ〔1．実情　　2．特定層　　3．実感　　4．実態〕

解答欄	ア	イ	ウ	エ	オ

第16問　次の文章は，多変量解析モデルについて述べている。文中の〔　〕の部分に，下記に示すア〜オのそれぞれの語群から最も適当なものを選んで，解答欄にその番号を記入しなさい。

〔 ア 〕とは，一方の変数に関する測定値の変動を，他方の変数に関する測定値の変動によって説明する方法である。端的にいえば，複数の変数間の関係を〔 イ 〕で表現する方法であり，制御や〔 ウ 〕に用いることができる。

4　マーケティング

　結果となる変数を従属変数といい，原因と考えられる変数を〔　エ　〕という。エが1つの場合を単純回帰分析，複数個ある場合を〔　オ　〕という。

【語　群】

ア〔1．クラスター分析　　2．分散分析　　3．回帰分析

　　4．正準相関分析〕

イ〔1．一次方程式　　2．連立方程式　　3．GT　　4．クロス集計〕

ウ〔1．整理　　2．統合　　3．予測　　4．分類〕

エ〔1．被説明変数　　2．目的変数　　3．基準変数　　4．独立変数〕

オ〔1．クラスター分析　　2．分散分析　　3．因子分析

　　4．重回帰分析〕

解答欄	ア	イ	ウ	エ	オ

| 解答・解説 | 本試験形式問題 |

第12問

【1－2－1－1－2】

イは，マーケットリサーチの内容である。オは，マーケティングリサーチの内容である。マーケットリサーチとマーケティングリサーチの違いについて理解することが大切である。

第13問

【3－4－1－4－2】

社内資料である営業数値や業界データとともに，各経済指標は日本の経済や社会の動向を示すものとして有用である。それぞれの調査内容の限界や制約なども，しっかりと確認をしてほしい。

第14問

【1－1－2－2－1】

ウは，回収率を高めるため，質問数をできるだけ少なくする必要がある。エは，専門の調査者でなくとも聞き取りができるため，比較的少ない人件費で調査できるメリットがある。

第15問

【4－3－4－1－2】

サンプリングは，調査の母集団が非常に大きく全数調査ができない場合に，母集団から一定数を選び出すことである。サンプリングは，無作為抽出法が基本となっている。

第16問

【3－1－3－4－4】

4 マーケティング

　多変量解析は，対象について観測された多数の変量に関する多数のデータを要約し，ある目的のもとに統合する統計処理法の総称のことをいう。数多くの原因から，ある結果を予測する分析手法に重回帰分析，因子分析，クラスター分析などの手法がある。

第4章

リージョナルプロモーションの企画と実践
▶重要キーワード補充問題

1 アトラクティブ・プロモーション (Pull戦略)としてのマス媒体広告 (解答☞ p.247)

(1) 広告計画を立案するにあたっては，まず市場の状況に関する情報，広告商品に関する情報，（ ① ）に関する情報を収集・整理することが必要である。

(2) 市場環境の分析には，社会環境分析，企業分析，市場分析，消費者分析，商品分析，（ ① ）分析がある。

(3) 広告目的は，次の3つの型に分類される。1)（ ① ）型は，新商品の販売，商品の機能や用途，企業や商品イメージなどである。2)（ ② ）型は，ブランド選好，店頭購入促進，商品使用頻度の増加などである。3)（ ③ ）型は，商品が必要になること，商品がどこで販売されているか，商品の存在を想い出させることなどである。

(4) 広告目標を数値で示すことにより，広告出稿や（ ① ）などが決まってくる。

(5) 広告ターゲットの決定は，誰に対して訴求するのが最も効果的なのかを考え，（ ① ）を検討・決定する。

(6) 広告コンセプトを設定するには，商品の（ ① ）を行い，商品コンセプトを明確にする。

(7) （ ① ）戦略は，広告コンセプトにもとづいて，それをどのように描くのかを決めていく。

⑻　媒体戦略は，どのような（　①　）を使いターゲットに届けていくのかを決めることである。

⑼　出稿パターンの決定では，ターゲットが商品購入を検討する（　①　）に出稿を合わせることが重要である。

⑽　新聞媒体の特性は，新聞自体に対する（　①　）・説得性・社会性などの読者の信頼が新聞広告にも反映されている。

⑾　雑誌媒体の特性は，全国配布されるものが多く，（　①　）広告に適している。（　②　）が比較的長く，広告においても繰り返し読まれる。

⑿　テレビ媒体の特性は，広い（　①　）に対しての広告が可能であり，視覚と聴覚の両方に訴えるので，広告商品やサービスの特徴を具体的，（　②　）に訴求できる。

⒀　ラジオ媒体の特性は，曜日・（　①　）によってかなり明確にターゲットが分かれるメディアである。

⒁　ダイレクトメール（DM）広告は，広告物や催事の案内などを，（　①　）に宛てて，直接郵送するものである。

⒂　メリットは，訴求対象を特定し，（　①　）が高い。また，1対1の関係で直接訴えかけるため，対象者に優越感を持たせ，特定顧客と人間関係をつくれる。

⒃　自由で弾力的な広告表現ができる。また，受け手の注意を独占でき，（　①　）に知られず広告ができる。そして，直接的な販売手段として使用できる。

⒄　デメリットは，広告主の（　①　）や信用度によって効果に差が生ずる。また，（　②　）の作成・管理が広告効果に大きく影響する。

⒅　新聞折込広告の特徴は，（　①　）に対する選択訴求ができ，即効的効果が期待できる。

⒆　（　①　）が比較的安く手軽に利用できる。また，形や大きさに融通性がある。

⒇　さまざまな方法で配布することができ，店舗に（　①　）こともできる。

⑵1　屋外広告は，（　①　）に設置された広告で，ポスター，看板，広告塔，ネオンサイン，アドバルーンなどがある。

⑵2　特徴は，特定地域に対する（　①　）訴求ができる。また，表現に造形力・創造力を活かすことができる。

⑵3　地域に密着した（　①　）として親しまれる。また，広告物の制作過程であらかじめ注意を引くことができる。

⑵4　（　①　）であるため，新鮮な印象や機動力が不足する場合がある。

⑵5　交通広告は，交通機関および駅などの施設に掲出されるもので，（　①　），車外広告，駅広告などがある。

⑵6　特徴は，沿線ごとに地域をセグメントし，（　①　）で訴求ができる。

⑵7　交通機関の（　①　）に対する反復訴求が可能である。また，車内でのメッセージは比較的受け入れやすい。

⑵8　インターネット広告は，（　①　）なメディアであり，高度なターゲティングが可能，広告表現が多様であり，（　②　）の測定が容易である。

⑵9　ビッグデータとは，インターネットの普及とＩＴ技術の進化により生まれた，大容量の（　①　）群を意味し，これまでの常識では計り知りえない大容量のデータを扱うことをいう。

⑶0　IoTとは，ソフトウェアやセンサーを搭載した家電や自動車，ビルディングなど，身の回りのあらゆるモノがインターネットやクラウドで（　①　）化されていることをいう。

2 インストアプロモーション（Push戦略）の種類と特性

（解答☞ p.247）

⑴　催事（イベント）は，売上や集客の増加，（　①　）の形成などを目的に実施される。

⑵　催事の企画と実施については，1）（　①　）の立案，2）計画の具体化，3）実施と反省および効果測定の手順で行われる。

(3) （ ① ）の展開にあたっては，広く訴求するキャンペーンが必要である。小売店頭で応募用紙の配布を行い，応募要領などをＰＯＰ広告によって知らせることも必要である。

(4) （ ① ）は，消費者との共感による販売促進を意図したもので，商品知識や商品の利用方法などについて情報を提供し，消費者の理解を深め，自店に対する好意の醸成と顧客の固定化をはかることを目的とするものである。

(5) 添付プレミアムは，景品があらかじめ商品に添付されているもので，（ ① ）（パッケージのなかに同封），（ ② ）（別に添付されている）がある。購入者全員が景品を手にすることができる総（ベタ）づけプレミアムである。

(6) 店頭プレミアムは，小売店頭で商品に景品をつけて手渡すものである。小売業への愛顧に配慮したもので，（ ① ）に配布する方式が一般的である。

(7) 応募プレミアムは，指定した商品のラベルなどを同封して応募してきた顧客を対象に，一般には（ ① ）や先着順に景品を提供するものである。

(8) クーポン式プレミアムは，商品に添付されたクーポンを集め，それが（ ① ）まとまれば引換えに景品を提供するものである。

(9) サンプルの配布は，商品を実際に消費・利用させる必要がある場合などに（ ① ）で行われる。大量に配布するため，かなりのコストを負担しなければならない。

(10) 商品が市場に投入され，やがて市場から消えていくまでの段階を「導入期，成長期，成熟期，衰退期」と分類し，この商品の一生を（ ① ）と呼んでいる。

(11) 導入期は，商品が発売され，小売店頭などを通じて市場に出回り始めた時期である。この時期の商品は，新商品が主体であり，消費者の（ ① ）は総じて低い。

(12) 成長期とは，商品の認知度が高まり，販売数量が急激に拡大していく時期である。小売業は，売場において（ ① ）を未然に防止するための発注やディスプレイなどの（ ② ）を強化することが重要となる。

(13) 成熟期とは，売れ筋であった商品の販売数量が逓減し，全般的に売れ行き

の低下傾向が出始める時期である。小売業は，売場において当該商品に景品
を付けたり，（ ① ）をしたりして，（ ② ）策を講じる。

⒁ 衰退期とは，他の代替商品に当該商品の（ ① ）が奪われ，販売数量が
大きく減少するとともに（ ② ）も低下の一途をたどるような時期である。

⒂ 買回品の場合，市場導入後の（ ① ）前半に急激な売上の伸びがみられ
る半面，（ ② ）への移行はかなり早く，時期遅れや流行遅れになると値
引政策をとっても売れ残る状況に陥りやすい。

⒃ 専門品の場合，市場導入には相対的に時間がかかる半面，高い（ ① ）
が確保できれば，ゆっくりと衰退期へ移行する傾向にある。

3 インストマーチャンダイジング（Put 戦略）としてのスペースマネジメント （解答☞p.247）

⑴ スペースマネジメントは，売場の一定スペースにおける（ ① ）を最大
限に高めるための（ ② ）の手段である。

⑵ 回遊しやすい（ ① ）やプラノグラムなどに活用し，（ ② ）の増加に
よる1回当たりの購買単価の引上げを目的としている。

⑶ フロアマネジメントは，部門などのように広いスペースを管理範囲とし，
フロアゾーニングの手法の1つである（ ① ）の配置や（ ② ）などの
役割を担う。

⑷ フロアマネジメントは，主通路と（ ① ）における販売効率の比較や
（ ② ）の位置の評価などを顧客心理の観点から分析し，望ましいフロア
レイアウトを構成することが主な役割となる。

⑸ シェルフマネジメントは，（ ① ）を単位とし，フロアレイアウトの手法
である（ ② ）やプラノグラムなどの役割を担う。

⑹ シェルフマネジメントは，商品の陳列面の構成，陳列数量，配置，品目の
種類の決定などを効率的に行う（ ① ）プラノグラムという手法がある。

⑺ カテゴリー単位で商品構成を行い，分類テーマを設定しスペースの（ ①

）を行う。スペース生産性を高めるための単品（ＳＫＵ）を厳選し，最適
に組み合わせて効果的な（　②　）を設定する。

(8)　（　①　）は，グルーピングされた個々の品目を垂直に何段ディスプレイす
るか，水平に何列ディスプレイするかを決定することである。

(9)　（　①　）を増やすには，店頭で購買品目を決める多数の顧客に品種間での
品目数を多く購買させることと，1品目当たりの（　②　）を増やす方策が
必要になる。

(10)　導線距離は，（　①　）な抵抗感をなくし，いかに店内をくまなく（　②
　）してもらえるかに関係する。

(11)　（　①　）は，店内を回遊するなかでどれだけ多くのコーナーに立ち寄って
もらえるかに関係する。

(12)　（　①　）は，立ち寄ったなかでどれだけ多くの商品に注目してもらえるか
に関係する。

(13)　（　①　）は，注目したなかでどれだけ多くの商品を買ってもらえるかに関
係する

4 インバウンド観光

(解答☞ p.248)

(1)　訪日外国人旅行者が増加した背景には，近隣アジア諸国のアウトバウンド
が増加する一方で，査証手続きの緩和や（　①　）制度の拡充，航空・鉄
道・港湾などの交通ネットワークの整備がある。

(2)　2017年の統計によれば，訪日外国人旅行者の消費額を国籍・地域別にみる
と，中国が1位で，2位が（　①　），3位が（　②　），4位が香港となっ
ている。

(3)　（　①　）は，観光施設・自然環境・芸術や芸能・風習など地元の観光資源
を発掘し，地域社会と連携してまちづくりを行う法人である。

(4)　国境をまたいだ電子商取引のことを（　①　）という。

解答　重要キーワード補充問題

1　アトラクティブ・プロモーション（Pull戦略）としてのマス媒体広告

(1)①消費者行動　(2)①コミュニケーション　(3)①情報提供　②説得

　③想起　(4)①広告予算　(5)①消費者像　(6)①ポジショニング

(7)①表現　(8)①メディア　(9)①時期　(10)①信頼性　(11)①全国

　②媒体寿命　(12)①階層　②印象的　(13)①時間帯　(14)①特定顧客

(15)予算効率　(16)①競争者　(17)①知名度　②見込客名簿

(18)①特定地域　(19)①コスト　(20)①貼り出す　(21)①屋外　(22)①継続的

(23)①シンボル　(24)①定置媒体　(25)①車内広告　(26)①地域密着

(27)①固定客　(28)①インタラクティブ　②広告効果　(29)①デジタルデータ

(30)①ネットワーク

2　インストアプロモーション（Push戦略）の種類と特性

(1)①店舗イメージ　(2)①年間計画　(3)①コンテスト　(4)①消費者教育

(5)①パックイン方式　②パックオン方式　(6)①購入者全員

(7)①抽選　(8)①一定数　(9)①無料　(10)①商品ライフサイクル

(11)①知名度　(12)①販売機会ロス　②ルーティーンワーク

(13)①値引販売　②延命　(14)①市場シェア　②利益率　(15)①成長期

　②衰退期　(16)①ロイヤルティ

3　インストアマーチャンダイジング（Put戦略）としてのスペースマネジメント

(1)①販売効率　②インストアマーチャンダイジング

(2)①フロアレイアウト　②買上点数　(3)①パワーカテゴリー

　②ビジュアルマーチャンダイジング　(4)①副通路　②ゴンドラエンド

(5)①カテゴリー　②フェイシング　(6)①スケマティック

(7)①グルーピング　②プラノグラム　(8)①フェイシング

4 マーケティング

(9)①購買単価 　②買上個数 　(10)①心理的 　②回遊 　(11)①立寄率

(12)①注目率 　(13)①買上率

4 インバウンド観光

(1)①消費税免税 　(2)①台湾 　②韓国 　(3)①ＤＭＯ 　(4)①越境ＥＣ

第4章

リージョナルプロモーションの企画と実践
本試験形式問題◀

第17問　次のア～オは，マス媒体広告の特性について述べている。正しいものには1を，誤っているものには2を，解答欄に記入しなさい。

ア　ラジオは，曜日・時間帯によって明確にターゲットが分かれるメディアであり，その層が必要とする情報を提供することが可能である。

イ　雑誌は，全国共通の誌面内容で全国配布されるものが多く，全国広告に適している。

ウ　雑誌は，定期的に発刊されるため，タイムリーな広告を出稿することが可能である。

エ　新聞自体に対する信頼性・説得性・社会性などの読者の信頼が，広告に反映されている。

オ　テレビ媒体は，子供から大人まで楽しめる媒体として，広い階層に対しての広告が可能である。

解答欄	ア	イ	ウ	エ	オ

4 マーケティング

解答欄	ア	イ	ウ	エ	オ

第18問　次のア～オは，その他の販売促進広告について述べている。正しいものには1を，誤っているものには2を，解答欄に記入しなさい。

ア　新聞折込広告は，地域のセグメンテーションが可能である。

イ　屋外広告は，特定地域に対する継続的な訴求が可能である。

ウ　ダイレクトメール広告は，1対1の関係で直接訴えかけることができ，セグメンテーション戦略に最適である。

エ　交通広告は，交通機関を利用する流動客に対してタイムリーに訴求することが可能である。

オ　インターネット広告は，多様な広告表現が可能である。

解答欄	ア	イ	ウ	エ	オ

第19問　次の文章は，スペースマネジメントについて述べている。文中の〔　　〕の部分に，下記に示すア～オのそれぞれの語群から最も適当なものを選んで，解答欄にその番号を記入しなさい。

スペースマネジメントのうち，フロアマネジメントは，主通路と〔　ア　〕における〔　イ　〕の比較や〔　ウ　〕の位置の評価などを顧客心理の観点か

250

第4章 リージョナルプロモーションの企画と実践

ら分析し，望ましいフロアレイアウトを構成することが主な役割となる。一方，シェルフマネジメントには，商品の陳列面の構成である〔　エ　〕，陳列数量，配置，品目の種類の決定などを効率的に行う〔　オ　〕・プラノグラムという手法がある。

【語　群】

ア〔1．ゴンドラ　　2．副通路　　3．壁面　　4．マグネット〕

イ〔1．販売効率　　2．広告効率　　3．経費効率　　4．経営効率〕

ウ〔1．入口　　2．島陳列　　3．ステージ　　4．ゴンドラエンド〕

エ〔1．間口　　2．奥行　　3．フェイシング　　4．什器〕

オ〔1．スピード　　2．プッシュ　　3．プル　　4．スケマティック〕

解答欄	ア	イ	ウ	エ	オ

第20問　次の文章は，非人的販売活動のなかのサンプル提供について述べている。文中の〔　〕の部分に，下記に示すア〜オのそれぞれの語群から最も適当なものを選んで，解答欄にその番号を記入しなさい。

　サンプルの配布は，実際に消費・利用させる必要がある場合や，非常に強い競争〔　ア　〕がある場合に〔　イ　〕で行われる。サンプルの〔　ウ　〕の回収を考えた場合，小型・安価で〔　エ　〕が高く，反復購入される〔　オ　〕に適したプロモーションである。一定の地域を選定して集中的に実施されることが多い。

251

4　マーケティング

【語　群】

ア　〔1．企業　　2．店舗　　3．チェーン　　4．ブランド〕

イ　〔1．景品　　2．無料　　3．おまけ　　4．有料〕

ウ　〔1．コスト　　2．廃棄物　　3．見本　　4．売れ残り品〕

エ　〔1．人気　　2．好感度　　3．使用頻度　　4．ストック〕

オ　〔1．在庫品　　2．消耗品　　3．日用品　　4．化粧品〕

解答欄	ア	イ	ウ	エ	オ

第21問　次のア～オは，商品のライフサイクルについて述べている。正しいものには1を，誤っているものには2を，解答欄に記入しなさい。

ア　導入期は，メーカーから商品が発売され，小売店頭などを通じて市場に出回り始めた時期である。

イ　成長期は，商品の認知度が高まり，販売量が拡大していく時期である。

ウ　成熟期は，追随するメーカーが類似商品を相次ぎ投入してくるため，市場競争が激化する時期である。

エ　成熟期は，商品の販売の伸びは次第に鈍り，低下傾向が出始める時期である。

オ　衰退期は，他の商品に市場が奪われ，販売数量が大きく減少していく時期である。

解答欄	ア	イ	ウ	エ	オ

第22問 次の文章は，インバウンドを意識したのマーケティング展開について述べている。文中の〔　　〕の部分に，下記に示すア～オのそれぞれの語群から最も適当なものを選んで，解答欄にその番号を記入しなさい。

　小売店やDMOがインバウンドを意識したマーケティングを展開する際には，一般に〔　ア　〕分析が行われている。

・　〔　イ　〕の分析では，自社の商品やサービスを購入してくれる顧客やアについて把握する。インバウンドを対象とする場合，国内に居住する身近な顧客を対象とする場合と比較すると，国籍・文化・〔　ウ　〕・宗教が異なるため，国内を対象とするよりも分析が難しい場合がある。

・　競争の分析では，競争相手の数，〔　エ　〕，競争相手が保有している経営資源，競争相手の能力など，今後，参入が予想される相手や〔　オ　〕となりえる商品やサービスを把握する。

・　自社の分析では，一般には，小売店を取り巻く状況，経営資源，能力などについて定性的・定量的に把握する。

【語　群】

ア〔1．3C　2．3P　3．PEST　4．SWOT〕

イ〔1．政治　2．経済　3．技術　4．市場〕

ウ〔1．音楽　2．通貨　3．習慣　4．人数〕

エ〔1．資本金　2．従業員数　3．参入障壁　4．撤退障壁〕

オ〔1．代替品　2．最寄品　3．補完材　4．公共財〕

解答欄	ア	イ	ウ	エ	オ

解答・解説	本試験形式問題

第17問

【1－1－2－1－1】

　ウの雑誌は，発売と出稿申込期間の間が比較的長いため，敏速な広告が困難であり，タイムリーな広告には向いていない。それぞれの媒体の種類や広告の特性についても，各内容を確認してほしい。

第18問

【1－1－1－2－1】

　エの交通広告は，交通機関の固定客に対する反復訴求が可能である，が正しい内容である。インターネット広告は，テレビ広告に次いで第二の広告メディアにまで成長しており，注目を浴びているので，その特性については各内容を確認してほしい。

第19問

【2－1－4－3－4】

　スペースマネジメントは，商品の陳列位置を意図的にコントロールし，売場の一定スペースにおける売上高と利益の最大化を図る売場技術である。コーナー単位のフロアマネジメントと棚単位のシェルフマネジメントに分類される。

第20問

【4－2－1－3－2】

　サンプル配布の実施にあたっては，ターゲットを明確にすること，効果を促進するために商品の特徴や使用方法などを説明したリーフレットを同封するなどの，さまざまな仕掛けを考える必要がある。

第21問

【1－1－2－1－1】

　ウは，成長期の内容である。小売業は，商品ライフサイクルの各段階の状況に対応した販売活動を適切に行わなければならない。

第22問

【1－4－3－3－1】

　インバウンドを対象とした3C分析に関して，国内の居住者を対象としたマーケティングと訪日外国人旅行客を対象としたマーケティングの違いを理解してほしい。

> # 第5章
> ## 顧客戦略の展開方法
> ➤重要キーワード補充問題

1 顧客中心主義の考え方 （解答☞ p.261）

⑴ 顧客の意識は大きく変化し，一人ひとりが（　①　）を強く抱いており，小売業は顔の見える個客に照準を合わせて購買促進を展開していくことが重要となっている。

⑵ すべてのビジネスの起点は，企業中心から（　①　）へと動き始めている。顧客中心とは，顧客を真ん中に置いて，それを包み込むようなかたちで自分たちのビジネスを展開するという意味である。

⑶ 顧客を（　①　）するためには，小売業は特定のライフスタイルを持っている顧客に対して，特定の意味づけや（　②　）を行うことが重要となる。つまり，情報やサービスを付加しなければ消費には結びつかないということである。

⑷ 真の顧客づくりを行うには，長期にわたって一定の（　①　）を確保する計画づくりが不可欠である。継続的・計画的に商品，情報，サービスを（　②　）し，顧客にどのようなライフスタイルを提案するかが大切である。

⑸ 常に顧客との（　①　）を行い，顧客を尊重することが重要であり，顧客の自由な意思や選択を阻害しない関係づくりが小売業の顧客戦略に求められる。

⑹ 小売業は，今日ライフスタイル提案型のビジネスへと移行している中では，マーチャンダイジング，マーケティング，（　①　）の3Mを統合し，それぞ

れを的確に実践することが強く求められている。

⑺　変化の激しい時代，顧客が（　①　）する時代では，新たなビジネスの仕組みをつくり出すという競争が始まっており，顧客戦略の展開は顧客に関係するすべての人々の（　②　）を通じて，顧客に価値を提供する新たなパートナーシップを創ることにある。

2 顧客戦略としてのCRM展開 （解答☞p.261）

⑴　小売業は，顧客を起点とした（　①　）を構築し，顧客を財産とみなす革新にチャレンジする時代を迎えた。

⑵　CRMは，顧客との（　①　）を形成し，それを（　②　）にわたって維持していくための仕組みづくりのことある。

⑶　CRMは，より多く買い上げてくれる（　①　）の占める割合を増やし，特売品のみを中心に買い続ける非優良顧客を減らしていこうとする戦略であり，顧客を財産とみなす。

⑷　CRMに向けた具体的な動きには，1）カード会員となった顧客を（　①　）により10のグループに分類し，上位グループの顧客により多くの特典を提供する，2）あるカテゴリーの商品だけを購入しない顧客に対し，ディスカウント・クーポン券を送り，（　②　）の増加をはかる，3）顧客の商品カテゴリー別購買履歴を分析し，各商品カテゴリーにどれだけの（　③　）を割くべきかを決定するなどがある。

⑸　CRMの基本戦略であるワントゥワン・マーケティングを展開するうえでは，小売業の全従業員が一丸となって取り組める（　①　）をつくる必要がある。

⑹　CRMという顧客の維持・離反防止戦略を開始するには，（　①　）経営計画の樹立が不可欠となる。

⑺　顧客重視の運営体制を確立し，会員カードの導入などで個客の（　①　）から始める必要があり，そのうえで得られた情報を解析する。

(8) 解析結果から，効果的な（　①　）プログラムを立案し，どの顧客データに注目すべきかを決定する。

(9) CRMの実施にあたっては，個客の購買行動分析により，（　①　）に個客のデータを蓄積する必要がある。個客のデータは，小売業に（　②　）（データウェアハウス）された後，販売目的の仮説に合わせて（　③　）（データマイニング）される。

(10) 必要な情報は戦略として企画され，個客へのマーケティングに活用され，これが個客のニーズや欲求への小売業の解答となり，（　①　）へと結びつく。

(11) CRMは，（　①　）の経営をミッションとする組織を頂点として，3Mで表わされる政策を結びつける組織体制（マネジメント，マーチャンダイジング，マーケティング）を確立することで効果的な運営ができる。

3 顧客戦術としてのFSP展開　（解答☞p.261）

(1) 価格志向のマスセールス型は，競争優位性を発揮して勝ち残ろうとする（　①　）である。

(2) 顧客を中心として競争他社と棲み分けるロイヤルティ・マーケティング型は，（　①　）を発揮して棲み分けることによって生き残りをはかろうとする小売業であり，FSPなどを展開する（　②　）と位置づけられる。

(3) 価格競争の激化とともに，それまでの（　①　）による来店頻度の向上策からカード社会の到来による顧客の（　②　）へと時代背景が変わってきたことなどが，FSPの導入を促進させた。

(4) FSP導入の背景は，トレーディング・スタンプのカード化，競争店の相次ぐ値引き攻勢や（　①　）への対抗手段，差別化や棲み分け戦略の実行策，（　②　）の進展などがある。

(5) FSPを導入していない小売業の理由は，かなりの（　①　）を必要とすること，データの解析や実行プログラムの運営を担う（　②　）が整備できないなどが主な理由である。

(6)　ＦＳＰを導入した小売業が抱える問題点と課題は，1）値引きチラシなど
を中止できずにＦＳＰを併用しているため，販売促進にかかるコストが倍増
している，2）（　①　）を収集できるようになったが，体制の不備によって
その分析と活用に至っていない，3）会員への特典は，ポイントによるもの
に終始し，有力な（　②　）の企画や運営ができない，4）ポイントによる
未払い債務が累積しているなどがある。

(7)　ＦＳＰの問題点や課題の解決策は，1）対象商品の限定，特典提供期間の
限定，会員の限定などによって，会員（　①　）を設定する，2）情報提供
や宅配など会員への特別サービスを行う，3）会員に向けた有償と無償の特
別景品を企画し提供する，4）会員に向けた特別の招待を企画運営する，
5）商品企画，店舗企画，経営参加など，会員に向けた特別の（　②　）を
設営するなどがある。

(8)　優良顧客への特典の強化としては，優良顧客の会員化を促進する，優良顧
客ほど特典サービスを強化する，（　①　）の買上金額でポイント率を累進さ
せる，ポイント以外の特典の提供を強化するなどがある。

(9)　日本の小売業は，すべての顧客の（　①　）を貫いてきた。今後は（　②　）
を大きく改善するためには，顧客ごとに異なる特典やサービスを提供しなけ
ればならない。

(10)　ＦＳＰの運営にあたっては，類似する（　①　）を持つ顧客を識別し，（
②　）ごとに異なる特典やサービスを提供する。顧客が繰り返しその店舗に
来店するかどうかは，店内でのよい体験や得られる特典の有無による。

(11)　ＦＳＰの運営では顧客の情報を収集し，それを小売店経営に活用し顧客を
維持していくことにねらいがあり，ストアオペレーションと（　①　）を改
善する，競争店と棲み分けて独自の小売店経営を目指す，顧客との1対1の
（　②　）を築き上げるなどがある。

(12)　ＦＳＰの展開レベルには，次のような4段階がある。第1段階は単純に
（　①　）を導入するレベル，第2段階は優良顧客を見極めて，その顧客層を
優遇する策を展開するレベル，第3段階は顧客情報を積極的に活用するレベ

　ル，第4段階は個々の顧客に対する（　②　）の展開レベルである。

(13)　ＦＳＰ成功の条件は，ⅰ）プログラム自体を（　①　）する，ⅱ）還元す
　るのは（　②　）の顧客だけにする，ⅲ）ＦＳＰ中心の購買促進を行うであ
　る。

解答　重要キーワード補充問題

1　顧客中心主義の考え方

(1)①価値観　(2)①顧客中心　(3)①尊重　②価値づけ　(4)①顧客シェア
②コーディネート　(5)①リレーションシップ　(6)①マネジメント
(7)①流動化　②協働

2　顧客戦略としてのCRM展開

(1)①ビジネスモデル　(2)①良好な関係　②長期間　(3)①上位顧客
(4)①デシル分析　②買上点数　③スペース　(5)①組織体制
(6)①中期的　(7)①データベース化　(8)①購買促進　(9)①時系列的
②蓄積　③加工　(10)①顧客満足　(11)①顧客重視

3　顧客戦術としてのFSP展開

(1)①広域型チェーンストア　(2)①個性化　②マーケティング・リテーラー
(3)①スタンプ　②囲い込み　(4)①ポイントプログラム　②情報システム
(5)①コスト　②体制　(6)①顧客データ　②販促プログラム
(7)①特別価格　②参加の場　(8)①一定期間　(9)①平等化　②利益
(10)①購買特性　②顧客カテゴリー　(11)①利益率　②良好な関係
(12)①ポイントプログラム　②ワントゥワン・マーケティング　(13)①単純化
②一部

第5章

顧客戦略の展開方法
本試験形式問題◀

第23問　次の文章は,小売業マーケティング戦略の方向性について述べている。文中の〔　〕の部分に,下記に示すア～オのそれぞれの語群から最も適当なものを選んで,解答欄にその番号を記入しなさい。

　小売業のマーケティング戦略は,〔　ア　〕間競争の激化に伴い,二極分化している。それは,価格志向の〔　イ　〕型として競争優位性を発揮する〔　ウ　〕と,ロイヤルティ・マーケティング型の〔　エ　〕戦略によって競争他社と棲み分ける小売業があり,顧客を識別して〔　オ　〕などを展開するマーケティング・リテーラーと位置づけられる。

【語　群】
ア　〔1．地域　　2．異業態　　3．同業種　　4．異業種〕
イ　〔1．ディスカウント　　2．簡易　　3．スピード
　　　4．マスセールス〕
ウ　〔1．狭域型店舗　　2．均一店舗　　3．大衆店舗
　　　4．広域型チェーンストア〕
エ　〔1．先鋭化　　2．個別　　3．個性化　　4．単独〕
オ　〔1．FSP　　2．CRM　　3．CS　　4．FFP〕

解答欄	ア	イ	ウ	エ	オ

第24問 次の文章は，フリークエントショッパーズ・プログラムの運営につい
て述べている。文中の〔　〕の部分に，下記に示すア～オのそれぞれ
の語群から最も適当なものを選んで，解答欄にその番号を記入しなさい。

　フリークエントショッパーズ・プログラム（FSP）の運営にあたっては，
売上額・利益額・〔　ア　〕など，類似する〔　イ　〕を持つ顧客を識別し，
〔　ウ　〕ごとに異なる〔　エ　〕やサービスを提供する。特に，購買額の
〔　オ　〕顧客には十分な還元をすべきである。

【語　群】
ア〔1．来店頻度　　2．購買個数　　3．購買金額　　4．経費額〕
イ〔1．数値　　2．購買回数　　3．購買特性　　4．属性〕
ウ〔1．顧客頻度　　2．買上金額　　3．特定商品　　4．顧客カテゴリー〕
エ〔1．景品　　2．特典　　3．金額　　4．キャッシュ〕
オ〔1．上位　　2．安定　　3．低位　　4．一定〕

解答欄	ア	イ	ウ	エ	オ

4 マーケティング

解答欄	ア	イ	ウ	エ	オ

第25問　次の文章は，ＣＲＭの基本戦略であるワントゥワン・マーケテイング
　　　　について述べている。文中の〔　　〕の部分に，下記に示すア～オのそ
　　　　れぞれの語群から最も適当なものを選んで，解答欄にその番号を記入し
　　　　なさい。

　　ワントゥワン・マーケティングは，顧客一人ひとりの〔　ア　〕やニーズな
どに合わせてマーケティングを実践するものである。顧客は商品やサービスの
内容や情報が，１対１の関係の中で成立しているように感じられ，〔　イ　〕
の維持と〔　ウ　〕の拡大を，〔　エ　〕技術を駆使した〔　オ　〕によって
実現することがねらいである。

【語　群】
ア〔１．個性　　２．居住地　　３．感性　　４．属性〕
イ〔１．流動客　　２．購買客　　３．既存客　　４．来店客〕
ウ〔１．商品シェア　　２．顧客シェア　　３．店舗シェア
　　　４．市場シェア〕
エ〔１．情報システム　　２．携帯　　３．接客　　４．モバイル〕
オ〔１．マス広告　　２．マスセールス　　３．物流体制
　　　４．マス・カスタマイゼーション〕

解答欄	ア	イ	ウ	エ	オ

第26問　次のア〜オは，フリークエントショッパーズ・プログラム成功の条件
について述べている。正しいものには1を，誤っているものには2を，
解答欄に記入しなさい。

ア　豊富な情報提供を第一とし，顧客の利便性に応えることである。

イ　わかりやすく，使いやすいシステムにして顧客に受け入れてもらうことで
ある。

ウ　下位70％の一般顧客に対しては，通常の販売促進を継続して行うことであ
る。

エ　上位30％などの優良顧客だけを対象とし，下位70％などの顧客を除外する
ことである。

オ　すべての購買促進策は，フリークエントショッパーズ・プログラムを中心
に実施することである。

解答欄	ア	イ	ウ	エ	オ

| 解答・解説 | 本試験形式問題 |

第23問

【2－4－4－3－1】

　マスセールス型のチェーンストアに対して，個性化戦略で棲み分けをはかる顧客中心型の小売業にとって，ＦＳＰが大きな武器となることを理解することが必要である。

第24問

【1－3－4－2－1】

　ＦＳＰ導入の目的と経緯，優良顧客への特典の強化，ＦＳＰの展開レベルの４段階の内容も，合わせて理解してほしい。

第25問

【4－3－2－1－4】

　カスタマー・リレーションシップ・マネジメント（ＣＲＭ）の基本戦略としてのワントゥワン・マーケティングの基本的な考え方をしっかりと理解することが重要である。既存顧客の維持，顧客シェアの拡大は，重点キーワードである。

第26問

【2－1－2－1－1】

　アは，多すぎる情報提供は顧客にとって不便な存在となる，が正しい内容である。ウは，上位30％の顧客には感謝の意を態度で示すことと，単独での販売促進は廃止し誰にでも安売りなどの特典を提供する方針を中止すること，が正しい内容である。

5

販売・経営管理

第1章

販売管理者の法令知識
➤重要キーワード補充問題

1 取引の法知識　　　　　　　　（解答☞ p.281）

1－1　契約に関する法知識

1－1－1　契約法の基礎知識

⑴　契約とは，債権や債務を発生させる原因となる（　①　）のことである。

⑵　近代市民法の3大原則は，「所有権の絶対」「（　①　）自由の原則」「過失責任の原則」である。

⑶　契約（　①　）の自由とは，契約を締結する・しないの自由，および契約の相手方を選択する自由のことである。

⑷　契約内容については，あらかじめ（　①　）の承認を受けるなどの制限を設ける場合がある。

⑸　契約の締結を慎重にさせ，内容を明確にしておくために一定の形式を要する場合があり，これを（　①　）という。

⑹　契約が成立するためには，両当事者間での（　①　）が必要である。

⑺　つまり，（　①　）とこれに対する承諾によって契約が成立する。

⑻　（　①　）とは，当事者間で明確に定められなかった事項にのみに適用される規定である。

⑼　（　①　）とは，当事者間の自由意思で適用を排除することができない法律の規定である。

⑽　契約成立の証明方法は，多くの場合に書面の記載となり，後日の証拠となる（　①　）の作成は重要である。

⑾　履行とは，約束どおりの行為をすることであり，約束どおりの行為をしないことを（　①　）という。

⑿　履行遅滞とは，（　①　）までに履行をしないことである。

⒀　履行（　①　）とは，履行ができなくなることをいう。

⒁　不完全履行とは，（　①　）どおりの履行とはいえず不完全なことである。

⒂　不完全履行の場合，売り主は（　①　）を負い，買主は完全履行を請求できるが，これを「履行の（　②　）」という。

⒃　有償契約とは，売買契約において（　①　）を伴うという意味である。

⒄　双務契約とは，売主には商品の（　①　）義務，買主には支払義務がそれぞれ伴うという意味である。

⒅　諾成契約とは，（　①　）のみによって契約が成立するという意味である。

⒆　数量を定めた売買で数量が不足するときや，買主の期待する品質でない場合，これを（　①　）という。

⒇　見積書や売買契約書に特別な規定がない場合，代金の支払いと商品の引渡しは（　①　）の関係にある。

㉑　買主が支払期限を過ぎた場合，当事者同士で合意している約定利率がなければ，（　①　）による利息を支払わなければならない。なお，現在の法定利息は，2020（令和2）年が3％で，その後3年ごとに見直す（　②　）である。

1－1－2　印紙税の基礎知識

⑴　印紙の貼付と消印の根拠法は，（　①　）である。

⑵　消印の方法は通常，課税文章の作成者が文書と印紙にかけて印鑑で押印するが，（　①　）で消印してもよい。

⑶　印紙の貼付や消印を行わなかった場合は，（　①　）や罰金，あるいは1年以下の懲役刑などの刑事処分を受け，さらに（　②　）として当該印紙税額の合計の3倍にあたる額を追徴される。

(4) 印紙貼付や消印を行わず刑事処分等を受けたとしても，（　①　）は無効とはならない。

1－2　支払手段の法知識

1－2－1　小切手の基礎知識

(1) 小切手は，発行者（振出人）が第三者（支払人＝銀行）に宛てて一定金額を支払うべきことを委託する形式の（　①　）である。

(2) 小切手を発行するには，（　①　）と呼ばれる一定の事項を小切手用紙に記載し，振出人がこれに署名して受取人に交付する方式による。

(3) （　①　）事項とは，必ず記載しなければならない事項であり，小切手であることを示す文字，小切手金額，支払人，振出人の署名また記名・押印などがある。

(4) （　①　）事項とは，記載してもしなくてもよい事項であり，受取人，線引，拒絶証書作成免除などがある。

(5) 有害的記載事項とは，記載すると（　①　）となる事項である。

(6) 線引とは，小切手の表面に（　①　）を引くことであり，この小切手を線引小切手という。

(7) （　①　）線引小切手は，平行線内に何も書かないか，銀行と同一の意味の文言を記載するものである。

(8) （　①　）線引小切手は，特定の銀行名を記載したものである。

(9) 小切手の呈示期間は，（　①　）から10日間（初日は算入されない）とされている。

(10) 小切手の時効について，債務者に対する債権は，呈示期間経過後6か月で（　①　）により消滅する。

1－2－2　約束手形の基礎知識

(1) 約束手形は，（　①　）が一定の金額を支払うべきことを約束する形式の手形であり，手形法で詳細に規定されている。

(2) 約束手形の発行では，手形要件と呼ばれる一定の事項を手形用紙に記載し，

（　①　）がこれに署名して受取人に交付する。

(3) 手形要件には，絶対的記載事項，（　①　）事項，有害的記載事項がある。

(4) 最低限署名さえあれば，（　①　）までに他の必要事項が記載されることによって有効な手形となり，振出人は記載どおりの手形上の責任を負うことになる。このような手形を（　②　）といい，白地部分を埋めることを（　③　）という。

(5) 自分が有する手形の裏面に自己の署名や記名押印をして，他の債権者に交付して（　①　）手段とすることができるが，これを（　②　）という。

(6) 約束手形における支払いの呈示期間は，一覧払の手形の場合は振出日から（　①　）となっている。

(7) 所持人の振出人に対する約束手形の権利は，満期の日から（　①　）年で時効により消滅し，（　②　）に対する権利は満期の日から1年で消滅する。

(8) 手形や小切手を紛失したり盗難にあったりした場合は，（　①　）手続により証書を無効とすることができる。

1-2-3 クレジットカード，プリペイドカードなどの基礎知識

(1) 信販会社や銀行などが発行するクレジットカードを所持する会員は，カードにより（　①　）でサービスの提供を受けたり商品を購入したりすることができる。

(2) 大規模小売業者が自社でのみ通用するカードを発行する形式では，カードで買物をした会員の（　①　）から一定期日に代金を引き落として決済することとなる。

(3) プリペイドカードとは代金（　①　）のカードであり，消費者が代金を前払いして商品やサービスを受けるためのカードを購入して利用する。

(4) （　①　）とは，小売店の店頭で買物の際に，銀行預金の口座から即時直接決済するカードである。

(5) （　①　）手段における商品券やカタログギフト券などは（　②　）法の適用を受けるが，（　③　）や社員食堂の食券など政令で定められたものと，発行日から（　④　）以内に限って使用できるものは含まれない。

2 仕入に関する法知識 （解答☞p.282）

2－1　商品の仕入における法律効果

(1)　商品売買においては，（　①　）とともに，買い手と売り手双方に債権・債務の関係が成立する。

(2)　契約は，買い手の申込みの意思表示と，売り手の（　①　）の意思表示との合致により成立する。

(3)　（　①　）取引とは，小売店が顧客と結ぶ売買契約などであり，都度，不特定の顧客と売買契約を結ぶものである。

(4)　これに対し（　①　）取引とは，商品を仕入れる場合などのように小売業と卸売業などとの間で結ばれる継続的な取引契約を指し，継続的商品売買について基本契約書を交わすこととなる。

(5)　小売業の基本契約では，仕入れる商品の品名・数量・品質などを（　①　）との間で明確に定めておくことが必要である。

(6)　引渡条件では，引渡場所，引渡時期，（　①　）方法を定めておく必要がある。

(7)　買い手の検査義務や（　①　）義務については，契約書で定めることが望ましい。

2－2　仕入の方法と法知識

(1)　（　①　）契約とは，小売業が商品を買い取るような場合にメーカーや卸売業との間で交わす，仕入に関する契約である。

(2)　単純な売買による仕入を（　①　）仕入れという。

(3)　これに対し売上仕入（消化仕入）とは，消費者が小売店から商品を購入した時点で，個別商品ごとに小売店とサプライヤーとの個別売買契約が完結され，所有権が順次移転し，（　①　）は売却商品のみにかかる代金債務を負担するものである。

(4) また，（ ① ）販売方式による仕入とは，サプライヤーが小売業に商品の販売を委託し，小売業は受託業務として販売を行うことによって，販売手数料の支払いを受ける仕入方法である。

(5) この方式の契約内容には，受託者の受託商品に関する（ ① ）注意義務，受託者の報告義務，受託者の受領した代金などの引渡義務などがある。

2－3 継続的取引の基礎知識

(1) 継続的取引契約では，取引に共通な事項を基本約定書にまとめて記載し，これを基本契約として，その他の個別事情は（ ① ）で成立するように工夫されている。

(2) 取引基本約定書とは，（ ① ）取引の基本的事項や取引全体に共通する事項を合意して記載した契約書である。

(3) 個別契約では，所定の発注書を送付することが一般的であり，発注に対しては（ ① ）などを送付して契約が確定する。

(4) 買主が売買の目的物の引渡しを受けたのち，これを検査することを（ ① ）という。

2－4 商品仕入の特殊な形態

(1) 代理店契約における代理とは，「代理人が本人から権限を与えられた範囲内で行う意思表示は，（ ① ）に法律効果として帰属する」というものである。

(2) 代理店の流通形態として，家電メーカーと（ ① ）との代理契約，自動車メーカーと系列販売会社との契約などがある。

(3) 代理店は，メーカーなどと売買契約関係を結びつつ，（ ① ）とも直接売買契約を結ぶことから，売り買いによる法律上の権利義務関係を持つことになる。

(4) フランチャイズ契約とは，フランチャイザー(本部)がフランチャイジー(加盟店)と結ぶ契約であり，販売ノウハウを権利として使用させることで一定

の（ ① ）を徴収するという契約形態である。

2－5 独占禁止法その他

⑴ サプライヤーと小売業などとの間における不公正な取引は，「（ ① ）の禁止及び公正取引の確保に関する法律」（独占禁止法）によって禁止されている。

⑵ 独占禁止法は，（ ① ）とも呼ばれ，経済分野における重要な基本的法律である。

⑶ 独占禁止法の目的は，私的独占・不当な取引制限・不公正な取引方法を禁止すること，（ ① ）の過度の集中を防止すること，協定等の方法による生産・販売・価格等の不当な制限や事業活動の不当な拘束を排除することである。

⑷ 独占禁止法の目的を達成するために設置されているのが（ ① ）である。

⑸ 不当な取引制限の典型例は，（ ① ）カルテル，生産カルテルなどのカルテル行為である。

⑹ 不公正な取引方法における（ ① ）指定では，取引拒絶や優越的地位の濫用などの（ ② ）が指定されている。

⑺ 同じく特殊指定では，新聞業，特定荷主による不公正な取引方法，（ ① ）による不公正な取引方法が指定されている。

⑻ 不公正な取引方法の禁止における優越的地位の濫用行為では，協賛金，納入価格の（ ① ），押付販売，従業員などの派遣要請などについて，行政指導が行われている。

⑼ 下請代金支払遅延等防止法の目的は，下請代金の支払遅延等を防止することによって取引を公正にすると同時に，（ ① ）を保護し，国民経済の健全な発達に寄与することである。

⑽ この法律では，親事業者に対して，書面の交付，書類の作成および保存，下請代金の（ ① ），（ ② ）利息という4つの義務を課している。

3 販売に関する法知識

（解答☞ p.282）

3-1 契約の諸原則

(1) 契約の諸原則には，（　①　），公序良俗，契約自由の原則がある。

3-2 消費者の保護から自立支援へ

(1) 2004年，消費者保護という趣旨の「消費者保護基本法」から，消費者の自立を促す「（　①　）」に改正された。

(2) この法では，事業者の責務と消費者の（　①　）が定められている。

3-3 消費者契約法

(1) 消費者契約法の目的は，消費者と事業者との間の情報の質および量ならびに（　①　）の格差が存在することから，消費者の利益の擁護を図ることとされている。

(2) 誤認類型とは，事業者による行為で消費者が（　①　）して契約を結んでしまった場合に，消費者は意思表示を取り消すことができるというものである。

(3) この取り消しを行うと，事業者と消費者双方に原状回復義務が生じ，事業者は消費者に代金の返還を，消費者は（　①　）をしなくてはならない。

(4) （　①　）とは，重要事項について事実と異なることを告げることである。

(5) （　①　）の提供とは，将来における変動が不確実な事項につき，断定的判断を提供することである。

(6) （　①　）の不告知とは，消費者の不利益となる事実を故意に告げないことである。

(7) 困惑類型とは，事業者による行為で消費者が（　①　）して契約を結んでしまった場合に，消費者は意思表示を取り消すことができるというものである。

(8) （ ① ）とは家に訪問して居座り消費者を困らせることであり，（ ② ）とは消費者を勧誘している場所から消費者が退去する意思表示をしているにもかかわらず退去させないことをいう。

3−4 電子商取引に関する法律効果

(1) 電子商取引では，消費者の購入申込みに対して，事業者が受注した旨を返信し消費者に（ ① ）が到着した時点で，承諾の意思表示がなされ契約が成立する。

(2) 未成年者が親の同意なしで契約をしたことが判明した場合，契約を（ ① ）する事態があることを考慮しておく必要がある。

(3) 事業者がホームページで勧誘する内容について，（ ① ）告知などがあれば，消費者契約法により取り消されることがあり得る。

(4) 電子商取引の商品・サービスの内容表示については，客観的事実にもとづき，正確かつ（ ① ）に表示する必要がある。

(5) 重要な情報を表示する場合は，色文字や下線付き文字を明瞭に表示すること，情報の（ ① ）が表示されていることなどが必要となる。

3−5 小売業の販売責任

(1) 請負契約とは，一方の当事者が相手方に対しある仕事を完成させることを約し，相手方はその仕事の完成に対して（ ① ）を約すことによって効力を生ずる契約である。

(2) （ ① ）責任とは，請負契約において，目的物に契約内容と不適合な部分がある場合の，注文者に対する請負人の責任である。

(3) 返品は，契約の解除その他の理由による（ ① ）義務の履行として行われるため，理由のない返品であっても代金の（ ② ）義務は残る。

(4) 保証書の発行によって成立した保証責任は，主に（ ① ）を中心に適正な運用を図っており，全国的な（ ② ）による規制はない。

3－6　消費者保護と苦情処理

(1)　消費者被害の拡大に対応するための法整備として，1968年に「消費者保護基本法」が制定され，（　①　）年には「（　②　）法」へと改正された。

(2)　都道府県に設置されている消費生活センターは，消費者からの相談を専門の相談員が受け付け，（　①　）で処理にあたっている。

(3)　また，国民生活センターでは（　①　）により，消費生活に関する相談の情報を収集している。

3－7　割賦販売法

(1)　割賦販売（自社割賦）とは，購入者から代金を2か月以上の期間にわたり，（　①　）以上に分割して受領することを条件として，政令で指定された商品などの販売を行うことである。

(2)　割賦販売には，（　①　）方式とクレジットカードを利用する方式がある。

(3)　クレジットカードを利用する方式には，「総合方式」と「（　①　）方式」がある。

(4)　（　①　）式割賦販売とは，指定商品を引き渡すに先立って，購入者から2回以上にわたり，その代金を全部または一部受領するものであり，事前に（　②　）の許可が必要となる。

(5)　割賦販売では，（　①　）の際に，支払方式に応じた支払期間や支払回数，手数料率などの（　②　）を一括して表示しなくてはならない。

(6)　割賦販売契約の締結時には，必要事項を記載した（　①　）書面を交付する必要がある。

(7)　ローン提携販売とは，消費者が購入する際に金融機関から（　①　）を借り入れ，2か月以上かつ3回以上に分割して金融機関に返済することを条件として，（　②　）が消費者の債務を保証するものである。

(8)　包括信用購入あっせん業者とは，信販会社や（　①　）会社のことである。

(9)　包括信用購入あっせんとは，あっせん業者が交付するカードを使って消費

者が商品等を購入する場合において，（　①　）があっせん業者から（　②　）払いを受け，購入者があっせん業者に代金を支払うという契約形態である。

(10)　個別信用購入あっせんでは，あっせん業者は（　①　）の登録簿に登録されなければ同業を営むことができない。

(11)　個別信用購入あっせんでは，多くの（　①　）が発生しており，2008年の法改正で，訪問販売での虚偽説明や（　②　）販売が行われた場合は，クレジット契約を取り消したり解除したりすることが可能となった。

3－8　特定商取引法

(1)　特定商取引法とは，（　①　）の多い訪問販売や通信販売において，消費者の利益を守るための法律である。

(2)　対象となる取引類型は，訪問販売，通信販売，電話勧誘販売，（　①　）取引，特定継続的役務提供，業務提携誘引販売取引，（　②　）の七つである。

(3)　訪問販売におけるクーリングオフは，契約に関する書面を受け取った後（　①　）日以内であれば，消費者は（　②　）によって申込み撤回や契約解除ができる。

(4)　ただし，（　①　）を使ってしまった場合や現金取引の場合で総額が（　②　）円未満の場合には，クーリングオフは適用されない。

(5)　通信販売では，（　①　）が禁止されており，著しく事実に相違する表示や著しく優良，有利であると誤認させるような表示が該当する。

(6)　また，（　①　）規制により，消費者があらかじめ承諾しない限り，原則的には電子メール広告は送信できない。

(7)　電話勧誘販売は，電話で勧誘し，消費者から「（　①　）」によって，申込みを受けたり契約を締結したりする販売方式である。

(8)　連鎖販売取引とは，物品販売（役務提供）であり，再販売や受託販売あるいは販売あっせんする者を（　①　）が得られると誘引し，（　②　）を伴う取引を行う事業である。

(9)　特定継続的役務提供とは，（　①　）を超えて，一定金額を超える対価で特定継続的役務を提供することである。

(10)　2017年12月現在，エステティックサロン，（　①　），語学教室，家庭教師，学習塾，パソコン教室，（　②　）紹介サービスの7役務が該当しており，全て金額が総額（　③　）円を超えるものである。

(11)　業務提供誘引販売取引とは，紹介する仕事を担えば（　①　）が得られると広告し，その仕事に必要な道具や必要な教材等を（　②　）に負担させる事業を指す。

(12)　訪問購入とは，（　①　）以外の場所で，購入業者が物品の（　②　）を行うことである。一般住宅の高齢者や女性を対象とした（　③　）などを訪問購入する事件が多発したことから，2013年2月から施行された。

(13)　ネガティブ・オプションとは，（　①　）商法といわれるもので，一方的に商品を送付しておいて代金を請求するという商法である。

(14)　商品の到着日から（　①　）日を経過するまでに，受け取った側が購入の承諾を行わず，販売業者が引き取らなかった場合には，販売業者は商品の（　②　）請求ができなくなる。

4　商標法，不正競争防止法，景品表示法 （解答☞ p.283）

(1)　（　①　）は，商人が自己を表示し他と識別するための名称である。

(2)　これに対し商標は，特定の商品や役務（サービス）について他の商品やサービスと識別するための（　①　）である。

(3)　商標は，登録を受けることができ，登録を受けた商標を「（　①　）」という。

(4)　不正競争防止法では，事業者間の（　①　）を防止するため，各種の行為が禁止されている。

(5)　（　①　）は，不当な顧客の誘引を防止する必要があると認めるときは，景品類の価額の最高額，総額，提供の方法その他の事項を制限，禁止すること

ができる。

(6)　景品表示法の総付（べた付け）景品についての規制では，取引価額1,000円未満の場合の景品類最高額は（　①　）円，取引価額1,000円以上の場合は取引価額の（　②　）となっている。

(7)　また，懸賞により提供する景品類の（　①　）額は，取引価額が5,000円未満の場合は（　②　）倍，取引価額が5,000円以上の場合は10万円とされており，懸賞に提供する景品類の（　③　）額は，懸賞にかかる売上予定総額の（　④　）以内とされている。

5 リスクマネジメント

（解答☞p.283）

(1)　個人情報保護法は，（　①　）を保護することを目的として，2005年4月1日に施行され，（　②　）年に改正された。

(2)　個人情報とは特定の個人を（　①　）できるもの，（　②　）とは個人情報データベースなどを構成する個人情報のことをいう。

(3)　また保有個人データとは，個人データのうち，開示，訂正，利用停止の権限を有しているもので，（　①　）か月を超えて保有する情報のことをいう。

(4)　（　①　）は，法改正により制限が撤廃され，法人に限定されず，個人事業主やNPO法人なども対象となる。

(5)　小売業における個人情報の種類には，顧客に関する個人情報，従業員に関する個人情報，仕入先企業に関する個人情報，メールアドレス，防犯カメラに録画された（　①　）などがある。

解答　重要キーワード補充問題

1　取引の法知識

1－1　契約に関する法知識

1－1－1　契約法の基礎知識

(1)①約束　　(2)①契約　　(3)①締結　　(4)①監督官庁　　(5)①要式契約

(6)①合意　　(7)①申込み　　(8)①任意規定　　(9)①強行規定

(10)①契約書等文書　　(11)①債務不履行　　(12)①約束の期日　　(13)①不能

(14)①契約内容　　(15)①契約不適合責任　　②追完請求　　(16)①代価の支払い

(17)①引渡　　(18)①合意　　(19)①契約内容不適合　　(20)①同時履行

(21)①法定利率　　②変動制

1－1－2　印紙税の基礎知識

(1)①印紙税法　　(2)①サイン　　(3)①科料　　②過怠税　　(4)①契約そのもの

1－2　支払手段の法知識

1－2－1　小切手の基礎知識

(1)①有価証券　　(2)①小切手要件　　(3)①絶対的記載　　(4)①任意的記載

(5)①無効　　(6)①２本の平行線　　(7)①一般　　(8)①特定　　(9)①振出日

(10)①時効

1－2－2　約束手形の基礎知識

(1)①発行者（振出人）　　(2)①振出人　　(3)①任意的記載　　(4)①呈示

　②白地手形　　③補充　　(5)①支払　　②裏書　　(6)①満１年

(7)①３（年）　　(8)①裏書人　　②公示催告

1－2－3　クレジットカード，プリペイドカードなどの基礎知識

(1)①加盟店　　(2)①銀行口座　　(3)①前払い　　(4)①デビッドカード

(5)①前払式支払　　(6)①資金決済　　(7)①乗車券（または美術館等の入場券）

(8)①６か月

2 仕入に関する法知識

2-1 商品の仕入における法律効果

(1)①所有権の移転　(2)①承諾　(3)①一時　(4)①継続　(5)①仕入先企業

(6)①引渡　(7)①通知

2-2 仕入の方法と法知識

(1)①売買　(2)①買取　(3)①小売店　(4)①委託　(5)①善管

2-3 継続的取引の基礎知識

(1)①個別契約　(2)①継続的　(3)①注文請書　(4)①検収

2-4 商品仕入の特殊な形態

(1)①本人　(2)①電気店　(3)①消費者　(4)①ロイヤルティ

2-5 独占禁止法その他

(1)①私的独占　(2)①経済の憲法　(3)①事業支配力　(4)①公正取引委員会

(5)①価格　(6)①一般　②行為類型　(7)①大規模小売業者　(8)①値引

(9)①下請業者の利益　⑽①支払期日　②遅延

3 販売に関する法知識

3-1 契約の諸原則

(1)①信義則

3-2 消費者の保護から自立支援へ

(1)①消費者基本法　(2)①責務

3-3 消費者契約法

(1)①交渉力　(2)①誤認　(3)①商品の返品　(4)①不実告知

(5)①断定的判断　(6)①不利益事実　(7)①困惑　(8)①不退去

　②退去妨害（監禁）

3-4 電子商取引に関する法律効果

(1)①メール　(2)①断られたり取り消されたり　(3)①不実　(4)①明瞭

(5)①更新日

3－5　小売業の販売責任
(1)①報酬の支払い　　(2)①契約内容不適合　　(3)①原状回復　　②支払
(4)①業界団体　　②法律

3－6　消費者保護と苦情処理
(1)①2004　　②消費者基本　　(2)①公正な立場
(3)①PIO－NET（パイオネット：全国消費生活情報ネットワーク・システム）

3－7　割賦販売法
(1)①3回　　(2)①個品　　(3)①リボルビング　　(4)①前払　　②経済産業大臣
(5)①広告　　②法定事項　　(6)①契約　　(7)①商品代金　　②販売会社
(8)①クレジットカード発行　　(9)①販売業者　　②立替　　⑽①経済産業省
⑾①消費者トラブル　　②過量

3－8　特定商取引法
(1)①消費者トラブル　　(2)①連鎖販売　　②訪問購入　　(3)①8　　②書面
(4)①消耗品　　②3千　　(5)①誇大広告等　　(6)①オプトイン　　(7)①郵便等
(8)①特定利益　　②特定負担　　(9)①一定期間　　⑽①美容医療
　②結婚相手　　③5万　　⑾①利益　　②消費者　　⑿①店舗等　　②購入
　③貴金属類　　⒀①送りつけ　　⒁①＝14　　②返還

4　商標法，不正競争防止法，景品表示法
(1)①商号　　(2)①営業標識　　(3)①登録商標　　(4)①不正な競争
(5)①内閣総理大臣　　(6)①200　　②2／10　　(7)①最高　　②＝20
　③総　　④2％

5　リスクマネジメント
(1)①個人の情報　　②2015　　(2)①識別　　②個人データ　　(3)①6
(4)①個人情報取扱事業者　　(5)①個人の画像

第1章

販売管理者の法令知識
本試験形式問題◀

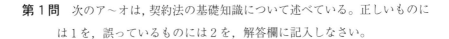

第1問 次のア〜オは，契約法の基礎知識について述べている。正しいものには1を，誤っているものには2を，解答欄に記入しなさい。

ア 任意規定とは，当事者間の自由意思で適用を排除することができない法律の規定である。

イ 債務の履行において，履行遅滞とは，約束の期日までに履行をしないことである。

ウ 債務の履行において，不完全履行とは，履行ができなくなることである。

エ 売買契約において，諾成契約とは，売主には商品の引渡義務，買主には支払義務がそれぞれ伴うことを意味する。

オ 収入印紙の消印は，印鑑による押印が必要であり，署名やサインでは無効となる。

解答欄	ア	イ	ウ	エ	オ

第2問 次の文章は，約束手形の基礎知識について述べている。文中の
〔　〕の部分に，下記に示すア～オの語群から最も適当なものを選ん
で，解答欄にその番号を記入しなさい。

　約束手形は，〔　ア　〕さえあれば，呈示のときまでに他の必要事項が記載
されることによって有効な手形となるが，このような手形を〔　イ　〕という。
　約束手形に記載された〔　ウ　〕が来るまで金融機関に支払いを要求しても
現金化できないが，自分の有している手形を他の債権者に交付して〔　エ　〕
とすることができる。なお，紛失したり盗難にあったりしたときは，〔　オ
　〕手続により証書を無効とすることができる。

【語　群】

ア〔1．手形金額　　2．線引　　3．署名　　4．絶対的記載事項〕

イ〔1．割引手形　　2．白地手形　　3．譲渡手形　　4．線引手形〕

ウ〔1．振出日　　2．時効　　3．支払期日　　4．呈示期間〕

エ〔1．有価証券　　2．支払手段　　3．債権回収　　4．積立金〕

オ〔1．公示催告　　2．紛失届　　3．簡易裁判　　4．少額訴訟〕

解答欄	ア	イ	ウ	エ	オ

第3問 次の文章は，仕入に関する法知識について述べている。文中の
〔　〕の部分に，下記に示すア～オの語群から最も適当なものを選ん
で，解答欄にその番号を記入しなさい。

　〔　ア　〕とは，基本売買契約をもとに，消費者へ小売店が販売した段階で

5 販売・経営管理

個別売買契約が完結し，所有権が移転され，小売店は売却商品のみの代金債務を負担するというものである。また，〔　イ　〕とは，小売業が受託業務として販売を行い，〔　ウ　〕の支払いを受けるという仕入方法である。この場合の契約内容には，善管注意義務，〔　エ　〕義務，受託者の受領した代金などの引渡義務などがある。なお，返品に関しては，大規模小売業とサプライヤーとの関係で，優越的地位の濫用の禁止・その他の行為が〔　オ　〕で掲げられている。

【語　群】

ア〔1．委託販売　　2．買取仕入　　3．買取販売　　4．売上仕入〕

イ〔1．委託販売　　2．買取仕入　　3．買取販売　　4．売上仕入〕

ウ〔1．販売手数料　　2．売上金額　　3．売上総利益額

　　4．営業利益額〕

エ〔1．商品の仕入　　2．受託者の報告　　3．商品の販売

　　4．委託者の報告〕

オ〔1．消費者基本法　　2．下請代金支払遅延等防止法

　　3．独占禁止法　　4．基本約定書〕

解答欄	ア	イ	ウ	エ	オ

第4問　次のア～オは，仕入に関する法知識について述べている。正しいものには1を，誤っているものには2を，解答欄に記入しなさい。

ア　継続的取引契約では，個別事情も含め，すべて基本契約に取り込むようにする。

イ　基本約定書とは，継続的取引の基本的事項や取引全体に共通する事項を合
　　意して記載した契約書である。

ウ　発注書を送付に対して，注文請書などを送付することで契約が確定する。

エ　代理人の意思表示は，本人の法律効果として帰属するわけではない。

オ　フランチャイズ契約とは，本部が加盟店と結ぶ契約である。

解答欄	ア	イ	ウ	エ	オ

第5問　次の文章は，独占禁止法その他について述べている。文中の〔　　〕
　　　　　の部分に，下記に示すア～オの語群から最も適当なものを選んで，解答
　　　　　欄にその番号を記入しなさい。

　下請代金支払遅延等防止法は，下請代金の支払遅延等を防止することによっ
て，取引を公正にすると同時に下請業者の〔　ア　〕を保護するという目的が
ある。この法律によると，〔　イ　〕は，公正取引委員会の定める方法によって，
規定の事項を記載した書類を作成し下請事業者に交付した上で，〔　ウ　〕保
存する必要がある。また，下請代金の支払期日は，親事業者が給付を受領した
日から起算して〔　エ　〕以内とされている。親事業者が支払期日までに下請
代金を支払わなかったときは，〔　オ　〕が必要となる。

【語　群】

ア　〔1．利益　　2．売上高　　3．資金繰り　　4．経営〕

イ　〔1．下請事業者　　2．親事業者　　3．行政書士　　4．監察官〕

ウ　〔1．デジタル　　2．法務局へ　　3．一定期間　　4．決算月まで〕

エ　〔1．30日　　2．45日　　3．90日　　4．60日〕

オ 〔1．訴訟　　2．返品　　3．貸倒引当の設定　　4．遅延利息の支払〕

解答欄	ア	イ	ウ	エ	オ

第6問　次の文章は，契約の諸原則について述べている。文中の〔　　〕の部分に，下記に示すア〜オの語群から最も適当なものを選んで，解答欄にその番号を記入しなさい。

　信義則とは，権利の行使や義務の履行にあたって，信義にしたがい〔　ア　〕に行わなければならないとするものである。公序（公の秩序）とは社会の一般的〔　イ　〕を，良俗（善良の風俗）とは社会の一般的〔　ウ　〕を意味する。契約自由の原則とは，〔　エ　〕契約は誰とでもどのような契約でも，自由に結ぶことができるというものであり，〔　オ　〕の基本原則である。

【語　群】

ア 〔1．絶対的　　2．誠実　　3．強硬　　4．適正〕

イ 〔1．道徳　　2．正義　　3．倫理　　4．利益〕

ウ 〔1．道徳　　2．正義　　3．倫理　　4．利益〕

エ 〔1．売買　　2．取引　　3．機密保持　　4．金銭貸借〕

オ 〔1．会社法　　2．民法　　3．憲法　　4．商法〕

解答欄	ア	イ	ウ	エ	オ

第7問 次のア～オは, 消費者基本法について述べている。正しいものには1を, 誤っているものには2を, 解答欄に記入しなさい。

ア 販売員には, 消費者に必要な情報をもれなく提供する商品知識が必要であるとされている。

イ 消費者の理解度に応じて, 商品知識を説明順序通りに提供しなくてはならない。

ウ 事業者は, 企業の社会的責任として, 行政施策に協力すること。

エ 消費者は, 権利や保護をしっかりと主張すること。

オ 消費者は, デジタル製品などの著作権の保護に配慮すること。

解答欄	ア	イ	ウ	エ	オ

第8問 次の文章は, 消費者契約法について述べている。文中の〔 〕の部分に, 下記に示すア～オの語群から最も適当なものを選んで, 解答欄にその番号を記入しなさい。

〔 ア 〕類型では, 事業者による行為で, 消費者が〔 ア 〕して契約を結んでしまった場合には, 消費者は意思表示を取り消すことができる。取り消しの場合は, 事業者と消費者双方に〔 イ 〕が生じ, 事業者は消費者に〔 ウ 〕を, 消費者は〔 エ 〕をしなければならない。〔 オ 〕類型では, 事業者の不退去等による契約を取り消すことができる。

【語 群】
ア 〔1. 誤認 2. 困惑 3. 第一 4. 基本〕

イ　〔1．原状回復義務　　2．弁済義務　　3．和解義務　　4．訴訟〕

ウ　〔1．起訴　　2．代金の返還　　3．弁明　　4．商品の返品〕

エ　〔1．起訴　　2．代金の返還　　3．弁明　　4．商品の返品〕

オ　〔1．誤認　　2．困惑　　3．第一　　4．基本〕

解答欄	ア	イ	ウ	エ	オ

第9問　次の文章は，消費者保護と苦情処理について述べている。文中の
　　　　　〔　　〕の部分に，下記に示すア～オの語群から最も適当なものを選ん
　　　　　で，解答欄にその番号を記入しなさい。

　苦情処理は〔　ア　〕の責務であるとして，〔　イ　〕法，地方公共団体，
独立行政法人国民生活センターなどが，積極的な役割を果たすよう定めている。
また，都道府県が設置している〔　ウ　〕センターは，消費者からの相談を専
門の〔　エ　〕が受け付け，公正な立場で処理にあたっている。さらに，近年
の消費者被害への対応として，国民生活センターの〔　オ　〕では，消費生活
に関する相談の情報を収集している。

【語　群】

ア　〔1．市区町村　　2．事業者　　3．都道府県　　4．コールセンター〕

イ　〔1．消費者基本法　　2．独占禁止法　　3．会社法
　　　4．下請代金遅延等防止法〕

ウ　〔1．苦情処理　　2．国民生活　　3．相談窓口　　4．消費生活〕

エ　〔1．コンサルタント　　2．処理機器　　3．相談員
　　　4．コンシェルジュ〕

オ 〔1．POI-NET　　2．PIO-NET　　3．POI-MET
　　4．PIO-MET〕

解答欄	ア	イ	ウ	エ	オ

第10問 次の文章は，割賦販売法について述べている。文中の〔　　〕の部分
に，下記に示すア～オの語群から最も適当なものを選んで，解答欄にそ
の番号を記入しなさい。

　割賦販売とは，購入者からの代金を〔　ア　〕か月以上の期間にわたり，か
つ〔　イ　〕回以上に分割して受領することを条件として，政令指定の商品な
どの販売を行うことであり，売主と買主の直接取引であることから，〔　ウ　〕
とも呼ばれている。また，〔　エ　〕式割賦販売という形態もあり，指定商品
を引き渡すに先立って，購入者から2回以上にわたり，その代金の全部または
一部を受領するものであり，事業者は，〔　オ　〕の許可が必要となる。

【語　群】

ア〔1．2　　2．3　　3．4　　4．1〕

イ〔1．2　　2．3　　3．4　　4．1〕

ウ〔1．売買割賦　　2．自社割賦　　3．取引割賦　　4．直接割賦〕

エ〔1．プリペイド　　2．リボルビング　　3．ローン包括　　4．前払〕

オ〔1．経済産業大臣　　2．都道府県知事　　3．総務大臣
　　4．市区村長〕

解	ア	イ	ウ	エ	オ
答					
欄					

第11問 次の文章は，割賦販売法について述べている。文中の〔　〕の部分に，下記に示すア～オの語群から最も適当なものを選んで，解答欄にその番号を記入しなさい。

〔　ア　〕販売とは，消費者が購入する際に金融機関から〔　イ　〕を借り入れ，2か月以上かつ〔　ウ　〕回以上に分割して〔　エ　〕に返済することを条件として，〔　オ　〕が消費者の債務を保証するものである。

【語　群】

ア 〔1．個人信用あっせん　　2．包括あっせん　　3．包括信用購入
　　 4．ローン提携〕

イ 〔1．金融商品　　2．仮想通貨　　3．担保　　4．商品代金〕

ウ 〔1．4　　2．3　　3．2　　4．5〕

エ 〔1．クレジット会社　　2．金融機関　　3．販売会社
　　 4．あっせん業者〕

オ 〔1．クレジット会社　　2．金融機関　　3．販売会社
　　 4．あっせん業者〕

解	ア	イ	ウ	エ	オ
答					
欄					

第12問 次の文章は，割賦販売法について述べている。文中の〔　〕の部分に，下記に示すア～オの語群から最も適当なものを選んで，解答欄にその番号を記入しなさい。

　包括借用購入あっせんとは，〔　ア　〕やクレジットカード会社など，〔　イ　〕購入あっせん業者が交付する〔　ウ　〕を使って消費者が商品等を購入する場合において，〔　エ　〕があっせん業者から立替払いを受け，〔　オ　〕があっせん業者に代金を支払う契約形態である。

【語　群】

ア　〔1．金融機関　　2．小売業　　3．信販会社　　4．鉄道会社〕

イ　〔1．総括信用　　2．包括信用　　3．個別信用　　4．単独信用〕

ウ　〔1．身分証明書　　2．小切手　　3．カード　　4．信用保証書〕

エ　〔1．販売会社　　2．金融機関　　3．交付会社　　4．購入者〕

オ　〔1．販売会社　　2．金融機関　　3．交付会社　　4．購入者〕

解答欄	ア	イ	ウ	エ	オ

第13問 次のア～オは，特定商取引法について述べている。正しいものには1を，誤っているものには2を，解答欄に記入しなさい。

ア　訪問販売とは，店舗等以外の場所で，購入業者が物品の購入を行うことである。

イ　ネガティブ・オプションとは，新聞，ＴＶ，ホームページ，チラシなどの広告を見た消費者が，郵便，電話，ＦＡＸ，インターネット等で購入の申し

込みを行う取引である。

ウ　連鎖販売取引とは，紹介する仕事を担えば利益が得られると広告し，その仕事に必要な道具や必要な教材等を消費者に負担させる取引を指す。

エ　通信販売では，電子メール広告にオプトアウト規制が課せられている。

オ　特定継続的役務提供には学習塾の事業は含まれるが，家庭教師の事業は含まれない。

解答欄	ア	イ	ウ	エ	オ

第14問　次の文章は，商標法について述べている。文中の〔　　〕の部分に，下記に示すア～オの語群から最も適当なものを選んで，解答欄にその番号を記入しなさい。

　商標は，特定の商品や役務について他の商品やサービスと識別するための〔　ア　〕である。登録を受けた商標は，「〔　イ　〕」と呼ばれる。登録は〔　ウ　〕の所管であり，原則として〔　エ　〕優先である。登録がなされると商標権が発生し，その存続期間は設定登録の日から満〔　オ　〕年であり，更新も可能である。

【語　群】

ア〔1．商号　　2．商号標識　　3．営業標識　　4．保証書〕

イ〔1．登録商号　　2．図形商標　　3．立体商号　　4．登録商標〕

ウ〔1．特許庁　　2．総務省　　3．財務省　　4．都道府県〕

エ〔1．独自性　　2．先願者　　3．多額納付者　　4．国内事業者〕

オ〔1．5　　2．7　　3．10　　4．12〕

解答欄	ア	イ	ウ	エ	オ

第15問 次のア〜オは，景品表示法について述べている。正しいものには1を，誤っているものには2を，解答欄に記入しなさい。

ア 総付（べた付け）景品についての規制は，取引価額1,000円未満の場合の景品類最高額は200円，取引価額1,000円以上の場合は取引価額の2／10となっている。

イ 優良誤認表示は，実物や競争業者のものより著しく有利と誤認させる表示である。

ウ 有利誤認表示は，実物や競争業者のものより著しく優良と誤認させる表示である。

エ 懸賞により提供する景品類の最高額は，取引価額が5,000円未満の場合は20倍，取引価額が5,000円以上の場合は10万円である。

オ 懸賞により提供する景品類の総額は，懸賞に係る売上予定総額の3％以内である。

解答欄	ア	イ	ウ	エ	オ

解答・解説 本試験形式問題

第1問

【2-1-2-2-2】

アは，文章が強行規定についての説明になっている。ウの不完全履行とは，契約内容どおりの履行とはいえず不完全なことである。エは，文章が双務契約の内容になっている。オは，サインによる消印でも有効である。

第2問

【3-2-3-2-1】

手形と小切手を混同しないようにしたい。線引があるのは小切手だけである。問題文にあるように，支払手段として使用することを裏書譲渡といい，裏書手形や回し手形などと呼ばれる。

第3問

【4-1-1-2-3】

問題文にあるように，仕入にはいくつかの形態があるため，それぞれの特徴と合わせて確認しておいてほしい。

第4問

【2-1-1-2-1】

アでは，基本契約に加え，個別事情は個別契約で成立するように工夫されている。エでは，代理人が本人から権限を与えられた範囲内で行う意思表示は，本人の法律効果として帰属することになる。

第5問

【1-2-3-4-4】

下請代金支払遅延等防止法の目的は，親事業者の下請事業者に対する取引を

公正にすると同時に，下請事業者の利益を保護し，国民経済の健全な発達に寄与することである。

第6問

【2－4－3－1－2】

　信義則，公序良俗，契約自由の原則という三つの諸原則については，間違いなく理解しておきたい。この問題内容は，簡単に解答したいレベルである。

第7問

【1－2－1－2－1】

　イは，説明順序通りではなく，臨機応変に提供することとされている。エは，権利や保護を主張するだけでなく，自らの知識の習得に努めることとされている。特に，消費者基本法の特徴ともいえる，従来の消費者保護重視から，自立の促進という方向性を認識しておきたい。

第8問

【1－1－2－4－2】

　出題された誤認類型と困惑類型，そして消費者に一方的に不当・不利益な契約条項についても整理しておきたい。

第9問

【2－1－4－3－2】

　現実的には，実際に苦情が持ち込まれる先の大半は商品販売事業者である。よって事業者は，苦情を有益な先行情報として，しっかりと対応することが望まれる。

第10問

【1－2－2－4－1】

　割賦販売は，支払方法や割賦金利などについて複雑な契約であることから，当事者が不利益にならないように法律で規制されている。その目的と適用される取引についても，理解を深めておいてほしい。

第11問

【4－4－2－2－3】

　ローン提携販売に関しては，この問題文程度の内容が理解・記憶できていれば，解答には問題ないと思われる。

第12問

【3－2－3－1－4】

　包括信用購入あっせんと個別信用購入あっせんの違いや特徴については，紛らわしいためよく整理して理解しておく必要がある。

第13問

【2－2－2－2－2】

　アは，説明が訪問「購入」の内容になっている。イは，説明が通信販売の内容となっている。ウは，説明が業務提供誘引販売取引の内容になっている。エのオプトアウト規制は，過去のものであり，正しくはオプトイン規制である。オは，家庭教師の事業も含まれる。

第14問

【3－4－1－2－3】

　商号との違い，商標の具体的な定義についても理解を深めておいてほしい。昨今，国をまたいだ特許や商標の問題がクローズアップされていることから，出題の可能性も高まると思われる。

第15問

【1−2−2−1−2】

　イとウは，説明文が逆になっている。オは，「〜売上予定総額の２％以内〜」が正解である。数値面は細かいが，比較的記憶しやすい設定になっているので，面倒がらずに学習しておくこと。

第2章

小売店経営における計数管理と計算実務
➤重要キーワード補充問題

1 計数管理と利益獲得のフロー　(解答☞ p.304)

(1) 小売業における計数管理には，日々直面する（　①　）への対応のため，そして費用の増加に伴う（　②　）経営の必要性という，2つの意味がある。

(2) 売場で発生するさまざまな費用のうち，売上原価や販売促進費は（　①　）費用であり，家賃やチェーンストアの本部費用は（　②　）費用である。

(3) 売上総利益は，（　①　）とも呼ばれ，次の計算式で求められる。

　　　売上総利益＝総売上高－売上原価－（　②　）

(4) 個々の店舗レベルにおいて，削減可能な費用を調整して生み出される利益のことが（　①　）利益であり，次の計算式で求められる。

　　　（　①　）利益＝売上総利益－（　②　）費用

(5) 店舗における人件費とは，社員の給与と（　①　），パートタイマーやアルバイトの（　②　），その他の間接人件費である。

(6) 間接人件費は，退職給付費用，（　①　）福利費，法定外福利費，（　②　）訓練費などであり，年々（　③　）していくことが多い。

(7) 販売促進費とは，商品を販売するために使った全ての費用であり，（　①　）宣伝費や装飾費などがある。

(8) ゴンドラや平台，冷蔵ケース，レジスターなどのリース料は，（　①　）費である。

(9) （　①　）とは，売れるまでの期間にかかる商品在庫の費用であり，次の計

算式で求められる。

$$(　①　) ＝ (実際の在庫日数－標準在庫日数) ×平均日販$$
$$×(　②　) ×月当たりの (　③　)$$

(10) 店舗営業利益は，次の計算式で求められる。

$$店舗営業利益＝(　①　) 利益－(　②　) 費用$$

(11) 店舗営業利益から，チェーンストアの本部スタッフ各部の費用を差し引いたものが，(　①　) 利益である。

2 店舗経営に必要な計算実務 （解答☞ p.304）

2－1　棚卸による期間粗利益高の算出

(1) 売上原価は，次の計算式で求められる。

$$売上原価＝(　①　) 棚卸高＋当期 (　②　) 高－(　③　) 棚卸高$$

(2) 棚卸には，廃棄ロスや不明ロスが隠れてしまう (　①　) 棚卸と，実際に数えて在庫を把握する (　②　) 棚卸がある。

(3) 棚卸の結果によって (　①　) が変動するため，(　②　) 利益に影響を及ぼす。

(4) (　①　) 法とは，売価ベースの期末商品棚卸高に (　②　) を乗じることで，原価ベースの期末商品棚卸高を算出する方法である。

(5) 不明ロスは，(　①　) によってその金額を把握することになる。

(6) 不明ロスは，万引や盗難という (　①　)，そしてレジの登録ミス，廃棄伝票の付け忘れ，従業員の不正行為などによる (　②　) に分けられる。

2－2　在庫の効率化による粗利益の改善

(1) 商品回転率は，(　①　) の回転の速さを図るものであり，この値が高い場合，(　②　) が効率的ということになる。

(2) 平均在庫高は，次の計算式で求められる（金額は全て売価）。

平均在庫高＝（（　①　）＋期末商品棚卸高)÷（　②　）

(3)　商品回転期間（日）は，（　①　）を商品回転率で除して算出される。

(4)　商品回転率と粗利益率を掛け合わせて得られた値が（　①　）であり，この値が高いほど，その商品の（　②　）が良好ということになる。

2－3　商品ミックスによる粗利益の改善

(1)　小売店経営では，さまざまな理由で商品ごとの粗利益率が変化するため，部門や品群全体の売上高と粗利益率をコントロールする（　①　）の考え方が必要になる。

(2)　商品カテゴリーごとの売上構成比と粗利益率をもとにして，全体の粗利益率を改善するために用いられる考え方が（　①　）である。

(3)　（　①　）は，各部門の粗利益高の（　②　）を表すことになるため，各部門の（　①　）を合計すると，店舗全体の粗利益率に等しくなる。

2－4　売買損益の計算法

(1)　売買損益計算とは，（　①　）を算出するまでの計算過程のことである。

(2)　純売上高は，次の計算式で求められる。

純売上高＝（　①　）－（売上返品高＋売上（　②　）高)

(3)　純売上高は，次の計算式で求められる。

純仕入高＝（　①　）－（（　②　）＋仕入値引高)

(4)　売上原価は，次の計算式で求められる。

売上原価＝（　①　）棚卸高＋（　②　）高－（　③　）高

(5)　売上総利益は，次の計算式で求められる。

売上総利益（粗利益高）＝（　①　）高－売上（　②　）

3　売場の効率化をはかる指標　（解答☞ p.304）

(1)　人時生産性とは，（　①　）1時間当たり（1人時）で，どれだけの（　②

　）を生み出したかという尺度のことである。

(2)　人時生産性は，次の計算式で求められる。

　　　　人時生産性＝売上総利益（粗利益高）÷（　①　）

(3)　小売業が人時生産性を向上させるには，「全体の（　①　）の拡大」，および「より少ない（　②　）で同じ効果が得られるような（　③　）の実現」という2つが重要となる。

(4)　労働分配率とは，粗利益高のうち，どれくらいが（　①　）に充当されたかの比率である。

(5)　労働分配率は，次の計算式で求められる。

　　　　労働分配率＝（　①　）÷売上総利益（粗利益高）

(6)　人件費を上昇させるために労働分配率を無造作に上げると，（　①　）が圧迫される。

(7)　（　①　）を維持したまま人件費を上昇させるためには，労働生産性を向上させることが必要である。

(8)　労働生産性は，次の計算式で求められる。

　　　　労働生産性＝粗利益高（売上総利益）÷（　①　）

(9)　一般的に，労働分配率は（　①　）％以下であることが健全経営の目安とされている。

解　答　重要キーワード補充問題

1　計数管理と利益獲得のフロー

(1)①最適化　　②効率的　　(2)①調整可能　　②営業　　(3)①粗利益高

　②ロス高（品減り高）　　(4)①店舗調整可能　　②調整可能　　(5)①賞与

　②賃金　　(6)①法定　　②教育　　③上昇　　(7)①広告　　(8)①什器・備品

(9)①在庫金利　　②原価率　　③金利　　(10)①店舗調整可能　　②営業

(11)①店舗純（利益）

2　店舗経営に必要な計算実務

2－1　棚卸による期間粗利益高の算出

(1)①期首商品　　②商品仕入　　③期末商品　　(2)①帳簿　　②実地

(3)①売上原価　　②売上総（利益）　　(4)①売価還元　　②原価率

(5)①実地棚卸　　(6)①外部要因　　②内部要因

2－2　在庫の効率化による粗利益の改善

(1)①平均在庫高　　②在庫管理　　(2)①期首商品棚卸高　　②2

(3)①365（日）　　(4)①交差比率　　②販売効率

2－3　商品ミックスによる粗利益の改善

(1)①商品ミックス　　(2)①粗利ミックス　　(3)①相乗積　　②貢献度

2－4　売買損益の計算法

(1)①売上総利益（粗利益高）　　(2)①総売上高　　②値引　　(3)①総仕入高

　②仕入返品高　　(4)①期首商品　　②純仕入　　③期末商品棚卸

(5)①純売上（高）　　②原価

3　売場の効率化をはかる指標

(1)①投入労働時間　　②粗利益高（売上総利益）　　(2)①総労働時間

(3)①粗利益高（売上総利益）　　②人時　　③仕事の進め方　　(4)①総人件費

(5)①総人件費　　(6)①営業利益　　(7)①労働分配率　　(8)①人員数

⑼①30（％）

第2章

小売店経営における計数管理と計算実務
本試験形式問題◀

第16問 次の図は，小売業の利益の種類とフローを表している。図中の
〔　〕の部分に，下記に示すア〜オの語群から最も適当なものを選ん
で，解答欄にその番号を記入しなさい。

総売上高		
〔　ア　〕	売上原価	〔　イ　〕
〔　ウ　〕	調整可能費用	
〔　エ　〕	営業費用	
〔　オ　〕 その他		

【語　群】

ア 〔1．売上総利益　　2．ロス高　　3．店舗営業利益

　　4．店舗調整可能利益〕

イ 〔1．売上総利益　　2．ロス高　　3．店舗営業利益

　　4．店舗調整可能利益〕

ウ 〔1．売上総利益　　2．店舗純利益　　3．店舗営業利益

　　　　4．店舗調整可能利益〕

エ　〔1．売上総利益　　　2．店舗純利益　　　3．店舗営業利益

　　　　4．店舗調整可能利益〕

オ　〔1．売上総利益　　　2．店舗純利益　　　3．店舗営業利益

　　　　4．店舗調整可能利益〕

解答欄	ア	イ	ウ	エ	オ

第17問　次の文章は，棚卸の重要性について述べている。文中の〔　　〕の部分に，下記に示すア〜オの語群から最も適当なものを選んで，解答欄にその番号を記入しなさい。

　棚卸には，帳簿上で行う〔　ア　〕と，実際に数量を数えて在庫を把握する〔　イ　〕がある。実際に数えた結果，〔　ウ　〕が帳簿の記録より少ないことが判明したら，〔　エ　〕が大きくなり，〔　オ　〕が減少する。このように，棚卸の結果は，小売業の〔　オ　〕に直接影響する。

【語　群】

ア　〔1．記帳棚卸　　　2．帳簿棚卸　　　3．現物棚卸　　　4．実地棚卸〕

イ　〔1．記帳棚卸　　　2．帳簿棚卸　　　3．現物棚卸　　　4．実地棚卸〕

ウ　〔1．期末商品棚卸高　　　2．粗利益高　　　3．売上原価

　　　　4．当期仕入高〕

エ　〔1．期末商品棚卸高　　　2．粗利益高　　　3．売上原価

　　　　4．当期仕入高〕

オ　〔1．期末商品棚卸高　　　2．粗利益高　　　3．売上原価

　　4．当期仕入高〕

解答欄	ア	イ	ウ	エ	オ

第18問　次の文章は，売価還元法による在庫の評価について述べている。文中の〔　　〕の部分に，下記に示すア～オの語群から最も適当なものを選んで，解答欄にその番号を記入しなさい。

　期首商品棚卸高（原価）が86,400円，当期商品仕入高（原価）が201,600円，期末商品棚卸高（売価）が120,000円，売上高が240,000円とする。

　この場合，原価率は〔　ア　〕，売価還元法による期末商品棚卸高（原価）は〔　イ　〕，売上原価は〔　ウ　〕，粗利益利高は〔　エ　〕，粗利益率は〔　オ　〕となる。

【語　群】

ア〔1．20.0%　　2．25.0%　　3．80.0%　　4．85.0%〕

イ〔1．96,000円　　2．98,000円　　3．100,000円　　4．102,000円〕

ウ〔1．156,000円　　2．168,000円　　3．180,000円　　4．192,000円〕

エ〔1．72,000円　　2．48,000円　　3．84,000円　　4．60,000円〕

オ〔1．20.0%　　2．25.0%　　3．80.0%　　4．85.0%〕

解答欄	ア	イ	ウ	エ	オ

第19問 次のア～オは，店舗経営に必要な計算実務について，各種の計算式を述べている。正しい計算式には1を，誤っている計算式には2を，解答欄にその番号を記入しなさい。

ア 不明ロス高（原価）
　＝｜帳簿期末商品棚卸高（売価）｜－｜実地期末商品棚卸高（売価）｜×原価率

イ 商品回転率（回）＝年間売上高÷平均在庫高（原価）

ウ 平均在庫高＝（期首商品棚卸高－期末商品棚卸高）÷2

エ 商品回転期間（日）＝商品回転率÷365（日）

オ 交差比率（％）＝粗利益高÷平均在庫高（原価）×100

解答欄	ア	イ	ウ	エ	オ

第20問 次の表は，部門ごとの売上高，粗利益高，売上構成比，粗利益率，相乗積が記載されている。表中の〔　　〕の部分に，下記に示すア～オの語群から最も適当なものを選んで，解答欄にその番号を記入しなさい。

部門	売上高	粗利益高	売上構成比	粗利益率	相乗積
X	250千円	50千円	〔 ア 〕	20.0%	〔 ウ 〕
Y	350千円	105千円	35.0%	〔 イ 〕	〔 エ 〕
Z	400千円	100千円	40.0%	25.0%	〔 オ 〕

【語群】

ア〔1. 15.5%　　2. 20.0%　　3. 25.0%　　4. 25.5%〕

イ〔1. 25.0%　　2. 27.5%　　3. 30.0%　　4. 32.5%〕

ウ　〔1．10.5%　　2．7.0%　　3．5.0%　　4．10.0%〕

エ　〔1．10.5%　　2．7.0%　　3．5.0%　　4．10.0%〕

オ　〔1．10.5%　　2．7.0%　　3．5.0%　　4．10.0%〕

解答欄	ア	イ	ウ	エ	オ

第21問　次のア～オは，売買損益計算について述べている。正しいものには1を，誤っているものには2を，解答欄にその番号を記入しなさい。

ア　売買損益計算は，純売上高から営業利益までを算出する計算のことである。

イ　純売上高＝総売上高－（売上返品高＋仕入値引高）

ウ　純仕入高＝総仕入高－（仕入返品高＋売上値引高）

エ　売上原価＝期首商品棚卸高＋純仕入高－期末商品棚卸高

オ　売上総利益＝総売上高－売上原価

解答欄	ア	イ	ウ	エ	オ

第22問 次の表は，売買損益計算の資料である。表中の〔　〕の部分に，下記に示すア～オの語群から最も適当なものを選んで，解答欄にその番号を記入しなさい。

	第Ⅰ期	第Ⅱ期	第Ⅲ期	第Ⅳ期
純　売　上　高	39,227	40,991	〔　ア　〕	46,947
期首商品棚卸高	2,457	2,331	2,244	2,352
純　仕　入　高	25,490	〔　イ　〕	28,503	30,842
期末商品棚卸高	2,331	2,244	〔　ウ　〕	3,191
売　上　原　価	〔　エ　〕	26,406	28,395	30,003
売　上　総　利　益	13,611	14,585	16,536	〔　オ　〕

【語　群】

ア 〔1. 42,987　2. 44,931　3. 45,102　4. 45,823〕

イ 〔1. 26,319　2. 26,445　3. 27,968　4. 28,123〕

ウ 〔1. 2,256　2. 2,352　3. 2,832　4. 2,991〕

エ 〔1. 24,823　2. 25,149　3. 25,616　4. 26,001〕

オ 〔1. 16,667　2. 16,741　3. 16,859　4. 16,944〕

解答欄	ア	イ	ウ	エ	オ

5 販売・経営管理

第23問 次の文章は，人時生産性について述べている。文中の〔　〕の部分に，下記に示すア～オの語群から最も適当なものを選んで，解答欄にその番号を記入しなさい。

以下の計算式は，人時生産性を展開したものである。

$$人時生産性 = \frac{粗利益高}{売上高} \times \frac{〔ア〕}{総労働時間} \times \frac{在庫高}{売場面積} \times \frac{売上高}{在庫高}$$

$$\downarrow \qquad\qquad \downarrow \qquad\qquad \downarrow \qquad\qquad \downarrow$$

$$= 〔イ〕 \times \begin{array}{c}1人1時間当\\たり守備範囲\end{array} \times \begin{array}{c}坪当たり\\在庫高\end{array} \times 〔ウ〕$$

いま，売上高が4億円，粗利益高が8,000万円，1人1時間当たり守備範囲が0.0075坪，坪当たり在庫高が40万円，在庫高が4,000万円である場合の人時生産性は，〔エ〕となる。なお，このときの坪当たり売上高は，〔オ〕となる。

【語　群】

ア〔1．売上高　　2．人件費　　3．従業員数　　4．売場面積〕

イ〔1．営業利益率　　2．労働分配率　　3．粗利益率　　4．交差比率〕

ウ〔1．純仕入高　　2．商品回転率　　3．期首商品棚卸高

　　4．期末商品棚卸高〕

エ〔1．5,000円　　2．6,000円　　3．7,000円　　4．8,000円〕

オ〔1．150万円　　2．230万円　　3．400万円　　4．4,420万円〕

解答欄	ア	イ	ウ	エ	オ

第24問　次のア～オは，労働分配率と労働生産性について述べている。正しいものには1を，誤っているものには2を，解答欄にその番号を記入しなさい。

　ある小売店は，売上高が5,000万円，粗利益率が20％，労働分配率が30％，従業員数が15名という状況である。

ア　粗利益高は，1,000万円である。

イ　総人件費は，600万円である。

ウ　1人当たり人件費は，20万円である。

エ　労働生産性は，約33.3万円である。

オ　一般的に，「労働分配率＝30％以下」が，健全経営の目安とされている。

解答欄	ア	イ	ウ	エ	オ

解答・解説	本試験形式問題

第16問

【1−2−4−3−2】

　小売店の計数管理については，詳細に理解しておく必要がある。ウ，エ，オは，特に小売店特有の利益概念である。チェーンストアの場合，各店舗にかかる費用と本部にかかる費用を明確に区分して，利益を生み出す工夫が必要になる。

第17問

【2−4−1−3−2】

　小売業が利益を正しく把握するためには，正確な売上原価の算出が必要である。実地棚卸は，期末商品棚卸高を確定させる役割を有する。帳簿棚卸と実地棚卸の差が不明ロスとなるが，不明ロスの削減のためにも，帳簿棚卸と実地棚卸の両方の作業が必要である。

第18問

【3−1−4−2−1】

　小売業では，期末在庫金額の算定に売価還元法がよく用いられる。手順は，｛期首棚卸高(原価)＋当期仕入高(原価)｝÷｛売上高＋期末棚卸高(売価)｝で原価率を算出し，それを期末商品棚卸高（売価）に乗じて求める。ウ，エ，オは，以上に基づいて算出できる。

第19問

【1−2−2−2−2】

　計算式が表す意味合いを理解しておくことが肝心である。イは，右辺第2項の平均在庫高が原価ではなく売価である。ウは，平均なので，期首と期末の棚卸高を「加算して」2で割る。エは，分子と分母が逆，つまり「365(日)÷商

品回転率」である。オは，平均在庫高は売価ベースで計算する。

第20問

【3－3－3－1－4】

全売上高が1,000なので売上構成比は計算しやすい。イの粗利益率も容易であろう。ウ～エの相乗積については，売上構成比×粗利益率で求められる。なお，3部門全体の粗利益率と相乗積の和が一致する特性も覚えておきたい。

第21問

【2－2－2－1－2】

アは，純売上高から売上総利益（粗利益高）までを算出する計算である。イは，純粋な売上高を求めるため，仕入高は入ってこない。右辺第2項は，「売上返品高＋売上値引高」となる。ウも同様に，右辺第2項が，「仕入返品高＋仕入値引高」となる。オは，右辺第1項が，純売上高である。

第22問

【2－1－2－3－4】

アは，売上原価と売上総利益の合計で算出できる。イ，ウ，エは，「期首棚卸高＋仕入高－期末棚卸高＝売上原価」の計算式から算出する。オは，「純売上高－売上原価」で算出する。

第23問

【4－3－2－2－3】

詳細な理解が求められる。「人時生産性＝粗利益高÷総労働時間」であり，アに売場面積が入ればこの式に集約される。イとウは，他の項目でも学習しているので，容易に解答できるようにすることが必要である。エは，問題に示された式に当てはめて計算すればよい。オは，右辺第3項と第4項を乗じた値，つまり「坪当たり在庫高×商品回転率」で求められる。

第24問

【1－2－1－2－1】

　アの粗利益高は,「売上高5,000万円×粗利益率20％＝1,000万円」となる。イの総人件費は,「粗利益高1,000万円×労働分配率30％＝300万円」となる。ウの1人当たり人件費は,「総人件費300万円÷従業員数15名＝20万円」となる。エの労働生産性は,「粗利益高1,000万円÷従業員数15≒66.7万円」となる。オは,正しい説明である。

第3章

販売活動に求められる決算データと経営分析

➤重要キーワード補充問題

1 損益計算書における利益の種類 （解答☞ p.321）

(1) 小売業の経営では，日々の（　①　）による損益状況を正確に把握する必要がある。

(2) 営業収益には，（　①　）に加え，不動産賃貸収入やその他の役務収入が含まれる。

(3) 売上総利益（粗利益）は，売上高から（　①　）を差し引いたものであり，（　②　）を表している。

(4) 営業利益は，営業収益から売上原価と（　①　）を差し引いた額であることから，（　②　）で稼いだ「儲け」を表しており，（　③　）の判断指標として用いられる。

　　経常利益とは，営業利益に営業外収益を加え，営業外費用を控除したものである。

(5) （　①　）とは，営業利益に営業外収益を加え，営業外費用を控除したものである。

(6) 営業外収益には，受取（　①　），受取配当金，（　②　）利息，仕入割引，その他雑益などがあり，営業外費用には，支払利息，（　③　）差損，（　④　）利息，有価証券売却損，その他雑損などがある。

(7) （　①　）純利益とは，その期だけの特別（突発的・臨時的）な事情による

317

特別利益と特別損失を（ ② ）に加減算したものであることから，「（ ③ ）的な損益を加味した稼ぎ」を表す指標である。

(8) 特別利益には，固定資産売却益や投資有価証券（ ① ）などがあり，特別損失には固定資産売却損や（ ② ），投資有価証券（ ③ ）などがある。

(9) （ ① ）とは，（ ② ）に関わる人件費，地代家賃，広告宣伝費，運送費，販売（ ③ ）費などの諸費用を表したものである。

(10) 諸費用の多くは「（ ① ）」であり，売上高の増減に（ ② ）かかってくる。

(11) 全従業員に占める（ ① ）の比率を高め，人件費の（ ② ）化を図ることで，販売活動が低迷しても利益を生み出す取組みが重要である。

2 広義の経営分析　　　　　　　　　(解答☞ p.321)

(1) 広義の経営分析とは，経営分析，損益分岐点分析，キャッシュフロー分析，会計数値以外の情報も含めた（ ① ）の分析の手法に関する総称のことを指す。

(2) これに対し狭義の経営分析とは，損益計算書においては主に収益性を，貸借対照表においては主に（ ① ）を分析することを指す。

(3) 収益性とは，利益のあがる能力，程度，度合いを示し，「資本利益率」，その計算式を展開した「資本（ ① ）率」と「売上高（ ② ）」などで判断される。

(4) 流動性（安全性）とは，企業の（ ① ）能力を見定めるものであり，「流動比率」や「当座比率」等で短期の（ ② ）能力を，「自己資本比率」や「固定長期適合率」等で（ ③ ）の安全性をそれぞれ分析することになる。

(5) 成長性とは，企業の成長度合いをみるものであり，「(当期の数字－前期の数字)÷（ ① ）の数字」で比率を求めて判断することになる。

(6) 損益分岐点とは，（ ① ）と総費用が一致する点という意味であり，分析を行うには総費用を（ ② ）と固定費に分解する必要がある。

3 狭義の経営分析 (解答☞p.321)

(1) 資本利益率（利益÷資本）とは，投下資本に対する利益の回収割合を意味し，投資の（　①　）を考えるうえでの総合的な指標である。

(2) 損益計算書における利益には，順に，売上総利益，営業利益，経常利益，（　①　），当期純利益がある。

(3) 貸借対照表における資本のうち，（　①　）資本はいわゆる負債であり，返済期間が１年以内か超かによって，（　②　）負債と固定負債に分けられる。

(4) 純資産（自己資本）は，会社の（　①　）から払い込まれた資金や（　②　）であり，前述の負債と合わせて（　③　）と呼ばれる。

(5) 資本利益率を見る場合は，一般的には「総資本経常利益率」（経常利益÷総資本）と，「（　①　）利益率」（当期純利益÷自己資本）を確認する。

(6) 資本利益率は，「売上高純利益率（当期純利益÷売上高）」と「資本回転率（（　①　）÷資本）」に分解できる。

(7) このことから，他の要因が不変として，売上高の（　①　）は資本利益率を悪化させ，原価の（　②　）は資本利益率を良化させると考えられる。

(8) 同様に，過剰仕入や売上債権管理不足は資本利益率を（　①　）させ，有形固定資産の処分は資本利益率を（　②　）させると考えられる。

4 主要な経営分析指標 (解答☞p.321)

3－1 収益性の分析

(1) （　①　）＝(売上総利益÷売上高)×100である。

(2) （　①　）＝(営業利益÷売上高)×100である。

(3) （　①　）＝(経常利益÷売上高)×100である。

3－2　安全性の分析

(1)　(　①　)＝(流動資産÷流動負債)×100である。

(2)　(　①　)＝(当座資産÷流動負債)×100である。

(3)　(　①　)＝(固定資産÷自己資本)×100である。

(4)　(　①　)＝|固定資産÷(固定負債＋自己資本)|×100である。

(5)　(　①　)＝(自己資本÷総資本)×100である。

3－3　効率性の分析

(1)　(　①　)＝売上高÷売上債権である。

(2)　(　①　)＝365日÷売上債権回転率である。

(3)　(　①　)＝仕入高÷仕入債務である。

(4)　(　①　)＝365日÷仕入債務回転率である。

(5)　(　①　)＝売上高÷棚卸資産（商品）である。

(6)　(　①　)＝365日÷棚卸資産（商品）回転率である。

解　答	重要キーワード補充問題

1　損益計算書における利益の種類

(1)①販売活動　　(2)①売上高　　(3)①売上原価　　②商品売買益

(4)①営業費用（販売費及び一般管理費）　　②本業　　③収益性

(5)①経常利益　　(6)①利息　　②有価証券　　③為替　　④社債

(7)①税引前当期　　②経常利益　　③スポット　　(8)①売却益　　②除去損

　③売却損　　(9)①販売費及び一般管理費（販管費）　　②販売活動

　③促進　　(10)①固定費　　②関係なく一定額が　　(11)①パートタイマー

　②変動費

2　広義の経営分析

(1)①企業価値　　(2)①安全性　　(3)①回転（率）　　②純利益率　　(4)①支払

　②支払　　③長期資金　　(5)①前期　　(6)①売上高　　②変動費

3　狭義の経営分析

(1)①採算性　　(2)①税引前当期純利益　　(3)①他人　　②流動

(4)①出資者（株主）　　②剰余金等　　③総資本　　(5)①自己資本

(6)①売上高　　(7)①減少　　②低下　　(8)①悪化　　②良化

4　主要な経営分析指標

4－1　収益性の分析

(1)①売上高総利益率　　(2)①売上高営業利益率　　(3)①売上高経常利益率

4－2　安全性の分析

(1)①流動比率　　(2)①当座比率　　(3)①固定比率　　(4)①固定長期適合率

(5)①自己資本比率

4－3　効率性の分析

(1)①売上債権回転率　　(2)①売上債権回転期間　　(3)①仕入債務回転率

⑷①仕入債務回転期間 ⑸①商品（棚卸資産）回転率

⑹①平均在庫日数（商品回転期間）

第3章

販売活動に求められる決算データと経営分析

本試験形式問題◀

第25問　次のア～オは，損益計算書における利益の種類について述べている。
　　　　正しいものには1を，誤っているものには2を，解答欄にその番号を記
　　　　入しなさい。

ア　売上総利益とは，売上高から売上原価を差し引いたものであり，粗利益と
　もいう。

イ　経常利益とは，営業収益から営業費用を差し引いたものであり，本業の儲
　けを表す。

ウ　営業外収益とは，受取利息や受取配当金，有価証券売却損などの合計であ
　る。

エ　特別利益とは，固定資産売却益や投資有価証券売却益などの合計である。

オ　売上高の増減に関係なく，ほぼ一定の費用がかかるものを変動費という。

解	ア	イ	ウ	エ	オ
答					
欄					

5 販売・経営管理

第26問 次の文章は，広義の経営分析について述べている。文中の〔　〕の部分に，下記に示すア～オの語群から最も適当なものを選んで，解答欄にその番号を記入しなさい。

　財務諸表による分析は，大きく三つに分けられる。〔　ア　〕分析では，代表的指標に〔　イ　〕があり，この指標を分解した〔　ウ　〕と売上高純利益率によって能力や度合いを判別する。また，企業の支払能力を示す〔　エ　〕の分析や，企業の成長度合いを見る〔　オ　〕分析がある。

【語　群】

ア〔1．損益分岐点　　2．収益性　　3．安全性　　4．成長性〕

イ〔1．資本回転率　　2．資本利益率　　3．売上高回転率

　　4．固定短期適合率〕

ウ〔1．資本回転率　　2．資本利益率　　3．売上高回転率

　　4．固定短期適合率〕

エ〔1．損益分岐点　　2．収益性　　3．流動性　　4．成長性〕

オ〔1．損益分岐点　　2．収益性　　3．流動性　　4．成長性〕

解答欄	ア	イ	ウ	エ	オ

第27問 次の文章は，A社の狭義の経営分析結果について述べている。A社の貸借対照表を読み，文中の〔　〕の部分に，下記に示すア～オの語群から最も適当なものを選んで，解答欄にその番号を記入しなさい。なお，表中の「　？　」については各自推定すること。

A社 　　　　　　　　　貸借対照表（○年3月31日）　　　　　　単位：千円

資産の部		負債の部	
I　流動資産		I　流動負債	?
棚卸資産	30,000	II　固定負債	520,000
その他の流動資産	370,000	純資産の部	
II　固定資産		I　株主資本	
有形固定資産	480,000	資本金	300,000
無形固定資産	220,000	資本剰余金	60,000
投資その他の資産	100,000	利益剰余金	100,000
		II　評価　換算差額等	20,000
資産合計	?	負債・純資産合計	?

　A社の自己資本は〔　ア　〕千円，他人資本は〔　イ　〕千円である。総資本は〔　ウ　〕千円であり，自己資本比率は〔　エ　〕％となる。なお，流動比率は〔　オ　〕％となる。

【語　群】

ア〔1. 480,000　　2. 1,200,000　　3. 800,000　　4. 720,000〕

イ〔1. 480,000　　2. 1,200,000　　3. 800,000　　4. 720,000〕

ウ〔1. 480,000　　2. 1,200,000　　3. 800,000　　4. 720,000〕

エ〔1. 60　　2. 50　　3. 40　　4. 30〕

オ〔1. 100　　2. 125　　3. 150　　4. 200〕

解答欄	ア	イ	ウ	エ	オ

第28問　次のア〜オは，主要な経営分析指標について述べている。正しいものには1を，誤っているものには2を，解答欄に記入しなさい。

ア　売上高経常利益率は，経常利益額を売上総利益でわったものである。

イ　当座比率における当座資産には，棚卸資産は含まれない。

ウ　自己資本比率は，総資本に対する自己資本の割合をさす。

エ　売上債権回転率の数値が小さいということは，債権回収速度が早いことを意味する。

オ　専門品店の商品回転率は，最寄品店よりも高くなる。

解答欄	ア	イ	ウ	エ	オ

第29問　次のア〜オは，資本利益率の低下要因について述べている。正しいものには1を，誤っているものには2を，解答欄に記入しなさい。

ア　売上高の減少は，資本利益率の低下要因ではない。

イ　仕入額や人件費の上昇は，資本利益率を悪化させる要因である。

ウ　新規出店など設備投資を増やしても，経常利益および資本利益率には影響しない。

エ　売上債権の増加によって流動資産の構成が悪化すると，資本利益率は低下する。

オ　車両や建物など有形固定資産が増大すると，資本利益率が低下する。

解答欄	ア	イ	ウ	エ	オ

解答・解説 本試験形式問題

第25問

【1－2－2－1－2】

　イは，営業利益の説明になっている。ウは，文中に有価証券売却損が含まれており，これは営業外収益ではなく，営業外費用である。オは，固定費が正しい。変動費とは，売上高の増減に応じて増減する費用のことである。

第26問

【2－2－1－3－4】

　収益性，流動性，成長性が，分析の3大切り口といえる。それぞれの内容と，判別のための各種指標について，明確に理解しておくことが必要である。

第27問

【1－4－2－3－4】

　貸借対照表の構造および代表的な経営分析指標に関する知識が問われている。総資産と負債・純資産合計は，一致する必要がある。他人資本とは，負債の部の合計であり，自己資本とは純資産の部の合計である。理解を深めておきたい。

第28問

【2－1－1－2－2】

　アは，経常利益額を「売上高」でわったものである。エは，この数値が大きいほど債権回収速度が速いことになる。オは逆であり，専門品店のほうが最寄品店よりも小さく（低く）なる。

第29問

【2－1－2－1－1】

　アは，売上高の減少はそのまま当期純利益を悪化させるため，資本利益率を

下げることになる。ウは，設備投資の増大は減価償却費や営業外費用を増加さ
せるため，経常利益が悪化し，ひいては資本利益率を低下させる。

第4章

小売業における組織の基本原則と従業員管理

▶重要キーワード補充問題

1 組織の概念　　　　　　　　　　　（解答☞ p.337）

1－1　組織の基本原則

(1)　三面等価の原則とは，各職務の責任・権限・（　①　）の三者が相等しくなければならないとすることをいう。

(2)　指令系統の統一化の原則とは，組織の任意の1人に指令を発する人物は，（　①　）でなければならないという原則である。

(3)　統制の範囲の原則（スパン・オブ・コントロール）とは，1人の管理監督者の統制し得る部下の人数には限界があり，組織上層部の場合は5～6名，末端では（　①　）名をもって限度とするという原則である。

(4)　専門化の原則とは，それぞれの仕事を何らかの関連する事項ごとにまとめて，（　①　）に遂行することがより能率的であるというものである。

(5)　権限委譲の原則とは，上長自身の職務の一部を部下に委任する場合は，その委任した職務遂行に必要な（　①　）を委譲しなければならないというものである。

1－2　組織の存続条件と対策

(1)　反応の早い組織をつくるには，組織の末端に一定の完結的な責任範囲を与

え包括的な権限委譲をする（　①　）があるが，この前提条件としては，組織編成を（　②　）志向的に改編する必要がある。

(2)　柔軟な組織をつくる方法には，（　①　）の柔軟化があり，課制廃止により，意思疎通や人材交流をスムースにし，仕事の性格を反映する（　②　）中心的な体制を確立するという方法がある。

(3)　（　①　）制は，業務量の一時的変動に対して柔軟に対応することができる。

(4)　（　①　）制は，業務の質・量に合わせて勤務時間や休日を各人ごとに別個に定めるものである。

(5)　（　①　）とは，計画的に組織変革を行う手法であり，風土や雰囲気も変えようとするものである。

(6)　（　①　）組織とは，企業内外の他の組織単位との連係を柔軟にできるようにしたものであり，（　②　）にすぐれた組織である。

2 | 雇用・就業の動向と従業員管理 <small>(解答☞ p.337)</small>

2－1　職場の人事管理

(1)　小売業の運営をスムースにするためには，従業員一人ひとりに関する（　①　）管理が必要である。

(2)　人事管理では，目的の達成に効率的であること，（　①　）があることを従業員に納得させることのできる合理的な方法が要求される。

(3)　職場の人事管理の役割は，（　①　）的人事管理を前提としてそれを職場で具体化して活用すること，統一性と（　②　）意欲を高めて業績を達成できる好ましいチームワークをつくること，適正な（　③　）を行い個々人の能力を育成・（　④　）することの3つにまとめられる。

2－2 職務割当て

(1) 職務をどのように編成し割り当てるかは，職場の（ ① ）に決定的な影響を持っている。

(2) 職務割当ての手順は，職場に課せられた目的の明確化，職能の（ ① ），職務の規定，職務ごとの内容の決定，となる。

(3) 職務割当ては，職務（ ① ）調査法や職務分析（ ② ）法を用い，職務分析表を作成することから始まる。

(4) 職務分析表ができると，次は（ ① ）の把握となり，一般職業適性検査などの心理テストや（ ② ）を用いることになる。

2－3 就業管理

(1) 就業管理とは，「従業員に就業規則を守らせて職場の（ ① ）を確立・維持するとともに，労働時間や休日などの労働条件を最適なものにして（ ② ）しやすい条件を維持していく働きかけ」である。

(2) 常時（ ① ）人以上従業員を使用する企業は，就業規則の制定を「労働基準法」で義務づけられている。

(3) 一定期間の時間就労を求める計算式は，〔(時間内（ ① ）就労時間数＋時間外就労時間数)÷所定就労時間数〕×100である。

(4) セクシャル・ハラスメント（性的嫌がらせ）を構成する要件は，「職場」「性的な言動」「（ ① ）」を満たしているものである。

(5) （ ① ）はセクハラの防止対策として，「未然防止策」では（ ② ）にセクハラを明記し，研修を実施して周知・啓発をはかること，「事後防止策」では（ ③ ）窓口を設置し，セクハラ相談を受け付けること，「再発防止策」では事後の適切な対応と（ ④ ）のフォローを行うことを示している。

(6) パワーハラスメントとは，「同じ職場で働く者に対し，職場内の（ ① ）を背景に，精神的・身体的苦痛を与える行為」であり，（ ② ）に対する部下のパワハラも存在する。

(7)　具体的なパワハラ行為は、「（　①　）な攻撃」、「精神的な攻撃」、「（　②　）からの切り離し」、「過大な要求」、「過小な要求」、「（　③　）の侵害」という六つの類型に分けられている。

2－4　パートタイム労働者・有期雇用労働者の活用と管理

(1)　小売業は、正規従業員のみならず、非正規従業員のパートタイム労働者・有期雇用労働者の処遇改革を行うことで、合理的な（　①　）制度の整備が求められている。

(2)　（　①　）法は、パートタイム労働者・有期雇用労働者の「公正な待遇の実現」を目的とし、正規従業員との（　②　）のとれた待遇の確保をめざしている。

(3)　この法律では、「1週間の（　①　）時間が（　②　）と比べて短い労働者を（　③　）労働者」、「企業と（　④　）の定めのある労働契約を締結している労働者を（　⑤　）」としている。

(4)　この法律では、例えばパートタイム労働者・有期雇用労働者から（　①　）の申し立てを受けたときは、社内の苦情処理制度などを活用するなど、（　②　）な解決が（　③　）義務とされている。

3　人材育成とリーダーシップのあり方　（解答☞ p.338）

3－1　小売業の人材育成

(1)　今後は、心理的価値の重要性が高まってくることが予想され、（　①　）で優位性を得るためには、'（　②　）'が重要な役割を果たすことになる。

(2)　管理者が従業員に期待しているか、見くびっているかは、その（　①　）やコミュニケーションに表れる。

(3)　人材育成では、「何のために（　①　）を行うのか、どう役立つのか」について（　②　）は答えられなければいけない。

(4)　学習の目的と意義は，「従業員にとって」，「会社や（　①　）にとって」，「顧客や（　②　）などに対して」という三つの視座から考える。

(5)　近年，「（　①　）」のスキルが注目されており，コーチの役割は，一方的な指示を行うのではなく，クライアント自身が気付き，答えを見出せるように促すことである。

(6)　（　①　）型教育とは，優れた人材を選んで行うものであるが，実施には配慮が必要である。

(7)　選択型教育とは，（　①　）研修とも呼ばれ，自主的に研修メニューを選ぶものである。

3－2　販売員の資質向上策

(1)　販売員育成のプロセスの第一段階は（　①　）であり，特に経営者や店長などが，「自店は何に（　②　）と意義を見出し，何に喜びを感ずるか」を経営理念や（　③　）コンセプトで表現して，全社員に伝えることが重要である。

(2)　第二段階は，マニュアル作成と躾であり，売場の（　①　）を高め，（　②　）の効率化を目指すにあたって，基本的なマニュアルの活用は不可欠である。

(3)　しかし，マニュアル以外のことは何ひとつできず，しようとしない（　①　）が生まれる恐れもある。

(4)　躾とは，礼儀正しい態度や（　①　）を教え込むことである。

(5)　躾教育を施さないと，顧客に（　①　）な思いをさせ，小売店の（　②　）を低下させてしまう恐れがある。

(6)　躾，すなわち態度，動作，（　①　）の教育では，（　②　）が欠かせない。

(7)　第三段階では，よい仕事を行うための（　①　）や知識を，（　②　）と頭を使って身に付けることで理解させることになる。

(8)　理解できたら（　①　）の段階に進むが，そのためには理解した（　②　）を現実の（　③　）の中で経験していくことが必要である。

(9) 売場の責任者は，各売場を担当する販売員の（ ① ）や定位置，そして（ ② ）などの守備体制を決めるが，これを（ ③ ）という。

(10) 販売員の定位置は，自分の（ ① ）が見える場所，（ ② ）の商品に対する視線が見える場所，すぐに顧客に（ ③ ）できる場所，という3点を中心に決めることになる。

(11) 売場を指揮する立場からは，自分のことは言うまでもなく，売場のメンバーがどのような（ ① ）をしているか目を配っておく必要がある。

(12) 健康管理の基本は，規則正しい生活，きちんとした（ ① ），適度な（ ② ）である。

(13) 部下の育成や指導にあたっては，部下の（ ① ）を責めない，（ ② ）の失敗を蒸し返さない，決めつけない，注意の後は必ず（ ③ ）する，（ ④ ）を盛り上げる，という5点に注意する必要がある。

3−3 リーダーシップのあり方

(1) リーダーシップとは，「（ ① ）のなかで，目標を達成するために，個人や集団に（ ② ）を及ばす過程である」と定義されている。

(2) 一般的なリーダーシップの3類型のうち，（ ① ）的リーダーシップとは，部下が管理者に対する依存が強い場合に用い，細かい点まで指示することで不安なく仕事に取り組めるようにするスタイルである。

(3) 次に，（ ① ）的リーダーシップとは，部下が管理者に対して依存・自立の両方がある場合に用い，相談や助言など話し合いで仕事の（ ② ）や進め方を決めていくスタイルである。

(4) 3つ目の（ ① ）的リーダーシップとは，部下が管理者に対して自立の気持ちが強い場合に用い，重要なことだけ指示し，あとは（ ② ）にまかせるスタイルである。

(5) ハーシーとブランチャードが提唱した（ ① ）理論では4つのリーダーシップ・スタイルが提示されている。

(6) 1つ目の指示的リーダーシップは，指示が主体で支援を（ ① ）すると

いうものであり，部下の成熟度が低いときに適しているとされる。

(7) 二つ目の（　①　）リーダーシップは，部下の成熟度が中程度に至るまでは，指示を減らして支援を増やしていくというものである。

(8) 三つ目の（　①　）リーダーシップは，部下の成熟度が中程度以上のレベルに達した場合には，指示も支援も減らすことが望ましいとするものである。

(9) 四つ目の委任的リーダーシップは，部下の成熟度が高いレベルに達した場合には，権限を（　①　）して完全委任するというものである。

(10) 管理者は，部下の（　①　）を高めなければならず，そのためには人間の（　②　）を理解することが大切である。

解　答　重要キーワード補充問題

1　組織の概念

1－1　組織の基本原則

(1)①義務　　(2)①ただ一人　　(3)①20（名）　　(4)①専門的　　(5)①権限

1－2　組織の存続条件と対策

(1)①プロジェクトチーム（事業部制でも可）　　②目的　　(2)①職階制

　②個人　　(3)①パートタイマー　　(4)①フレックスタイム

(5)①組織開発（ＯＤ）　　(6)①ネットワーク　　②情報創造

2　雇用・就業の動向と従業員管理

2－1　職場の人事管理

(1)①個別的　　(2)①公平性　　(3)①全般　　②勤労　　③職務割当

　④開発

2－2　職務割当て

(1)①目的達成　　(2)①体系化　　(3)①個別　　②比較　　(4)①個々人

　②人事考課

2－3　就業管理

(1)①秩序　　②就業　　(2)①10（人）　　(3)①実質　　(4)①嫌がらせ

(5)①厚生労働省　　②就業規則　　③苦情相談　　④被害者　　(6)①優位性

　②上司　　(7)①身体的　　②人間関係　　③個

2－4　パートタイム労働者・有期雇用労働者の活用と管理

(1)①人事管理　　(2)①パートタイム労働・有期雇用労働（法）　　②均衡

(3)①所定労働　　②正規従業員　　③パートタイム　　④期間

　⑤有期雇用労働者　　(4)①苦情　　②自主的　　③努力（義務）

3　人材育成とリーダーシップのあり方

3－1　小売業の人材育成

(1)①顧客接点　　②人　　(2)②態度　　(3)①教育

　　②管理者（人材育成担当者も可）　　(4)①組織　　②取引先

(5)①コーチング　　(6)①選抜　　(7)①カフェテリア

3－2　販売員の資質向上策

(1)①動機づけ　　②価値　　③ストア　　(2)①生産性（作業効率）　　②経営

(3)①マニュアル人間　　(4)①言葉遣い　　(5)①不愉快（嫌なども可）

　　②イメージ　　(6)①言葉遣い　　②率先垂範　　(7)①スキル　　②体

(8)①納得　　②スキル（や知識）　　③仕事　　(9)①人数　　②役割

　　③フォーメーション決め　　(10)①担当商品　　②顧客　　③アプローチ

(11)①自己管理　　(12)①食事　　②運動　　(13)①ミス　　②過去　　③フォロー

　　④士気

3－3　リーダーシップのあり方

(1)①与えられた状況　　②影響　　(2)①指示　　(3)①民主　　②目標

(4)①放任　　②本人　　(5)①ＳＬ　　(6)①少なく　　(7)①説得的

(8)①参加的　　(9)①委譲　　(10)①モチベーション　　②欲求

第4章

小売業における組織の基本原則と従業員管理

本試験形式問題◀

第30問　次のア～オは，組織の基本原則について述べている。正しいものには
1を，誤っているものには2を，解答欄にその番号を記入しなさい。

ア　三面等価の原則とは，責任・権限・権利の三者が同等でなければならない
　ことである。

イ　指令系統の統一化の原則とは，統制し得る部下の人数を適正にすることが
　必要ということである。

ウ　スパン・オブ・コントロールとは，個人に割り当てられる職務はできるだ
　け同質の活動からなるほうが望ましいというものである。

エ　専門化の原則とは，組織の水平的・垂直的分業を表している。

オ　権限移譲の原則とは，部下に職務を委任する場合は遂行に必要な権限を委
　譲しなければならないというものである。

解答欄	ア	イ	ウ	エ	オ

5 販売・経営管理

第31問 次の文章は，組織の存続条件と対策について述べている。ア〜オの説明に最も適当なものを下記の語群から選んで，解答欄にその番号を記入しなさい。

ア　業務の量・質に合わせて，勤務時間や休日を各人ごとに定める制度。

イ　組織の動態化をはかるために，計画的に組織変革を行う手法。

ウ　目的志向的に編成されたビジネス上の実務集団。

エ　企業内外の他の組織単位との連携を柔軟に行う，情報創造に優れた組織。

オ　トップ機能の強化を図り，部門間の調整を密にするための制度。

【語　群】

ア〔1．フレックスタイム制　　2．課制廃止　　3．プロジェクトチーム
　　4．ゼネラルスタッフ制〕

イ〔1．パートタイマー制　　2．組織開発　　3．ネットワーク組織
　　4．プロジェクトチーム〕

ウ〔1．フレックスタイム制　　2．課制廃止　　3．プロジェクトチーム
　　4．ゼネラルスタッフ制〕

エ〔1．フレックスタイム制　　2．組織開発　　3．ゼネラルスタッフ制
　　4．ネットワーク組織〕

オ〔1．フレックスタイム制　　2．課制廃止　　3．ネットワーク組織
　　4．ゼネラルスタッフ制〕

解答欄	ア	イ	ウ	エ	オ

第32問 次の文章は，職務割当について述べている。文中の〔　〕の部分に，下記に示すア～オの語群から最も適当なものを選んで，解答欄にその番号を記入しなさい。

職務割り当ては，〔　ア　〕の作成から始める。そのための手法には職務個別調査法や職務分析〔　イ　〕法があり，観察法，質問法，体験法，〔　ウ　〕法などによって情報収集を行うことになる。〔　ア　〕ができると，次は個々人の把握となり，一般職業適性検査などの〔　エ　〕や人事考課を用いる。人事考課では，〔　オ　〕法，照合表法，多項目総合評定法などがある。

【語　群】

ア 〔1．就業規則　　2．職務評価表　　3．特徴評価　　4．職務分析表〕

イ 〔1．実験　　2．比較　　3．イエス・バット　　4．統合〕

ウ 〔1．実験　　2．比較　　3．イエス・バット　　4．統合〕

エ 〔1．面接テスト　　2．アンケート　　3．心理テスト
　　4．性格診断〕

オ 〔1．実験　　2．比較　　3．特徴評価　4．統合〕

解答欄	ア	イ	ウ	エ	オ

第33問 次のア～オは，就業規則の概要について述べている。正しいものには1を，誤っているものには2を，解答欄に記入しなさい。

ア 一般的に総則は，経営者は会社の諸規則を順守し，秩序を保持し，協力して誠実に職責遂行する旨の記述となる。

イ　服務規律では，会社の名誉棄損，機密事項の漏洩，命令違反，勝手な職務休止などの禁止が明示される。

ウ　就業条件の規定には，賃金・賞与・退職金制度も含まれる。

エ　採用方法・休退職・解雇の規定には，就業時間や休日・年次有給休暇等が定められる。

オ　懲戒規定では，注意・勧告から，減給，出勤停止，降職，懲戒解雇など段階ごとの規定が定められる。

解答欄	ア	イ	ウ	エ	オ

第34問　次の文章は，パワーハラスメント（パワハラ）への対応について述べている。文中の〔　〕の部分に，下記に示すア〜オの語群から最も適当なものを選んで，解答欄にその番号を記入しなさい。

　パワーハラスメント（パワハラ）について，厚生労働省の予防対応の留意点では，〔　ア　〕のメッセージにより職場からなくすことを明示すること，〔　イ　〕に関係規定を設けること，従業員〔　ウ　〕等により職場の実態を把握すること，〔　エ　〕など教育を行うこと，〔　オ　〕や取組みについて周知して啓発することなどをあげている。

【語　群】

ア　〔1．所属部門長　　2．経営トップ　　3．公的機関
　　　4．電子メール〕

イ　〔1．職務分析表　　2．職務明細書　　3．就業規則
　　　4．職務割当表〕

ウ 〔1．アンケート　　2．通報　　3．素行調査　　4．欠勤状況〕

エ 〔1．読書会　　2．指導　　3．指示　　4．研修〕

オ 〔1．組織の方針　　2．加入保険　　3．取り調べ状況

　　4．他企業情報〕

解答欄	ア	イ	ウ	エ	オ

第35問　次のア〜オは，パートタイム労働者・有期雇用労働者の活用と管理について述べている。正しいものには1を，誤っているものには2を，答解答欄に記入しなさい。

ア　政治，思想，宗教，家族の職業などの面接は質問では避け，チラシ配布のための購読新聞については確認しておく。

イ　勤務時間について，日ごとに変化する程度のことであれば，説明は割愛してもよい。

ウ　土日祝日の就労や輪番的交替制がある場合は，説明しておくことが必要である。

エ　賃金の説明は必要であるが，支払方法は各店舗によって違うため，説明はしない。

オ　本人の収入に対する課税や社会保険料の徴収などについては，入社後に説明する。

解答欄	ア	イ	ウ	エ	オ

5　販売・経営管理

第36問　次の文章は，リーダーシップのあり方について述べている。文中の
〔　　〕の部分に，下記に示すア～オの語群から最も適当なものを選ん
で，解答欄にその番号を記入しなさい。

　ハーシーとブランチャードが提唱した〔　ア　〕は，「部下の〔　イ　〕の
度合いによって，〔　ウ　〕を変える必要がある」というものである。具体的
には，リーダーシップは，「〔　エ　〕（命令）」と「〔　オ　〕（相談）」から成
り立つとし，その上で四つのリーダーシップ・スタイルを提示した。

【語　群】
ア〔1．ＳＬ理論　　2．動機づけの理論　　3．Ｘ／Ｙ理論
　　4．欲求段階説〕
イ〔1．信頼度　　2．成熟度　　3．部署異動　　4．理解度〕
ウ〔1．リーダーシップ・スタイル　　2．リーダー　　3．指示
　　4．支援〕
エ〔1．アメ　　2．ムチ　　3．指示　　4．支援〕
オ〔1．アメ　　2．ムチ　　3．指示　　4．支援〕

解答欄	ア	イ	ウ	エ	オ

| 解答・解説 | 本試験形式問題 |

第30問

【2－2－2－1－1】

アは，責任・権限・「義務」の三者である。イは，統制の範囲の原則（スパン・オブ・コントロール）の説明になっている。ウは，同質的な職務割り当ての原則の説明になっている。

第31問

【1－2－3－4－4】

組織管理の諸施策として，反応の早い組織を作ること，変化に柔軟に対応できる組織を作ることが必要となる。語群にある用語について，適切に説明できるように学習を深めておきたい。

第32問

【4－2－1－3－3】

かなり細かい専門用語が問われており，難易度としては高いほうになる。人事部門に属しているのなら別であるが，復習によってある程度の理解をしておきたい。

第33問

【2－1－2－2－1】

アは，「経営者は～」ではなく，「従業員は～」が正しい。ウとエは，説明が逆になっている。就業規則以外にも，業務命令や労働条件，労働時間について，知識を定着させておきたい。

第34問

【2－3－1－4－1】

　セクハラおよびパワハラについては，その定義・要件・類型などについて正確に理解しておきたい。どのような会社でも起こり得ることであり，学習上はもちろん，就業時における意識も高めてほしい。

第35問

【2－2－1－2－2】

　アは，購読新聞の質問も避けるべきである。イは，説明して了承をとっておくようにする。エは，法律に基づいて文書で説明しなければならない。オは，採用時に理解を促しておくようにする。

第36問

【1－2－1－3－4】

　ＳＬ理論は，リーダーシップ理論の中でも最も新しく，かつ認められている理論である。確実に理解しておきたい。

第5章

店舗施設などの維持管理
➤重要キーワード補充問題

1 防犯・防災対策と店舗施設の保守 （解答☞ p.350）

1－1 防犯対策

(1) 万引対策の基本は，万引を誘発させない（ ① ）にあるといえ，特に売場の中に（ ② ）をつくらないことが重要である。

(2) 従業員同士で（ ① ）していたり，（ ② ）態度を見せたりすると，その隙が狙われる。

(3) 人的アプローチの基本は（ ① ）の励行であり，「（ ② ）」という意識を持たせることが重要である。

(4) なお，大きな（ ① ）を持って入店した顧客には，注意する必要がある。

(5) 店舗改善では，物理的なデッドスペースの撲滅として（ ① ）動線の見直しが有効である。

(6) 心理的なデッドスペースの撲滅としては，（ ① ）の励行，（ ② ）を整え商品をすっきりと整理整頓する，明るい（ ③ ）への変更などがある。

(7) 防犯設備の設置では，（ ① ）カメラ，防犯ゲートなどの設置，（ ② ）・システムなどがある。

(8) 不審者・強盗対策では，開店（ ① ）や閉店（ ② ）などは不審者に気づきづらく，（ ③ ）も多いため十分に警戒すべきである。

(9) 店外での対策としては，（ ① ）の夜間照明，防犯カメラの設置，警備員

の巡回などを行う。

(10) 侵入窃盗対策としては，（　①　）錠や防犯対策用具の活用，警備会社の（　②　）・システムの利用などが望ましい。

1－2　防火対策

(1) （　①　）対策では，タバコの吸い殻，ゴミ箱の紙類，トイレの不審物，店外のごみや不審物などをチェックする。

1－3　事業継続計画（Business Continuity Planning）の導入

(1) （　①　）とは，いつ発生するかわからない緊急事態（大地震等）に対して，企業としての備えを計画し，実行することである。

2 衛生管理

（解答☞ p.350）

(1) 食品衛生に関する社会的監視が高まってきており，今後の小売店は，衛生管理レベルの向上を積極的にアピールし，（　①　）との差別化をはかり，（　②　）を獲得することが重要になってきている。

(2) 食品衛生の定義について，世界保健機関（ＷＨＯ）では，「（　①　），生産，製造から最終的に（　②　）に消費されるまでのすべての段階における食品の安全性，（　③　），および健全性を確保するのに必要なあらゆる手段を意味する」としている。

(3) 同様に食品衛生法では，「食品の安全性の確保のために（　①　）の見地から必要な規制その他の措置を講ずることにより，（　②　）に起因する衛生上の危害の発生を防止し，もって国民の健康の（　③　）を図ることを目的とする」としている。

(4) 食品衛生責任者は，食品の製造・販売，（　①　），飲食などの食品を扱う営業所で，（　②　）の指示に従い食品の衛生管理を行う者である。

(5) 食品衛生責任者は，（　①　）管理を適切に行うために，食品衛生の（　②

）を常時取得しておくことが必要である。

(6)　食品衛生（　①　）とは，（　②　）の目的を遂げるため，厚生労働省，都道府県，市区町村に配置された職員である

(7)　小売業は，（　①　）法などの関連法規を遵守し，品質の安全はもとより，施設および（　②　）などの衛生の保持に努め，相互協力して，衛生管理の向上に努めなければならない。

(8)　具体的には，従業員の（　①　）診断を行うこと，および義務付けられている業務に携わる従業員には（　②　）も合わせて行うようにする。

(9)　また，従業員に精神病や法定（　①　）病，あるいはその疑似患者が生じた場合は速やかに（　②　）に連絡するようにする。

(10)　さらに，生ごみや空パッキンなどの処理は，自社の「（　①　）処理手続き」等に則って適正に処分する。

解 答 重要キーワード補充問題

1 防犯・防災対策と店舗施設の保守

1－1 防犯対策

(1)①売場づくり　②デッドスペース（死角）　(2)①おしゃべり
②やる気のない　(3)①あいさつ（声がけ）　②見られている
(4)①バッグ　(5)①顧客　(6)①クリンリネス　②フェイス　③照明
(7)①防犯　②センサー・タグ　(8)①直後　②間際　③現金
(9)①駐車場　(10)①補助　②セキュリティ

1－2 防火対策

(1)①防火

1－3 事業継続計画（Business Continuity Planning）の導入

(1)①事業継続計画（ＢＣＰ）

2 衛 生 管 理

(1)①競合店　②顧客の信頼　(2)①生育　②人　③完全性
(3)①公衆衛生　②飲食　③保護　(4)①処理　②事業主
(5)①衛生　②最新情報　(6)①監視員　②食品衛生法　(7)①食品衛生
②従業員　(8)①定期健康　②検便　(9)①伝染　②店長
(10)①廃棄物

第5章

店舗施設などの維持管理
本試験形式問題◀

第37問　次の文章は，防犯・防火対策について述べている。文中の〔　〕の部分に，下記に示すア〜オの語群から最も適当なものを選んで，解答欄にその番号を記入しなさい。

　万引対策の基本は，万引を誘発させない〔　ア　〕にある。また，〔　イ　〕も万引防止に大きく影響する。

　防火対策の初歩は，店内に〔　ウ　〕の高いものがないかをチェックすることにある。例えば，トイレに〔　エ　〕が置かれていないかなどである。さらに，責任者としての〔　オ　〕を任命・配置することも重要である。

【語　群】

ア〔1．心構え　　2．計画　　3．雰囲気づくり　　4．売り場づくり〕

イ〔1．派出所の有無　　2．従業員の態度　　3．POSシステム
　　4．CRMシステム〕

ウ〔1．販売価格　　2．商品サイズ　　3．可燃性　　4．商品回転率〕

エ〔1．不審な包み　　2．ろうそく　　3．掃除道具
　　4．トイレットペーパー〕

オ〔1．防火管理者　　2．副店長　　3．班長　　4．取締役〕

解	ア	イ	ウ	エ	オ
答					
欄					

第38問 次の文章は，事業継続計画（ＢＣＰ）について述べている。文中の
〔　〕の部分に，下記に示すア～オの語群から最も適当なものを選ん
で，解答欄にその番号を記入しなさい。

　事業継続計画とは，〔　ア　〕に遭遇した場合において，〔　イ　〕の損害を
最小限にとどめながら，中核事業の継続あるいは〔　ウ　〕をするために，〔
エ　〕に行うべき活動や緊急非常時における事業継続のための方法や手段をあ
らかじめ決定し，それを〔　オ　〕したものである。

【語　群】
ア　〔1．不景気　　2．従業員ストライキ　　3．緊急事態
　　　4．交通事故〕
イ　〔1．店舗建屋　　2．事業資産　　3．駐車場　　4．現金預金〕
ウ　〔1．店舗移転　　2．業種業態転換　　3．早期復旧
　　　4．廃業手続き〕
エ　〔1．火災時　　2．地震時　　3．閉店中　　4．平時〕
オ　〔1．文書化　　2．都道府県へ申請　　3．伝達　　4．図解化〕

解	ア	イ	ウ	エ	オ
答					
欄					

第39問　次のア～オは，衛生管理について述べている。正しいものには1を，
　　　　誤っているものには2を，解答欄に記入しなさい。

ア　食品衛生管理者は，食品を扱う営業所において，厚生労働省の指示に従い
　食品の衛生管理を行う。

イ　営業者は，当該許可施設の従業員のうちから，食品衛生管理者1名を定め
　なければならない。

ウ　食品衛生管理者は，危害の発生を防止する措置が必要な場合は営業者に改
　善を進言し，その促進をはからなければならない。

エ　食品衛生監視員には，心理学や経済学などの専門教育を受けた職員が任命
　される。

オ　化学性食中毒には，サルモネラやノロウイルスなどがあげられる。

解答欄	ア	イ	ウ	エ	オ

解答・解説	本試験形式問題

第37問

【4－2－3－1－1】

　防犯対策においては，万引対策と不審者・強盗対策について理解を深めておきたい。防火対策では，オの解答のように，従業員に防火管理者の資格を取得させて配置することが望まれる。

第38問

【3－2－3－4－1】

　事業継続計画は，自然災害の多い我が国の企業にとっては，策定と実行が必須となる。比較的新しいテーマであり，最低限の知識は保有しておきたい。

第39問

【2－1－1－2－2】

　アは，厚生労働省の指示ではなく，事業主の指示である。エは，心理学や経済学ではなく，獣医学や薬学である。オは，サルモネラやノロウイルスは細菌性食中毒である。衛生管理に関する社会的関心は高まっており，確実に理解しておきたい。

〔参 考 文 献〕

清水敏行・中谷義浩・土居寛二共著『販売士2級』税務経理協会，2020年。

日本商工会議所・全国商工会連合会『販売士検定試験2級ハンドブック』カリ

　　アック，2020年。

【著 者 紹 介】

清水　敏行（しみず　としゆき）

　1953年東京都生まれ。明治学院大学社会学部卒業。専門商社でブランドマネジャーを担当。その後，経営コンサルタント会社・教育機関で，経営支援や人材教育に携わる。専門分野はマーケティング，ＨＲＭ。中小企業診断士，販売士養成登録講師，日本販売促進学会正会員。
主な著書：「販売管理のすべてが身につく本」（山下出版），「グローバルマーケティング」（税務経理協会），「能力開発」（三修社），「企業経営理論」（三修社），「起業に向けての心技体」（泉文堂）など。

佐藤　浩史（さとう　ひろし）

　1970年愛知県生まれ。東洋大学経済学部卒業。大手婦人服専門店でブランドマネージャー，中期経営計画室室長を務める。その後，経営コンサルタントとして独立。専門学校，短期大学で資格取得支援に携わる。2014年イデアコンサルタント行政書士事務所設立。専門分野は，マーケティング，創業支援，事業計画策定支援，経営改善支援。行政書士，1級販売士（養成登録講師），知的資産経営認定士，経営革新等支援機関。

中谷　義浩（なかたに　よしひろ）

　1960年富山県生まれ。慶應義塾大学経済学部卒業。スーパーマーケットチェーン食品部でバイヤー職を担当。その後，学校法人，コンサルティング会社で，人材育成に携わる。現在独立し，中谷総合研究所株式会社の所長を務める。専門分野は，マーチャンダイジング，リテールマーケティング。中小企業診断士，販売士1級，販売士協会養成登録講師，ビジネスクリエーター研究学会会員。
主な著普：「創造的破壊」（学文社，共薯）など。

土居　寛二（どい　かんじ）

　1965年高知市生まれ。1987年神奈川大学経済学部卒業，2005年経済学修士（神奈川大学大学院）。インテリア商材の最大手メーカーの販売会社で営業職を12年担当。2000年に独立し，現在ＭＤＣ株式会社代表取締役。専門は企業再生支援，株式公開支援。中小企業診断士。
主な著書：「担保に頼らず1億円集める資金調達」，「手形・小切手の取引実務」（ともにかんき出版），他共著など。

著者との契約により検印省略

平成20年 7 月 1 日　初版発行	日本商工会議所 全国商工会連合会検定　**販売士 2 級**
平成27年 2 月 1 日　第 2 版発行	**問題集**
平成29年11月15日　第 3 版発行	〔第 4 版〕
令和 2 年12月 1 日　第 4 版発行	

<table>
<tr><td rowspan="4">著　　者</td><td>清　水　敏　行</td></tr>
<tr><td>佐　藤　浩　史</td></tr>
<tr><td>中　谷　義　浩</td></tr>
<tr><td>土　居　寛　二</td></tr>
<tr><td>発　行　者</td><td>大　坪　克　行</td></tr>
<tr><td>印　刷　所</td><td>光栄印刷株式会社</td></tr>
<tr><td>製　本　所</td><td>牧製本印刷株式会社</td></tr>
</table>

発 行 所 東京都新宿区　株式　**税 務 経 理 協 会**
下落合 2 丁目 5 番13号　会社

郵便番号 161-0033　振替 00190-2-187408　　電話(03)3953-3301(大 代 表)
　　　　　　　　　　FAX(03)3565-3391　　　　　(03)3953-3325(営業代表)
　　　　　　　URL　http://www.zeikei.co.jp/
　　　　　　　乱丁・落丁の場合はお取替えいたします。

ISBN978-4-419-06764-9　C3063